U0564043

灾后重建纪事

社群社会资本对重建效果的分析

罗家德　帅满　方震平　刘济帆　著

社会科学文献出版社
SSAP
SOCIAL SCIENCES ACADEMIC PRESS (CHINA)

感谢清华大学·野村综研中国研究中心为“清华大学可持续性乡村重建模式比较研究”提供经费支持，本研究团队得以收集第一期与第二期定量资料。同时感谢信义房屋企业集团支持成立清华大学社会科学学院信义社区营造研究中心，为本研究第三期资料的收集提供经费支持，并资助“社区营造书系”的写作、出版及后续研究。

另外，本研究团队除了本书的四位作者外，还包括秦朗、李智超、孙瑜、楚燕、和珊珊等人。在资料收集期间，中国科学技术发展战略研究院赵延东研究员、中央财经大学尉建文副教授等人都曾帮助我们设计问卷并培训访谈调查员的访问技巧，当然还有一群敬业的访谈调查员，特别是负责带队的孙瑜、杨骞、巴扬等人，在此一并致上我们的谢意。

序一　对社区营造的一点社会学分析

清华大学社会学系获得台湾信义房屋周俊吉董事长的支持成立了信义社区营造中心，同时，有意将台湾的社区营造经验整理出来供大陆参考，由社会科学文献出版社支持出版。社区营造的经验是台湾这些年来最值得讨论的空间与社会、专业与政治的课题，值得写几句话作为两岸社会之间互动的寄语。

就一个发展中地区而言，台湾原本在欧美1960年代社会运动的历史脉络下形成的社区设计（community design）中是没有实践的历史条件的，社区营造政策在台湾的建构有特定的政治时空。1990年代，因为政治强人过去之后国民党内高层的权力斗争，使得时任领导人需要获得草根社会的支持力量来取得政治上的正当性。当时的“文建会”副主委陈其南所主导推动的“社区总体营造”政策遂取得了政治的空间来面对政治民主化过程中所释放的台湾社会的力量，或者可以说政府被迫必须以政策来面对已经动员了的社会。这种由上而下的社区营造政策的执行过程对当时台湾发生的社区运动虽然存在社会力量被政府收编的效果和官僚机构执行的形式化后遗症，但是，台湾的草根社区也终究有机会参与到地方环境改善的决策过程中了。社区营造，其实就是社区培力与维权（community empowerment）。

对台湾的政府层面而言，社区营造是提供资源、收编社区动员、交换地方治理的正当性、建构新的政府与民间的关系的一种政策手段。这时，对台湾草根社区的考验，就在于它们与政府的关系是否会像一般的发展中国家和地区的社会动员那样，最终交付政治上的忠诚以交换选票或资源，而这样的过程经常就会继续复制父权文化的不平等关系。

所以，对台湾的社会而言，关键在于社区动员与社区培力的过程中，如何建构社区的主体性，知道社区自己的位置与角色，避免民粹政治下政党领袖的政治收编，也避免社区内部单方面竞争资源而造成的分裂。这是市民社会建构的必要过程，甚至也让市民社会有可能进一步穿透政府的层级治理。于是，当这种层级治理的正当性不在，社会运动提供了社区参与的机会与折冲斡旋的政治空间，这就是参与式规划与设计的过程。政府与民间的关系，历史上第一次开始变得平等，也因此，公共空间的营造特别值得分析。

对与空间规划与设计相关的专业者而言，社区营造提供了一种社会学习的机会，使其能脱离现代学院的封闭围墙与现代设计专业上形式主义的陷阱。这些专业者与民间社会互动，得以回到历史的中心。社区营造过程中的社会建筑，有助于市民社会的形成。

台湾大学建筑与城乡研究所名誉教授

夏铸九

2013 年 5 月书于河南嵩山会善寺

序二　社区营造与社会建设

什么是社区营造？我认为社区营造的定义是，一个社区的自组织过程，在这个过程中提升社区内的社群社会资本，达到社区自治理的目的。

现在我们常常喊社会管理创新，喊社会建设，但如何才能把社会建设落到实处？就是要让民间产生很多自组织小团体，自我治理，自己解决很多社会问题，又能在大集体中和谐共存，协商解决矛盾。其中，社区是最重要的自治理小团体，我们的社区自组织研究旨在提供这样一种将社会建设落到实处的方法。

社群的本质是一个个以情感性关系和认同性关系为基础的知根知底的小团体。在这种小团体中，信息不对称问题较少，所以声誉机制的评价会变得可以信赖，从而发展出自治理的规则以及监督机制。因此，小团体自组织出能自治理的社群，如商业协会、职业协会、NGO、网上网下的俱乐部、社区协会、合作社等，其中地理性社群就是社区。

其实，我们今天看到的许多社会问题在20世纪的各国都有发生，工业时代的管理手段解决不了复杂的社会问题。英国、美国、日本等，凡是这些经历了现代化、全球化、城市化、资本主义化和市场化的国家和地区，都走过和中国今天同样的社会转型之路，1990年代的台湾地区也面临相似的问题。那么它们是怎么走出来的？

我认为台湾1990年代有两个最重要的运动：一个是包括职业社群的自治理运动，如建立教授学术伦理、律师法治伦理、医生医德、媒体新闻伦理等一系列专业社群自我改良运动；另一个就是社区营造运动，在这个过程中基层百姓学习如何自治理、自组织以解决问题，通过民主协商实现多元包容、和谐相处。这个运动影响了台湾广大的民众，也对台湾政治和社会发展起到了非常关键的作用。

社区营造就是要政府诱导、民间自发、NGO 帮扶，使社区自组织、自治理、自发展，帮助解决社会福利、经济发展、社会和谐的问题。现代社区有大量的对养老、育幼、抚残、儿童教育、青少年辅导、终身学习的需求，政府能做的是“保底”，一碗水端平地保障每个人最基本的需求；NGO 专业机构能起到重要的作用，但杯水车薪不足以涵盖整个社会的需求。所以最能够提供这些社会福利的正是社区自身，最关心孩子的是他们的父母，最关心老人的是他们的儿女，如何让这些人走出家门，结合起来一起为社区提供这些福利“产品”，是社区营造的第一要务。

其次，乡村的社区营造更在很多地方发展出后现代的小农经济，注重文化多样性、社区生活重建、生态保育等几个方面，发展品牌农业、特色农业、观光农业、食材特供基地、休闲旅游、深度旅游、提供长住等。这帮助拉近了城乡间的差距，在部分地区解决了乡村空心化的问题，为新城镇化找到城乡平衡发展的道路。我们现在习惯把“三农”问题称为问题，但其实恰恰相反，“三农”不是问题，“三农”才是未来产业重大发展的宝库。

社区营造的另一个重点是它可以保存中华文化基因多样性。只有社区保留并新生了特色文化，多元多样的中华文化才有实质的内容，而不仅是博物馆中的摆设。政府与商业主导的开发常常把社区连根拔起，连带拔起的是许多孕育几百年甚至千年的文化。如果我们把社区营造这个维度加进去，社会应用自有的管理与组织抵御商业对本地固有生活的侵蚀，中华文化基因多样性才能被保存，我们的文化创意产业才会有根底。

最后，也是最重要的，道德复兴不是喊喊口号或道德说教就能实现，只有在小团体的声誉机制及监督机制中，道德原则化成不同群体的非正式规范，在自治社群内的日常生活里、相互监督又相互惕厉下，现代生活的伦理才能落地。

一个和谐社会的建立需要解决众多的民生问题，拉近城乡的收入差距，保持和而不同的多样性，建设符合现代生活的伦理，这些就是为什么每一个社会转型过程中，社区营造显得那么重要的原因。

清华大学社会科学学院社会学系教授、博士生导师

信义社区营造研究中心主任

罗家德

2013 年 6 月书于清华园

目　录

第二编　灾后重建的统计分析

第三编　对政府态度变化情况的分析

前　言

本书的主旨在于提出一个自组织的观点来分析灾后重建的过程。在大灾之后的救援以及灾后重建的过程，各级政府与军队的力量固然起到关键的作用，但从汶川地震开始我们也逐渐看到各类民间组织在其中发挥了一定的作用。而救灾与重建中最大的力量还是社群的力量，也即街坊邻居、亲戚朋友的相互帮助，大多数在地震中被埋困的人因此而获救，在重建中因此而恢复生产与生活，所以一个善于自组织起来从事集体行动的社群，不论是在救灾行动还是重建活动中，往往都能为社群成员带来益处。

基于此，本书第一章简单阐述了自组织理论并列举一些汶川震灾后的案例说明灾后自组织如何发挥作用。借科曼（Coleman）及奥斯特罗姆（Ostrom）等人的研究，本书进一步指出良好的社群内集体社会资本（本书称之为社群社会资本）是促成自组织成功的关键。所以，社群社会资本高的社群可以较有效地帮助其成员进行灾后恢复，参与社群活动多的成员也可以从自组织的救灾与重建活动中得益，从而加速灾后的恢复。

在本书第二章和第三章中，读者可以了解到作者所在的清华大学可持续性乡村重建团队在帮助灾后重建的同时收集了汶川地震灾后的长时期定性资料，并在四年中三次收集了定量追踪调查的数据，以此数据为基础我们发展了一个社群社会资本的衡量模型。这套模型将衡量社群的集体社会资本表现在个体层次上的指标，因此建构出社群社会资本的关系、认知、结构构面两两影响的模型。分析结果表明，本研究得到了一个配适度较好的社群社会资本的衡量模型。

第四章着重探讨汶川震后的村民社会资本变化情况。本书将社会资本分为微观层面的个体社会资本和社群层面的社群社会资本。个体社会资本方面，对拜年网规模、拜年网网顶、乡以上干部网亲友数、关系网亲友比例这四个指标进行了变化情况分析，结果显示：村民拜年网规模随着灾后恢复的进程内部差距拉大；村民的拜年网网顶，随地震恢复正常后，更多村民认识了相对有较高社会经济地位的人；代表个人认识权力位阶较高者的乡以上干部网亲友人数存在总体下降的趋势，以及代表个人深深镶嵌在密集网络中的关系网亲友比例也呈下降之势。社群社会资本方面，对关系维度社群社会资本的情感网本村人总数、工具网本村人总数，以及认知维度的本村人信任、社群归属感、邻里构面五个指标进行了变化情况分析，结果显示：被访者情感网本村人总数三期呈平稳发展态势，呈上升趋势的包括工具网本村人总数、被访者社群归属感、被访者邻里亲密程度，呈下降态势的是被访者本村人信任。

第五章从经济情况和重建参与两个方面出发，对重建的基本情况进行了分析。经济情况方面，对低保户分布情况、领取贫困救济款物、从事农业生产活动、从事农业生产活动现金收入、从事非农生产活动、生活满意恢复情况等的年度变化状况的分析表明，随着时间的推移，灾后的社区总体上朝着积极的方向发展。重建参与方面，分析了社群社会资本对灾后重建动员中民众参加自组织抑或他组织的影响效应，分析结果表明：对村庄有较高认同感/归属感的村民参与社区自组织灾后重建活动的发生比例更高，村民在村庄内既有的社会网络对村民参与社区自组织灾后重建活动并没有明显的积极支持作用；“干部网规模”对村民参与政府组织的灾后恢复活动却具有正面作用，对村民参与志愿性社区活动（自组织）却具有非常明显的负面作用，即政府的强力作用反而会抑制自组织的积极性。由此可见，基层政府的确在灾后恢复中扮演了极为重要的角色，但基层政府与村民自组织的动员网络有较大的区隔，前者甚至会对后者产生负面影响。

第六章对村民的社会信任恢复情况进行了分析。社会信任分特殊信任和一般信任，2009～2012 年的灾后恢复期间，村民一般信任的总体趋势是下降的，特殊信任也显示了相似的逻辑。接下来，本书从社会资本的视角出发，探讨社群社会资本与个体社会资本对特殊信任的影响。对 2009 年和 2012 年数据进行回归分析的对比结果显示，重建初期，关系网本村人总数会正向影响特殊信任；重建三年后，正向显著影响的指标为关系网本村人总数、社群归属感、拜年网规模。研究认为，重建初期社群社会资本较为重要，是因为灾后初期，居住在板房中的村民因处特殊情境，与本村人的关系对社会信任的形成有重要作用，而生活恢复常态后，个体及社区间的利益博弈使社群和个体社会资本对特殊信任都变得重要。

第七章探讨的关系网是心理健康恢复的变化情况。被访者健康总体状况的数据显示，随着灾后恢复完成，被访者的健康状况逐渐好转。为了便于探讨，本书将关于健康的 12 个问题进行因子分析，提取出“身体健康因子”“心理健康因子”“未来信心因子”三个因子，数据显示，身体健康和未来信心均随重建完成而变得愈加积极，而心理健康的变化则呈现相反的结果。为了对这一现象进行探讨，本书从社会网的角度出发，分析了社群社会资本对心理健康重建起到的作用，分析发现前者对后者的负向影响作用。本书试着使用乡村里村民的分层现象对“社群社会资本越高心理健康值反而越低”这一结果做出解释，即村中社会地位较高的人抱团形成独立于其他村民的精英团体，村中大多数普通村民形成另一个圈子。后者虽有更高的关系网密度，但是由于内部成员地位较低、生活条件更差、压力更大、权益更不容易得到保障，因而心理健康程度更低。与此同时，与自己社会地位相似者交往使得村民变得封闭，这种封闭而紧密的小圈子进一步催生了悲观、压力等对心理健康产生负面影响的情绪。

第八章和第九章探讨的是村民对政府态度的变化情况。我们收集的村民对各级政府信任的数据显示，民众的基层政府信任度是一路走低的，对高层政府的信任度虽然居高不下，但也存在一个下行的趋势。对政府工作的观感的数据显示，民众对政府满意度的总体趋势是“央强地弱”，且呈现下降态势。为了进一步研究政府满意度变化的逻辑，本书从社会资本的角度对政府满意度变化进行了线性回归和跨层的多层线性回归分析。线性回归结果表明，2009 年及 2012 年，认知型社群社会资本对基层和高层政府满意度均有显著影响，到重建完成时，原本影响程度不重要的个体社会资本及关系型社群社会资本的影响也变得显著。多层线性回归结果表明，村庄整体的社群社会资本对基层和高层政府满意度都有显著正向影响，村委会活跃程度会显著正向调节“拜年网规模”对基层政府满意度的影响，村庄整体的社群社会资本会显著正向调节“乡以上干部中亲友数”对高层政府满意度的影响。总体而言，随着灾后恢复的完成，个体社会资本变得越来越重要，有利于村民形成对政府较高的满意度，同时这种影响会受到社群社会资本的调节作用。

第一编

导论：灾后重建中的自组织研究

第一章

灾后重建中自组织的故事

自有史料记载以来，灾害就给人类带来了巨大的损失、伤亡和痛苦。灾害有很多的特征，如社会性、破坏性、突发性、连锁性、多样性、难预报性等。中国是世界上自然灾害损失最为严重的少数国家之一，灾害种类多、发生频率高、分布地域广、造成损失大。特别是进入 21 世纪以来，自然灾害造成的经济损失呈明显上升趋势，已经成为影响经济发展和社会安定的重要因素。灾害的发生不仅对自然环境和人类物质财富造成巨大损失，还会带来社会运行的中断，导致在出现物质废墟的同时出现精神废墟。社会科学界对自然灾害的研究不仅仅在回答“灾害的社会后果为何”以及“如何减轻这些后果”之类的实际问题。由于在灾害中常规社会环境受到不同程度的破坏，这正好为社会学家们提供理解、研究个人心理认知、社会结构和社会互动变化过程的“自然实验室”，为他们深入理解社会运行、发展社会理论提供了机会。

如何使受灾社区和居民迅速从灾害的打击中恢复过来，重建正常的社会秩序和社会生活，一直是研究者最关注的研究主题之一。灾后恢复问题中需要解答的关键问题在于：为什么在同样的外部环境下，有些受灾社区的居民能迅速恢复元气，而有些却一蹶不振，陷入打击中难以自拔？在经济力量投入充足的情况下，哪些因素影响和决定着社区和居民的灾后社会性恢复？近年来，研究者在进行灾害研究时开始进行多学科交叉，将个人特征与人们的社会关系网络、社群的特征相融合，探讨国家与社会的有效互动关系模式。本书就是在这种趋势下，将心理学、社会学、公共管理学的研究视角共同带入汶川大地震的灾后重建研究中，探求一种有利于灾民社会性恢复与社区可持续发展相结合的重建模式。

我们研究的重点将置于民间自组织的力量如何投入灾后重建。在我国，重大灾难后的救灾以及重建阶段中，政府发挥的功能都是世人有目共睹的（彭宗超，2008；徐文渊、陈沛杉，2009），相关的研究已经很多，但其实只有政府的力量是远远不够的，因此很多新一轮的研究将目光投注在民间非政府组织（NGO，non-government organization）在灾后的表现（文传，2008；沈刚，2011）。在汶川大地震中，虽然民间志愿者的投入曾经是一道亮丽的风景，对此很多人称 2008 年是中国的“志愿者元年”，但其实 NGO 在整个灾区重建中的功能并不明显。我们的调查中，乡村社区居民表示曾受过志愿者帮助的比例很低，远远低于其他村民、政府、军队等带去的帮助。灾后重建中最主要的助力其实来自于社区居民自组织（self-organized）起来的救援及重建的力量，所以本书将关注民间自组织的重建过程，提出一个以民间自组织为理论视角的灾后重建研究框架。

一　自组织理论

自组织是指一个过程，是一个系统内部从无序到有序的过程。在社会科学中，该过程形成了一个新的治理模式，有别于建基在交易关系上的市场治理，以及建基在由上而下、来自系统外部的权力关系的层级治理，是一种内部建立在非交易、非权力，包括情感性关系、认同性关系以及共同志业之上的治理模式。因为内部合作的需要，一群人协商出合作的规范，共同遵守，形成自治理的机制，从而维持了一个系统长期的秩序。

自从哈丁提出“公有地悲剧”模型（Hardin，1968）的研究，提出如何让一群人合作，并排除有人“搭便车”的现象（Olson，1966），就成为学界一个重要的课题。理性选择学派提出的理论假设是，在重复博弈中，因为参与者看到长期合作带来的利益大于一次性欺诈带来的利益，所以会选择合作。阿克塞罗德（Axelrod，1984）更指出，当博弈反复发生时，如果行动者能够通过在后面几轮的博弈中惩罚违规者来遏制“搭便车”行为，则会出现合作的结果。

但这类理性选择的研究却无法解释为什么参与者会相信这是一个长期的博弈，谁来主持报酬（pay-off）的分配以及相关博弈规则的执行，因此奥斯特罗姆（Ostrom，2001，2003）提出自治理的“长期博弈”需要一套信任、声誉与互惠机制作为启动一系列长期合作的治理基础。社会资本理论因此进入此一研究领域。

总体社会资本研究在科曼（Coleman，1990）、普特南（Putnam，1993）、福山（Fukuyama，2001）等人的发展之下，将义务与期望、互惠规范、公民参与、信任等要素一同纳入社会资本的概念中，认为更重要的不是社会资本对个体经济行为的有效性，而是集体层面上的公共精神（信任、互惠规范和公共参与）有助于促成集体行动中的广泛合作，并克服集体行动的困境，从而促进经济繁荣和政治民主（李惠斌、杨雪冬，2000）。

社会资本起源的主导解释模型认为，社会资本产生于自愿性社群内部个体之间的互动，这种社群被认为是推动公民之间合作的关键机制，并且提供了培养信任的框架。社会资本也就意味着建立和保持自愿性社群的能力，换言之，健康的社群关系是共同繁荣所必不可少的（李惠斌、杨雪冬，2000）。普特南在分析“社会资本何以支撑好政府与经济进步的出现”时指出，社群内部的参与网络培养了生机勃勃的普遍化互惠惯例，密集的社会互动有利于协调和沟通，并放大了其他个人值得信任的信息。

此外，社群内部的这种参与行动体现了过去协作的成功，也为未来的协作提供了文化模本。奥斯特罗姆（2003）许多经验研究也验证了重复的社群互动产生合作规范。

科曼（1990）将志愿性社团当作社会资本最重要的形式之一，普特南则直接将志愿性社团等同于总体社会资本，并认为这是民主政治的基石，因此将自组织引入了公共管理研究。奥斯特罗姆集二者之大成，她借研究如何让“公共池塘”由使用者自定规则进行管理，在政府、市场之外看到了自组织（self-organization）的力量。她认为，影响集体行动的制度不仅限于操作层次的规则，同时也受制于集体和宪法层次上的规则安排，正式制度（或者说广义上理解的体制）的特征会促进或阻碍个体致力于解决集体行动问题的努力。在对全球众多“公共池塘”自我管理案例的分析基础上，奥斯特罗姆归纳出可持续的自组织普遍体现出的八项制度设计原则：清晰界定边界、与当地条件保持一致的规则、集体选择的安排、监督机制、分级制裁、冲突解决机制、对组织权的最低限度的认可、分权制（奥斯特罗姆，2000）。

在奥斯特罗姆（2000，2003）看来，相对政府管理和市场竞争来说，自组织和自治理（self-governance）模式是一种自下而上的有效率的自主行为，能够直接体现合作群体的需求，并有效克服政府模式的低效率现象和市场模式的不公平现象。任何社会互动领域内的自治体系都倾向于更为有效和稳定，因为在这个过程中产生并发展保持下来了行之有效的工作规则、参与者建立的网络以及他们采用的规范；规范和制度能够促使交易方之间以信任的方式行动，群体成员可以通过建立奖赏和惩罚机制直接影响行动，或者通过信息交流、技术建议、替代的冲突解决机制等间接帮助成员自我管理。

基于这些自组织的相关理论，本书观察了在汶川大地震后重建的三个村落，总结其中展现的自组织现象背后特有的中国人关系网特质。

二　汶川大地震后重建的案例

本书拟从住房建设和经济恢复两个层面，选取Y村的整村重建、S村的回迁运动、M村的生产合作这三个案例进行阐释。

案例1　Y村的整村重建

茂县Y村是一个羌族村落，辖两个村民小组，共72户居民，地震前二组49户居住在半山坡，一组23户村民通过购买邻村的宅基地已在山脚下建成了新宅。该村在地震中无人员伤亡，90%的房屋受到不同程度的损坏；二组由于地处地质危险区域，需要集体搬迁到安全地带重建新村，一组部分家庭愿意加入重建。新村选址在河谷地带，采用轻钢架构技术，共计56户民房（含援建单位捐建的一户公共示范房），实行统一规划、统一风貌。截至2009年5月，Y村接收的社会援助包括规划设计图、技术指导和55户房屋的免费钢架，其他工作由村民共同承担完成，没有建筑工程队的介入。

村党支部Y书记地震前曾经营小生意，略有存款。地震发生时Y书记与长子被倒塌的房屋砸成重伤，后经政府救助被送至省城医院接受免费治疗。治愈后Y书记卖掉了私家车购买了水泥分给建房的村民，矢志不渝地带领村民进行重建。建房过程的众多决策也都是在Y书记的召集和带领之下由村民们共同做出的。常用的沟通协调方式是开会，即由村委会召开户主会，由各家户主与村干部共同商量决定村中的公共事务；由乡政府、援建单位或村委会提出的意见和想法，也要经过村民大会做出决定，会上实行少数服从多数的原则，会后再由村干部和老党员、老干部对持反对意见的少数村民（通常只有少数几户）做思想工作。

为保公平，地基的分配采用抓阄的办法：（1）留出角落一户作为样板房，对其余55座宅基地进行编号；（2）将55张已写下编号的字条投入容器内，各家户主按照随机顺序进行抽号；（3）第一次抽出的号码作为排队的依据，55个户主以各自的数字编号决定下一轮抽号的顺序；（4）按照排队顺序进行第二次抽号，这一次抽中的号码作为各自的宅基地编号，对号入位。

没有专业的施工队，村中18名青壮年劳动力自愿报名组成“钢架队”，经技术人员的指导培训后承担起全村55户的立架工作。18人中没有队长，内部没有明确的分工，多视个人的情况而定，例如动作敏捷的人大多从事高层的工作，做工精细的负责焊接等，大家工作起来都得心应手。因房屋构造采用四联排（或双排）户型，先完成地基的四户（或两户）可优先起架，起架的顺序也视各联排地基完成的进度而定。起架当天由四户（或两户）共同或轮流供应钢架队的午餐，通常包括馍馍、炖菜、啤酒和烟。钢架队的劳务报酬在工程结束后统一结算：由55户居民每户出资 n 元，总计 $55n$ 元，钢架队人均获得 $55n/18$ 元。薪酬远低于市场价，算做“志愿的，象征性收一点工资”。

打地基、砌墙体等工作由各户独立或相互换工完成。Y村历来保留着换工的传统，即农忙时节家家户户都会考虑用交换劳动的方式安排收种，以便在最短的时间做完最多的工作。这种换工形式还扩展到修房建屋上，每一家建房时都会请寨子里的人来帮忙，然后在本子记下每家所帮忙的工时数，等到这一家建房时还以同样的工时数，有时会在原有的基础上多还一两天。因为砌墙并不是每家人都会的技术，因此建房换工是以大工换大工（砌墙），小工换小工（辅手）。如果遇到没有大工的家庭，就需要花钱请人来做，如果能够请到亲戚，所需付的钱就会少很多。

在房屋建至抹灰、刷白阶段时，由于需要一定的技术含量，需要从村外请技术工来做，按天数付工钱。由于当时灾区普遍都在建房，技术工难找，市价上涨。Y村村民们请的都是自家的亲戚，或是亲戚的朋友、朋友的亲戚等熟人，付的日工资比当地的市场价低30元，即市场价150元/天，熟人则付120元/天，并提供三餐和住宿。Y村有四大姓氏，分别是罗、潘、王、杨，同姓的称为“家门亲”，四大姓氏之间的相互通婚产生出了很多姻亲关系，当地村民称为“竹根亲”。如果将这种“家门亲”和“竹根亲”加起来，村民觉得全寨的人都有亲戚关系，不同的只是远近亲疏。当遇到两户人家同请一个工人时，这个工人会选择亲缘关系较近的一家先做。亲缘网与换工网将所有村民紧密地联系在一起。

门窗原定由村中统一采购。经一位村民的亲戚介绍，村两委的干部与重庆市一家门窗厂取得联系，订购了第一批门窗（未签订合同），但因货物质量不符合原本的口头协定，村民与运货方产生冲突，最终经村干部的调解村民同意以略低于原订价格的价钱买下门窗。但事后传出村干部从中吃回扣的传言。接下来的门窗采购便由村民自行找商家三五结合地购买，村干部不再出面，只对门的颜色统一要求为大红色，窗户统一为“羌”字样式。

示范房由援建单位出资购买材料、村干部组织村民出力砌墙。村中的道路平整、架立电线杆等工作也由村干部组织村民一起完成，每次劳作55户各出一个“工”（即一人）。值得一提的是，因钢架的捐赠方来自两个社会团体，其中30户的房屋钢架材料中包含楼梯，另25户的不包含楼梯，需由村民向厂家另外共支付75000元（3000元/户×25户）的材料费。村中采取的解决办法是由55户家庭共同支付，即每户分摊1363.6元（即75000元÷55户），这一办法未经任何外来团队的提议或村干部的协调，其余30户对这分摊方式也没有任何异议。

案例2 S村的回迁运动

北川县在2008年的地震当中受灾严重，后又遭遇九月的洪灾，河床抬高20米，沿河的整个村都处于不安全中。鉴于这个原因，乡政府无法快速地做出永久性住房重建的具体决策。村民严重不满当下的生存状况，干群关系比较紧张。笔者走访调查时（2009年5月）大多村民居住在安置点的板房区，或在旁自搭帐篷，少数人住在受损较轻的老房子里。

S村是一个行政村，辖6个村民小组，村民沿山散居。其中三、五、六组在地震中受灾严重，大量的房屋和农田被垮塌的山体损毁，只能采取异地重建，三个组的村民住在山下板房安置点。一、二、四组受灾较轻，大部分土地可以复耕，房屋部分损毁，修整后可以居住，但因地质脆弱，雨季时仍存在洪灾侵袭的可能性，只有少数人回到山上修葺房屋并住回老屋，大多村民因孩子就学便利性的考量和对灾害再发生的恐惧，与三、五、六组一同住在山下的板房区。总体上，村委会遵从乡政府的指示，将综合运用统建居民小区、原地自建民房、鼓励自主外迁和建造廉租房等多种形式进行重建，但震后一年仍未做出具体的决策。山上山下形成“对峙”的阵势：板房区住着三、五、六组的村民，其中包括现任村主任Z主任和一、二、四组“想等着政府给安排”的村民；山上原址住着房屋损坏较轻的一、二、四组村民，以二组G村民为首的“回迁”派，他们不参与板房区的任何活动，也不关心村主任传达的政策指令，震后不久在山上搭建临时住所，他们坚持在原址重建，并在地震后不久就争取到乡县政府的两次财政拨款，修复了通往山上的水电、公路等基础设施。

回迁派的G村民时年60岁，是一名老党员，是原陈家坝乡的会计，在乡级政府机构供职三十多年，“对乡上和村上的事儿没有不知道的”，退休后在村内的事务中仍有一定的影响力，且与县乡领导保有一定的联系。G村民的儿子和女婿均在乡政府担任要职。作为二组的成员，他曾在地震后两次带领组员换选组长；作为村中少有的党员之一，他在村级党支部中也有举足轻重的影响力，现任村支书可谓是由他带着“其他党员一起保上来的”。

G村民在震前带领二组推举出组长。但是震后他发现组长与村主任Z主任“来往甚密”，包括物资分配、重建方案都是背着他只与村主任商量。这位组长的做法在程序上并没有错，但是G村民意识到这名组长的行为已经违背了自己的推举初衷。于是，在G村民的号召下，二组换了另一位村民任组长。第二任组长也并没有让他满意，很快就换了第三位

（现任）。第三任组长在“重建选择异地还是原地”一事上与G村民看法一致。村民的临时过渡房是在G村民的指导下形成“换工”组织搭建起来的。同时，G村民在恢复水电、道路等设施方面做了大量工作，从乡和县政府争取到拨款与援助，并在施工中组织村民出人力和提供伙食。普通村民对G村民的评价是“精明、能成事”。

村中在救灾政策实施过程中存在反复修改的现象。建房补助款支取与建房贷款申办的规则几经调整，导致有人可以从中谋到利益、有人则无法及时领到所需的补助款，许多村民对此意见很大。物资发放方面，Z主任在访谈中做如下说明。

> 基本没有出现纠纷，物资发放我们尽量做到公平公正，优先照顾孤老病残。像分板房……不可能做到每家都有板房住。所以就优先考虑老年人、有小娃娃不满三岁的、怀孕的、有娃娃在念书的。然后再考虑其他人……当然这个当中不可能说完全公平。分发物资也是，分到村上的物资像衣服那些，也不是统一的……但是我们也是尽量把情况讲明，做到公开透明。大家也就能够接受了。像分米分油这些就是严格按照乡上规定的分量来。（来自Z主任的访谈记录）

但村民普遍认为村主任物资发放中很多做法不公平，好东西全部分给他自己的亲戚，分到村民手上的全都是些“破烂”，而且别的村都发了好多东西，有的S村村民感觉“什么都没有收到”，有的村民表示“不知道这些当官的吞到哪里去了”，村民对村干部的信任降到了最低点。

案例3 M村的合作机制

广元市M村地处偏远山区，人均年收入3000元左右，是“四川省十年扶贫规划重点贫困村”，全村大约七成的青壮年劳动力在外务工。汶川大地震中全村受灾异常严重，村民房屋全部受损，并受到地质滑坡灾害的严重威胁，公路、灌溉设施、饮水工程损毁严重。地震后被选定为“国务院扶贫办贫困村灾后重建试点村”，现在是广元市的一个重建亮点。

现任村支书兼村主任W主任曾在乡的农村信用社联合社开过运钞车、在县里一家银行里给领导当过司机，辞职后曾自办企业。当地一位村民曾承包村中的山地，但经营不善导致亏损，W主任以超出市价的价格接手，并打算利用大山进行林地经营，但是当时的M村交通极其闭塞，且治安混乱、村风不好，极大地限制了产业的发展。在2000年的换届选举中，W主任通过向镇长毛遂自荐成为候选人之一，并顺利地通过村民的选举成为村主任并兼任村支书。就任后，W通过订立村规民约来整治村风，并严惩村霸以儆效尤。面对村委会一无办公室、二无收入的窘况，W选择在家办公。面对村民一穷二白的经济困境，W放弃集资修路的尝试，寻求到他的一位熟人好友——县水电局物资总公司经理的出资帮助，修通了全村的路。

现在村中的自组织有生猪养殖合作社、村民资金互助合作社、农民工协会、老年人协会和地震后村委会下属的农民建房自助合作小组。基本上这几个协会、小组都是自组织起来的，由W兼任会长。其中农民工协会于2003年注册，入会会员缴纳100元会费，协会的宗旨在于维护本村外出务工人员的权益，以集体的名义向在外受到不公正待遇的村民提供帮助，收取的会费作为维权的开销经费。老年人协会选任会长、副会长、秘书长，任务主要是为村中留守的老人提供福利，并解决与老年人日常生活相关的事务，以分担村委会的工作。

2008年地震前，W主任正在带领村民筹备资金互助合作社以促进农户经济生产。地震后出于建房的需要W主任在村民的提议下着手组织互助建房机制，合作机制包括四个小组：资金管理组、材料组、监督组和施工组。随着项目在村内的宣传推广，不断有村民入社。村委召集社员开会，由社员选举产生会计、出纳以及组长、理事长等负责人。在人工短缺、建材紧俏的环境下，M村村民在互助建房机制的模式下以最低的成本和最快的速度完成了住房建设。

三　本章小结

（一）问题的提出

综合上面的三个案例，我们可以看到每一个案例中都有一位能人，他能够动员一群人来加入集体行动，向外争取到更多的资源帮助重建，以及帮助组织内部成员建立一套规则使得大家都能接受资源分配。比如Y村的书记以及M村的W村主任，他们都是有很多人生阅历的社会精英，也同时是政治上的精英，一位是任职多年的村支书，一位是自己主动争取成为村主任。对应能人的动员则是被动员者是否有内聚力，他们以什么样的关系结合在一起？如何才能相互信任？有没有共同的规范一起遵守？能不能协商出资源分配的法则？对于集体行动是否保持忠诚，不做“搭便车者”？

上述案例中，S村的重建无法达成一致正是因为全村居民内部产生了分裂，不能协商出大家都能接受的方案。Y村因居民都是“竹根亲”，很多事情好商量，而且有一套互惠机制的乡规民俗——换工制度，所以集体建房时较容易产生合作行为。S村村支书的“不公正分配”行为进一步引发了村民的不信任，使得集体行为缺乏互信的基础。反观Y村在部分建材短缺时，大家无异议地共同承担成本，符合凡事均分的习俗，村支书因此维护住村民间的互信；但在门窗采购上又因为不透明，村民对Y村村支书的信任感降低，使得后续的集体行动受挫。

这些案例显示，社群作为一个共同体，往往具有共同的利益，从而需要产生自治理的机制，以共同治理共有财（common pool resources）（Ostrom，1990）。所谓共有财，就是产权为集体所有，无法排他使用，但却有高减损性，一个人用了会减降别人使用的资源，最后可能产生“公地的悲剧”（the tragedy of commons）（Hardin，1968）。所以一个社群需要自组织起来发展出治理机制，以共同监督社群成员的行为规范，保障社群的集体利益（Ostrom，et al.，1994），比如一个职业社群的职业声誉就是成员的共有财，必须要发展出一套职业伦理以监督、规范从业人员，这样才不会因为部分人的行为而使集体声誉受损。自治理机制包括一系列自我制定的非正式规范以及正式规则，包括宪法规则、选择规则以及操作规则，为有效地执行这些规范与规则，社群中还需要有声誉机制、信任机制、互惠机制以及监督机制（Ostrom，1998）。在这些机制的基础之上，一个社群才能有效遏制“搭便车”的行为（free-rider）（Olson，1966），产生良好的相互合作，共同创造共有财的氛围。

如何能够让社群产生有效的自治理机制，并有效地监督、执行这些机制？厘清这一问题有助于保持一个社群内部的秩序，促成合作并产生持续的集体行动，以供应共有财，增加社群全体成员的福祉。如上述案例所分析，自治理机制的产生需要一个成功的自组织过程。

（二）本书主旨——引入社群社会资本解释灾后重建

什么是自组织过程？作者从干预观察和访谈调查中归纳出解释中国社群自组织过程的分析架构①，具体情况如图1-1所示。

简单地说，自组织过程包括有“动员精英”的动员（Carthy and Zald，1977），形成关键群体，在没有收益的时候，付出建立共有财所需的初期成本（Oliver and Marwell，1988），从少数人动员更多的相关者加入自组织过程中，使规模效益显现，吸引到更多人参与，并建立一个相对稳定而封闭的社会网，高举出大家的认同，更转化这个社会网中原有的

① 如欲了解此一分析架构如何分析一个自组织过程，可以参考罗家德、孙瑜等人所写的《云村重建纪事——一次社区自组织实验的田野记录》。

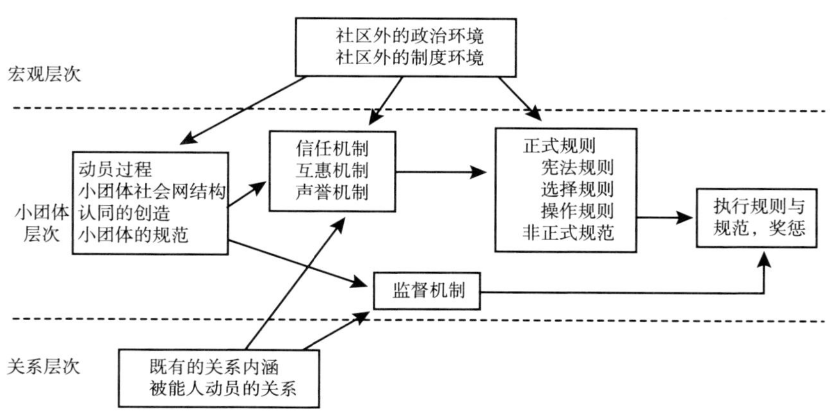

图1-1　一个自组织治理运作机制（过程）的理论架构

资料来源：本研究团队绘制。

"乡规民俗"成为自治理所需的正式规则与非正式规范（罗家德、李智超，2012）。在这样相对稳定而封闭的社会网中，口碑容易流传、声誉可以相互验证，从而产生声誉机制。另外，如果有较强的非正式规范存在，封闭社会网内的有效监督可以使成员的行为具有确定性（assurance）（Yamagishi，et al.，1998），这是建立信任机制的重要基础。因此，在建立自治理机制的自组织过程中，一个社群内部社会网结构的内涵、成员间关系的强度、相互认同的程度，以及是否有共守的规范都是自组织能否成功的关键。所以奥斯特罗姆在研究自治理机制时直指自组织过程中形成监督、声誉、信任以及互惠机制的重要性（Ostrom，1990，1998），并以一系列博弈研究分析了这些机制的形成有赖于良好的社会资本，这些社群内社会资本无疑是一个社群能否建立自治理机制最重要的前提条件（Ostrom，2008）。

在我们研究团队的定性研究中，使用这个架构分析了收集到的自组织过程个案，并从个案的比较中归纳出本土自组织过程的特质（罗家德等，2013；帅满，2013），更试着用美国的自组织案例与国内案例作比较，以期了解国内与西方自组织过程的异同（罗家德等，2013）。

在定量研究上，我们首先需要发展一个测量社群自组织能力的指标——社群社会资本。如前所述，这是一个测量社群内部内聚力的指标，如果一个社群的成员对社群认同感强，内部关系多且良好，嵌入在相对封闭而紧密的社群网络中，大家会倾向合作，少有“搭便车”行为。这个指标有助于理解一个社群自组织过程中的起始条件是否良好。自组织过程的目的也在于不断地加强社群社会资本，使社群内部越来越有内聚力，直到能建立良好的自治理机制，所以社群社会资本的前后期比较也可以说明自组织过程是否成功。衡量社群社会资本是理解民间自组织发展过程的重要指标。

第二章

引入社群社会资本于重建研究

一　衡量社群社会资本

在衡量社群社会资本之前，我们先要了解什么是社群，也就是了解"community"这个概念。本书将"community"译为"社群"，以别于有些学者所用的"社区"（吴文藻，1990）。因为社区一词本身有"地域性"的意涵，相比较之下，"社群"跳出了空间的局限，更能面对相应的社会文化情境下呈现出的问题（下文在专指地理性社区时以"社区"表示，非专指时都以"社群"表示）。台湾社会学者徐启智在翻译奈思比特（Nisbet）的《西方社会思想史》时，就将"community"译为"社群"。早在14世纪时，"community"一词就出现在英语中，指平民或组织性的团体；16世纪时，衍生出了共同体的意涵，如利益共同体（community of interests）等。19世纪起，又有了当下性（immediacy）和区域性（locality）的词义，于是社群一词，也就是community，被用来表示直接的、全面的和有重要意义的关系，与形式的、抽象的和有工具性关系的社会（society）相对应（Williams，1976）。滕尼斯（Tönnies）首次提出并系统地阐释了这个概念，他抽象出了Gemeinschaf（此处为德文，即为community）的本质——以血缘、地缘或信仰为连接纽带，将社会团结作为社会联系和组织的方式（滕尼斯，1999）。在托克维尔（Tocqueville）对美国民主的描述中，公民共同体（civic community）以积极并有公民精神的市民、平等的政治关系、信仰、合作的社会网络为标志（Tocqueville，2004；Putnam，1994）。从德文中的 Gemeinschaf 到英语里的 Community，再到中文的“社群”，都将共同体成员之间的社会联系隐于其中。在贝尔（Bell）《社群主义及其批评者》一书中，将社群区分为以地理位置为基础的“地区性社群”，也可以叫作“社区”，具有深刻道德意义的历史的“记忆性社群”，以及为信任、合作与利他主义意识所支配的、面对面的、有人际交往的“心理性社群”（贝尔，2002）。

现在中国的城市小区大多属于地理性的类型，也就是纯粹的社区。中国的乡村社区由于历史的积淀和影响，很大程度上是贝尔所提到的地区性、记忆性与心理性社群的结合体，它比城市更适合“社群”这个称呼，因为它更加传统与固定，社群的边界与地理社区的边界也具有较高的一致性，社群成员之间的关系也更加密切。本书将以汶川大地震后灾区乡村社群为分析目标，当社群社会资本应用在这样的地理性社群或社区中，也可以被称作社区社会资本，鉴于我们的研究对象都是地震灾后的地理性社群，所以有时就直接以社区称之。

我们如何衡量社群社会资本/社区社会资本呢？这一测量工具不仅要对它们的社会网进行清晰的界定，还必须建立在中国农村特定的社会文化背景之上。农村居民主要以农业为主要的谋生手段，同时，由于人们生活在共同的环境中，又有不同程度的血缘、地缘关系的连结，其中的居民会形成共同的社区意识和心理认同感（丁志铭，1996）。因此，如何衡量社群成员的关系结构以及心理认同是建立社群社会资本指标的关键。

有了对社群社会资本的衡量后，本书的研究宗旨在以社群社会资本作为解释变量，分析重建过程如何受到社群内聚能力的影响。如果社群社会资本可以促成更多的民间自组织活动，即能够正向显著地影响灾后重建的很多事项，比如集体行动促成救灾活动、相互帮助增加心理健康和生活满意、协力合作进行经济重建等，这些都会增强社会信任的恢复，以及建立对政府的信任等。为了完成此研究宗旨，作者采用了定性和定量相结合的研究方法。

二　定性研究方法

本项研究只是一个已进行五年的长期研究计划的一部分，整体计划的目的是针对汶川大地震灾后重建中乡村社区自组织发挥的作用进行分析，以整理出中国民间社会自组织过程中的一些特质。资料收集中采取的方法有：社会干预下进行的田野观察，定性的深度访谈，案例分析和文献研究相结合，并辅之以三次定量问卷调查，对家户资料、社会网问项、心理量表等数据进行收集和统计检验分析。

此研究计划起始于清华大学可持续性乡村重建团队（以下简称清华团队）在汶川大地震灾后进入灾区从事援建。清华大学城市规划设计研究院尹稚院长在汶川大地震后受住房和城乡建设部之托作阿坝州整体规划，成为清华大学参与灾区重建的开始。接着，清华大学社会科学学院李强院长联络了尹稚院长，组成了清华大学可持续性乡村重建团队，由本书第一作者负责，整合多方实力成立一个团队进入灾区开展有别于“重建就是盖房”的全方位可持续性重建计划。

清华团队在南都公益基金会“5・12 灾后重建资助项目”启动后，第一时间提交了“清华大学可持续性乡村重建试点计划”，计划很快得到基金会理事会的审议通过，此计划在绵竹市九龙镇、茂县太平乡、什邡洛水镇以及北川的陈家坝乡和广元市利州区三堆镇建设生态抗震示范房，并将其作为驻村的观察点。同期，团队推动了杨柳村整村重建计划，从事社区营造工作，重建的杨柳村成为社会干预的实验点，由南都公益基金会和欧特克软件有限公司（Autodesk）提供部分资金支持。

同时，清华团队获得了清华大学・野村综研中国研究中心的三期研究资助以及清华大学两岸联合研究项目的支持，对上述重建地点的附近村落进行了追踪观察，分别在2009年5月及2010年11月完成了两次定量调查。后续工作团队得到台湾信义房屋企业集团的支持，成立清华大学社会科学学院信义社区营造研究中心（以下简称清华社造中心），继续推动相关的社会干预与观察、追踪调查，并扩大定性调查于其他五个非清华团队参与的重建社区，以及支持本团队在2012年4月进行了第三次定量调查。

定性研究作为社会科学研究中应用最普遍的方法之一，尤其适用于问题研究的初期阶段和对复杂问题进行深度挖掘。本项研究的初期阶段，我们首先搜集了国内外重点学术期刊和经典实证案例分析的相关文献，充分吸收前人经验，梳理理论脉络，为接下来的实证研究做好充分准备。

我们选取了有NGO参与整村灾后重建的下述十个地点，通过参与观察和深度访谈等方法，分析和比较不同的重建模式及结果。同时，对这些村庄周边的村落也进行了访谈，可以作为比较的样本。

茂县太平乡杨柳村：杨柳村位于茂县北部的太平乡，地处岷江上游山区。在地震中全村房屋全部受损，且位于地质灾害危险区域，因此全村55户集体搬迁到山下河谷地带，集中重建新村。清华重建团队参与杨柳村重建，在可持续性重建理念的指导下，将新型轻钢生态房建设技术引入杨柳村，同时在该村开展社区营造活动，团队常驻村内，自2008年以来不断观察社区不同重建项目中自组织的情况。

茂县太平乡其他四村：本研究团队为了便于比较，同时对杨柳村附近的木耳村、羌阳村、牛尾村以及沙湾村做了一系列的访谈。因为这四个村子邻近研究团队的研究据点，所以五年来我们对部分村落可以持续进行访谈，追踪其灾后重建的发展。

绵竹市九龙镇：九龙地处绵竹市之西北，距绵竹市区约6.5公里。震前全镇辖区面积53.6平方公里，属半山半坝镇，其中山区占2/3。全镇拥有4个行政村，69个村民小组，1个居民委员会，人口11290人，耕地面积达13796亩。九龙是汶川大地震的重灾区，全镇受灾人数达12190人（含流动人口），319人死亡，1376人受伤；全镇98%以上的房屋倒塌；

共损失41.8亿元。震前九龙发达的“农家乐”产业受损严重，全镇经济遭受重创。江苏省扬州市对口支援九龙镇，清华重建团队也参与了九龙的重建工作。清华团队指导下的第一座轻钢生态示范房在九龙镇新龙村落成。因为这是我们最早进入的受灾社区，所以在此地收集了灾后重建早期的资料。

绵竹市遵道镇：遵道镇位于绵竹市西北部，辖区面积32.75平方公里，其中耕地面积19505亩，辖10个行政村，104个村民小组，1个居民委员会。遵道志愿协调办公室参与了遵道镇的重建工作，清华研究团队和志愿者协调办公室人员有所接触，收集了相关资料并对一部分志愿者进行了访谈。

什邡市洛水镇：该镇紧邻“广青路”，这条公路连接什邡与广汉两地，实现了什邡与成绵高速的通达，可直达成都市，亦可到达四川省的第三大地级市德阳。清华团队在此建立了一栋重钢生态抗震示范房和一栋轻钢生态抗震示范房，作为一个比较示范园区，并建立研究据点，四年间三度在附近收集定量资料。同时，清华团队也针对附近村落居民进行了访谈。

北川县陈家坝乡：陈家坝乡面积约18000亩，震前人口约1.36万，震后尚存1.28万，近800人遇难。该乡损失耕地1万余亩，损毁房屋1.2万余间，各种基础设施悉数毁坏，经济损失达58.5亿元。同样的，清华团队在此建立了一栋轻钢生态抗震示范房，作为研究据点开展研究，访谈灾后重建的过程，并收集了数个自组织案例。

广元市利州区三堆镇：清华团队受联合国开发计划署与国务院扶贫领导小组之邀针对广元市数户贫困户提供建房协助，因此在项目所在地之一的三堆镇深度参与观察了其一段时间里的重建过程，并收集到数个自组织重建案例。

成都彭州市九峰村：九峰村总户数为49户，一条白水河将村庄分为两部分，一边叫山边坪，有34户村民；另一边叫戴家坪，有15户村民。

灾后，北京地球村环境教育中心（以下简称地球村）经过多次实地考察，明确了村庄的迫切需求，决定将募集来的善款用于九峰村的灾后重建。经过与村民的讨论，地球村决定将重建资金用于三个方面：索桥维修加固（解决与外界交通问题）、水网改造（解决饮水问题）和生计发展。预计重建时间为1年半。地球村最初的思路是，依托社区组织，通过村民参与式的硬体建设，而不是将工程外包给施工队，以此方式增强村庄互助与社区参与，从而有助于培育社区自我发展的能力。清华团队因应邀前去做评估工作而得以访谈志愿者和村民了解灾后重建过程。

成都市郫县安龙村：全村134户，由于良好的土壤条件和便利的灌溉，蔬菜生产是安龙村的主要经济来源。安龙村位处岷江上游，距离成都市自来水六厂取水点较近，因此安龙村的土壤与水体保护有着极为重要的环保意义。2005年，环保NGO组织河流保护协会来到村中开展关于生态环保的社区活动，宣传减少化肥的施用，逐步过渡到有机耕作的农业生产方式。清华团队因受邀参与记录该村灾后一段时间内的绿色农业自组织的过程，而得以进行对村民的访谈。

台湾南投县桃米村：1999年发生的“9·21”大地震，意外地开启了桃米村社区营造的契机。震后不久，为应对灾后社区如何发展的问题，桃米村的里长邀请了非政府组织新故乡文教基金会的工作人员进入该村，经新故乡文教基金会工作人员评估后，开启了双方的合作关系。桃米村重建之初，新故乡文教基金会的两位工作人员进入桃米村长期驻点，持续协助社区重建并多方寻求各种经费来源，最终选定了生态观光作为产业发展的方向，并发动村民组成协会。如今桃米村是台湾“9·21”大地震后最成功的自组织重建的案例。清华信义社区营造研究中心因为长期和新故乡文教基金会有交流与合作，得以进入该村进行调研，虽不是汶川大地震灾后重建的案例，但是一个好的比较案例。

本书将对上述灾后重建点进行追踪调查，就它们的重建需求、社会网络、心理健康状态以及民间非政府组织在重建中的角色与参与方式累积历时性资料。在上述重建点进行参与观察和对村干部、灾民、志愿者等相关各方人士进行深度访谈，这些定性研究能够搜集到丰富的资料，从而有利于确定重要的变量并搜集相关信息，为后续研究阶段建构理论框架提供背景资料。

定量研究在把变量操作化、具体化时，其所变成的各种指标并不能完全代表变量本身。将社会现象操作化、具体化时，定量研究会造成信息的丢失；而定性研究则很好地弥补了这方面的缺陷。与定量研究相比，定性研究的独特优势在于其灵活性。在定性研究中，可以发现更多的要素，更深入地研究社会现象，同时定性研究对社会现象更具有敏感性，更多体现出人文关怀。因而，定性研究是本项研究的重要部分。

通过该部分的定性研究，我们期待能够比较出受灾程度轻与重、重建中搬迁与就地重建、可持续性重建理念指导有与无以及 NGO 不同的参与方式等因素对重建带来的影响，同时为定量调查积累背景资料，有助于本团队进一步完善问卷。

三　定量研究方法

本项目的定量研究除了针对上述十个地点各自收集定量资料外，还选择性地针对四川其他地区的村民搜集了相关定量资料。灾后四年间共计收集了三期，回收有效问卷 1802 份，其中 939 份为持续三期的跟踪调查。研究设计主要包含以下三方面内容。

（一）村民需求调查

灾后重建是一种灾害社会救助，而灾后的救助与灾时相比，虽然在时间上比较从容，但是灾后社会救助的手段要十分规范。灾后社会救助偏重于政策救灾、组织救灾并配以物质等公共物品进行救助，要对灾区进行生活、生产、社会、精神家园的重建与发展，满足灾民全方位的需求。这也造成灾后社会救助活动的过程比较复杂，灾后社会救助的目标实现也比较困难。灾后社会救助的能力与水平以及灾后社会救助的目标实现对灾民与灾区的社会经济发展影响很大。因此，救灾主体对灾后重建的目标进行定位的时候，不但要涉及救灾主体对灾区社会经济发展的看法、防灾减灾的意识、对灾后救助的作用以及灾后救助效应的预计和救灾主体关系协调状态等问题，同时更要秉持以人为本的理念，以灾民的实际需求为最基本出发点。要达到重建救助的最优供给，就必须充分考虑灾民的需求状况，离开了灾民对救助需求的考察，则无法确定重建中公共物品的供求均衡点。因此，对灾民需求的调查是本项研究的出发点。

（二）村民心理健康状况调查

心理学研究表明，在重大灾害以后，一部分亲历者和幸存者，会出现严重的创伤后心理障碍（PTSD），常会陷于痛苦、不安的状态，并伴有绝望、麻木不仁、焦虑，以及植物神经紊乱症状和行为障碍。有研究表明，约70%的当事人可以在没有专业人员帮助的情况下自己愈合心理创伤；另外30%的当事人则或多或少会由此产生一定程度的心理问题，在日后表现出如焦虑、抑郁、躯体形式障碍、进食障碍、睡眠障碍、酒依赖和药物依赖等。对于未成年人，由于其对灾难事件无法进行完整的言语表达，也没有机会进行表达，形成的心理创伤可能更严重。严重创伤后的心理障碍，持续和影响时间相当久，可能在灾害一个月甚至半年、一年后的灾后重建过程中才表现出来。灾害事件极大地超出了个人及团体的应付能力，使受灾群体承受超过正常范围的心理压力，为绝大多数受灾者带来了明显的痛苦。受灾者灾时个体行为反应的差异性和规律性是受灾行为的最基本特征。受灾者首先作为遵守社会规范、履行社会角色的社会人，其行为都会表现出一定的规律性。然而由于个体特质的差异，灾害发生当下以及灾害发生后受灾者的心理与行为反应方式皆存在相当大的差异。灾民在灾害的冲击和打击的恢复过程中会经历许多困难和痛苦的心理历程。最终大多数的灾民对灾害的记忆变得淡漠起来，接受了个人及环境已发生的改变，并逐渐将注意力集中在当前和未来上。通过发现灾害发生及灾后恢复的不同阶段灾民在心理和社会行为上呈现出阶段性的特点，可以衡量不同重建模式对个体的社会心理支持的功能性差异。同时，在专业性的实践引导下心理健康状况调查也会给灾民一个正向的自我发现过程，可以将其看成一个诊疗过程，对个体心理恢复有较大意义。

（三）村民社会关系网络调查

在对灾害的早期研究中，已有学者指出社会网络与社会联合体是对灾害做出反应的最基本社会单位（Drabek & Key，1984；Leik et al.，1981）。社会网络是一定范围内个人之间相对稳定的社会关系。灾难的发生总会导致社会正式制度系统出现一定程度的混乱，在这种“制度空缺”的情况下，作为一种非正式制度的社会网络与社会关系可以起到填补制度真空的作用。许多研究都发现受灾者在灾后会动用自己的亲属、朋友、邻居等社会网络关系来获得支持，这些支持对受灾者的灾后恢复起到了非常关键的作用（Drabek & Key，1984；Soloman，1986）。这种为个人带来各种资源（如金钱、情感、能力培养等）支持的社会关系网络就是个人社会支持网络。通过社会支持网络的帮助，人们解决日常生活中的问题和危机，并维持日常生活的正常运行。良好的社会支持网络被认为有助于减缓生活压力，有益于身心健康和个人幸福。社会支持网络的缺乏，会导致个人的身心疾病，使个人日常生活的维持出现困难。同时在社会层面上，社会支持网络作为社会保障体系的有益补充有助于减轻人们对社会的不满，缓冲个人与社会的冲突，从而有利于社会的稳定。赵延东（2007）的研究结果表明，受灾者在灾后积极的社会参与活动以及信任结构等都可以使受灾者更好地团结起来，共同抵御灾害的打击。这些都是制定灾害治理政策时不应忽略的重要资源。

研究者在已有理论和研究经验的基础上发展出了一套适用于中国社会

的关系网络——总结出中国人的自我中心关系网络，将人际关系四分——无连带、弱连带、熟人连带以及拟似家人连带。这不同于 Granovetter 对西方人际关系的三分——无连带、弱连带与强连带。在中国人的关系划分中，弱关系是工具性关系，熟人关系兼备工具和情感交换的混合关系，拟似家人关系则是以情感性关系为主，以家庭伦理规范互动与交换。因此，情感关系的有无及其强度是区分关系类型的重要依据。研究者已经将 Granovetter 提出的关系强度的四个构面——关系久暂、互动频率、亲密程度与互惠内容中得到衡量的前三个情感性构面进行了修正，确定为认识久暂、亲密程度和亲密朋友圈。在测量亲密程度的两个指标——亲密行为和亲密话题中，亲密行为的影响更加重要。认识久暂单独形成一个构面，而且也与关系强弱相关，所以也可以视为关系强弱的衡量标准之一。在中国社会中是否愿意充当介绍人和担保人是两人关系亲密与否的一个重要标志。因此，双方是否有很多共同认识的人，是否处于共同的社会网中，也是关系强度的一个重要构面，就此发展出了亲密朋友圈构面。

由于不同的关系类型承载着不同的资源和功用，因此对关系及其类型的判断对于评价个人所拥有的支持状况具有十分重要的意义。通过研究，我们寻找到了一些临界值作为判断关系类型的参考指标，这将有利于通过量表推断关系类型。对灾区的社会关系网络进行测量时，鉴于关系强度类型与社会支持高度相关，因此应同时考察灾区震灾前后个人社会支持网络。当我们找出震灾对社会支持网络的影响后，更重要的是通过比较研究找到不同的重建模式对社会支持网络的影响变量。

（四）问卷调查抽样

此项研究的问卷调研在四川什邡市、绵竹市等灾区进行，前后持续了四年时间，形成了一套三期的追踪数据。首次调查在 2009 年 4 月 4 日展开，先从 3 个村子 83 个样本的前测开始，然后修正问卷，最后才大规模展开调查，一直持续到当年 5 月才完成全部调查。由于当时客观条件的限制，问卷调查没有采用“概率与规模成比例抽样”（Probability-Proportional-to-Size Sampling）的抽样方法，而是根据村子规模、受灾严重程度、交通便利程度等因素，使用判断抽样的方法选取了17个村，每个村随机抽取33户，每户使用KISH表抽取1名成人进行问卷的填答，首次调查共收回有效问卷558份。因为这段时间相当比例的灾民住在板房或临时搭建的棚子中，所以我们称之为板房时期①。第二次调查（2010年11月4日至14日）为前次调查的追踪调查，共追踪到12个村子的313份样本。这时期大多数的受灾户都正在从事房屋重建，甚至有少数的村落在“三年任务两年完成”的鼓动下，已经完成了房屋重建，所以我们称这一时期为房屋重建时期。第三次调查时间在2012年4月7日至18日，除了跟踪调研的12个村子外，还新增了18个村子作为调研点，共收集有效问卷949份。此一时期房屋与硬件设施的重建基本上都已经完成，所以可以称为重建完成期。

调研点中，德阳市、绵阳市是川西平原受灾较重的汉族聚居农村，以农业为主营经济；彭州市是成都市辖区内的受灾地区，有较多的服务业，也是川西平原的一部分；第一次调查的北川县及第三次调查的茂县则为羌族聚居的山区狭谷地带，以农业为主。这几个地区代表了汶川大地震受灾地区中较为不同的类型。调查员由社会学专业的博士和硕士研究生构成，访谈前经过了相关的专业培训。

抽样调查问卷是由研究团队自行设计的结构式问卷，根据相关的理论文献及测量工具进行设计，不仅收集村民家户层面的基本情况，还会收集被访者的社会网络、社会认知等方面的数据。与此次分析有关的问卷内容大致包括四个部分：一是村民的个人基本特征，包括研究样本的性别、年龄、教育程度、是否党员、婚姻情况等；二是村民的个体社会资本情况，主要从四个网络进行衡量，包括工具支持网、情感讨论网、拜年网和干部网；三是村

---

① 此一时期灾区大多数的房屋损毁不太严重且次生灾害威胁不大的居民，仍会住在原处，小部分居民住在帐篷或自搭的板房内，也有很大一部分的灾民集中居住在板房区。

民的心理健康状况；四是村民对各级政府的满意度。

第一期调查于2009年5月完成，搜集正式调查问卷475份，前测问卷83份，共558份有效问卷。抽样方法为先使用便利抽样的方式选择一定村落，入村后再随机抽样33~35户人家做问卷调查。问卷调查的地域分布情况如下，数字为抽样的代码。

01 德阳市，共计394份

- 01 什邡市
  - 01 洛水镇
    - 01 银池村=32
    - 02 五堰村=33
    - 03 联合村=33
    - 04 渔江村=33
    - 05 李冰村=33
  - 02 偷氏镇
    - 01 瓦店村=33
    - 02 太乐村=33
    - 03 先锋村=33
    - 04 五一村=33
- 02 绵竹市
  - 01 广济镇
    - 01 天平村=33
    - 02 新和村=33
    - 03 卧云村=32

02 绵阳市，共计164份

- 01 安县
  - 01 秀水镇
    - 01 龙泉村=33
    - 02 金山村=33
    - 03 朝阳村=33
- 02 北川县
  - 01 陈家坝乡
    - 01 龙湾村=32
    - 02 四坪村=33

第二期调查于2010年11月完成，共搜集313份有效问卷。问卷调查的地域分布情况如下。

01 德阳市，共计313份

- 01 什邡市

01 洛水镇

01 银池村 = 29

02 五堰村 = 18

03 联合村 = 27

04 渔江村 = 29

05 李冰村 = 30

02 蓥氏镇

01 瓦店村 = 25

02 太乐村 = 25

03 先锋村 = 28

04 五一村 = 27

02 绵竹市

01 广济镇

01 天平村 = 25

02 新和村 = 27

03 卧云村 = 23

第三期调查于 2012 年 4 月完成，共搜集 949 份有效问卷。问卷调查的地域分布情况如下。

01 德阳市，共计 369 份

01 什邡市

01 洛水镇

01 银池村 = 29

02 五堰村 = 31

03 联合村 = 33

04 渔江村 = 33

05 李冰村 = 33

（接下页第一列）

03 成都市，共计 421 份

01 彭州市

01 磁峰镇

01 皇城村 = 34

02 鹿坪村 = 35

03 西一村 = 33

04 滴水村 = 34

05 莲水村 = 35

（接下页第二列）

04 阿坝州，共计 159 份

01 茂县

01 太平乡

01 杨柳村 = 37

02 牛尾村 = 32

03 木耳村 = 33

04 羌阳村 = 24

05 太平村 = 33

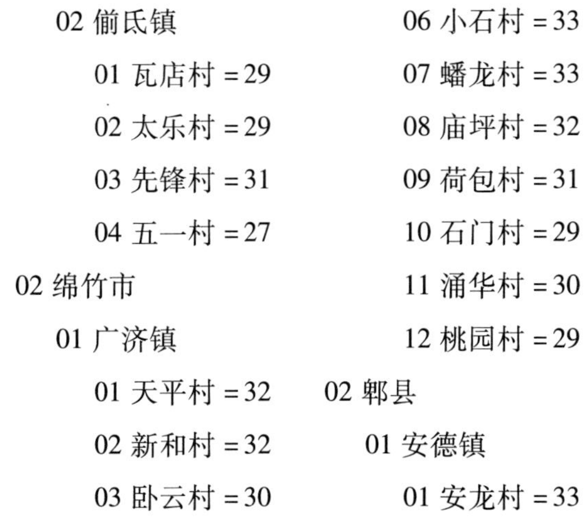

02 偷氏镇

01 瓦店村 = 29

02 太乐村 = 29

03 先锋村 = 31

04 五一村 = 27

02 绵竹市

01 广济镇

01 天平村 = 32

02 新和村 = 32

03 卧云村 = 30

06 小石村 = 33

07 蟠龙村 = 33

08 庙坪村 = 32

09 荷包村 = 31

10 石门村 = 29

11 涌华村 = 30

12 桃园村 = 29

02 郫县

01 安德镇

01 安龙村 = 33

四　定量调查中被访者特征分析

（一）被访者的性别特征

三期数据的性别比例遵循男女各半的主旨进行，但内部稍有波动，总体上男性比例稍高。2009 年 5 月第一次调研，男性比女性多 14%，2010 年 11 月男性比女性少 2.2%，2012 年 4 月第三次调研男性则比女性多 15.2%（见表 2-1）。因此，三期数据调研的男性总数多于女性。第二期的调研因为集中在德阳市，所以在样本分布上缺少了羌族山区村庄的样本，和第一期、第三期存在差异。第一、第三期这两期样本特质则十分接近。

表 2-1　各期被访者性别分布

单位：人，%

	一期		二期		三期	
	人数	百分比	人数	百分比	人数	百分比
男　性	317	56.8	149	47.6	547	57.6
女　性	239	42.8	156	49.8	402	42.4
缺失值	2	0.4	8	2.6	—	—
总　计	558	100	313	100	949	100

（二）被访者的文化程度

三期访问数据的被访者文化程度差别不大（见表2－2）。但仔细比对，可以发现，小学及以下的累计百分比，三期分别为67%、63.6%、58.6%，即三个时段调查的低文化程度被访者呈下降趋势，而初中及其以上的累计百分比为31.9%、31.3%、41.3%，即高文化程度者总体呈上升趋势。虽然就此认为地震对吸引村庄高文化素质者留下来建设家乡有正向影响还有待论证，但起码可以表明，地震后震区人口空心化的趋势并未加剧。

表2－2　各期被访者文化程度分布

单位：人，%

	一期		二期		三期	
	人数	百分比	人数	百分比	人数	百分比
不识字/识字很少	110	19.7	52	16.6	157	16.5
小学未毕业	93	16.7	45	14.4	129	13.6
小学	171	30.6	102	32.6	270	28.5
初中	151	27.1	87	27.8	314	33.1
高中/中专/技校	21	3.7	10	3.2	68	7.2
大学专科	6	1.1	1	0.3	6	0.6
大学本科及以上	—	—	—	—	4	0.4
缺失值	6	1.1	16	5.1	1	0.1
总　计	558	100	313	100	949	100

（三）被访者的户口情况

三期数据调查的本地人口所占比例分别为99.2%、97.1%、99.1%，本地被访者占据绝大多数（见表2－3）。由于我们的追踪数据收集旨在对灾后乡村社区重建进行调研，因此本地农业人口是主要调查对象，三期调查均较好地达到了这一目的。与第一期和第三期相比，第二期调研的本地非农人口相对较多，因此农业人口比例就相对降低了一些。和性别变量的情况相似，第一、第三期样本特质十分接近，第二期则略有不同。

表 2－3　各期被访者户口情况分布

单位：人，%

	一期		二期		三期	
	人数	百分比	人数	百分比	人数	百分比
本地农业	541	97.0	289	92.3	927	97.7
本地非农业	12	2.2	15	4.8	13	1.4
外地农业	4	0.7	—	—	6	0.6
外地非农业	—	—	—	—	1	0.1
缺失值	1	0.2	9	2.9	2	0.2
总　计	558	100	313	100	949	100

（四）被访者年龄分布情况

30岁及以下被访者比例，三期分别为4.3%、6.1%、12.3%；与之相对，31岁至40岁被访者的比例分别为22.4%、15.3%、14.8%。40岁及以下被访者的年龄，三期加总的值，第二期数据为21.4%，第一期和第三期均约为27%。41岁及以上的被访者，三期加总后分别为73.3%、75.4%、72.9%，比例状况非常稳定。三期数据均显示，41岁及以上的被访者占据七成多，而30岁及以下的比例极低，震后乡村社区年轻人较少（见表2－4）。

表 2－4　各期被访者年龄分布

单位：人，%

	一期		二期		三期	
	人数	百分比	人数	百分比	人数	百分比
30岁及以下	24	4.3	19	6.1	117	12.3
31岁至40岁	125	22.4	48	15.3	140	14.8
41岁至50岁	163	29.2	102	32.6	287	30.2
51岁至60岁	132	23.7	73	23.3	178	18.8
61岁及以上	114	20.4	61	19.5	227	23.9
缺失值	—	—	10	3.2	—	—
总　计	558	100	313	100	949	100

（五）被访者的婚姻情况

三期调查对象的婚姻状况差异不大（见表2－5），已婚的被访者人数均占据绝对优势，分别为85.5%、93%、85.8%，而其中又以二期比例最高，也因此相对压低了同期未婚、丧偶和离婚被访者的比例。这再次说明第二期资料和第一、第三期样本特质略有不同。

表2－5 各期被访者婚姻情况分布

单位：人，%

	一期		二期		三期	
	人数	百分比	人数	百分比	人数	百分比
未婚	32	5.7	7	2.2	56	5.9
已婚	477	85.5	291	93.0	814	85.8
丧偶	43	7.7	7	2.2	64	6.7
离婚	6	1.1	2	0.6	11	1.2
缺失值	—	—	6	1.9	4	0.4
总计	558	100	313	100	949	100

（六）被访者是否党员

是否党员是一项很重要的指标，因为它牵扯到被访者与干部的关系，从中可以深度挖掘网络背后的国家和社会的结构关系。调查显示，三次调查中，被访者中党员的比例都不高，非党员在九成以上，和全国的党员比例略相当（见表2－6）。

表2－6 各期被访者党员情况分布

单位：人，%

	一期		二期		三期	
	人数	百分比	人数	百分比	人数	百分比
是	38	6.8	21	6.7	80	8.4
否	520	93.2	292	93.3	869	91.6
缺失值	—	—	—	—	—	—
总计	558	100	313	100	949	100

本研究的第二期调查的样本集中在川西平原近成都市的地区内，这12个村子是三期都追踪调查的样本，但资料的代表性较差，不像第一期和第三期覆盖了较广的灾区，所以被访者部分社会经济背景统计和第一期及第三期有所不同可能肇因于此。第三期调查中，在第二期313个样本的基础上持续能追踪到270户，下面我们会使用此三期每期都有的270个追踪资料描述灾后重建四年间的一些社会、经济、心理及社会资本的变化。我们应当注意到，这种变化趋势的描述性统计来自于川西平原近成都市的村落的分析，或可以推论到川西平原地区的恢复情况，却不一定能推论及整个灾区，尤其是灾区的山区。

第一期和第三期的样本同时涵盖了平原与山区，第一期有约11.7%的样本来自北川羌族自治县的山区，第三期有16.7%的样本来自茂县（原羌族自治县）的山区，两期受访者的社会经济背景特质的分布也十分接近，所以我们将用这两期资料做回归分析，分析灾后初期及重建完成期几个被解释变量，包括社会信任、心理健康以及政府信任等解释因素，以比较重建前与重建后的不同。因为采用便利抽样，所以样本的推论能力受到一定限制，但样本构成内涵的相对一致使得比较分析仍具有一定意义。

五　本研究的特色

我们的研究持续收集资料五年，通过三种方法去了解乡村社区自组织过程，包括：（1）社区实验方法，透过干预与田野观察深入研究我国乡村社区自组织过程和自治理机制的产生机理，尤其是参考成熟的社会网理论及自治理理论，分析社区自组织的操作规则、集体决策、监督规则、宪法规则等的产生过程。（2）本研究也作了乡村社区重建经验的定性研究，除了有NGO进驻推动村民自组织发展各种社区发展项目的记录资料外，也访谈了这些村子附近没有NGO进驻辅导的社区，并与之进行比较研究，同时消化吸收可供借鉴的成功社区经验，以期提出符合大陆乡村实际情况的本土化的社区自组织理论。（3）本研究也将在前期定性研究的基础上发展定量调查的问卷，继续对灾民社会关系网络进行跟踪调查，以便建立相关灾后乡村社区重建的数据库，形成三期灾区定量研究数据资料库。

在定量研究方面，基于上述定性研究的基础，本研究试着发展一个衡量社群内聚力的指标，如上所述就是社群社会资本，进一步定量地分析自组织能力如何影响社区重建过程中个人社会、经济、心理恢复的情况。社群社会资本是一个社群是否有内聚力的关键，也是社群自组织过程的重要起始条件。

本书是本团队在灾区进行灾后重建研究的定量研究成果，通过对社群社会资本的衡量，分析其影响灾后重建恢复的过程。

第三章

社群社会资本的衡量——一个对自组织能力的衡量

在衡量社群社会资本之前，我们还要问社群社会资本与集体社会资本有什么不同呢？社群指涉的是一个小集体，是由与自己有着共同特征的个体所组成的网络，主要由个人的社会连带组成，成员之间不是直接认识就是两步距离可达的间接关系，人数有限，所以信息流通容易，成员间知根知底，较不易产生信息不对称问题。后者则是指一个大集体，如国家、社会、城市等，主要是陌生人组成的群体，因为共同生活的规范在陌生人当中也可产生团结，所以这是一种依赖于普遍认同而形成的大群体。面对以亲缘、地缘、人缘、共同兴趣和共同记忆为基本形式的共同体，个体形成的社群是一种有具体关系的网络；面对相互不认识的人，只有通过共同认同、公共意见和意志，才能形成成员对集体的感知。

仅仅从范围和基础上看，我们就可以察觉前后两种社会关系网络的不同，社群的边界相对封闭，人数较少，是内部连带密度高的社会网；而集体则是边界较开放、人数众多，成员大多相互陌生，连带密度低的社会网。本章的目的之一就是从社会网理论的视角出发，通过对相关数据的分析，对乡村社区中居民的社群社会资本进行初步的探讨。

一 社群社会资本的测量

从以上论述可以看出，对乡村社区中居民人际关系互动网络的测量与社群成员之间的关系息息相关。Onyx 和 Bullen（2000）通过在澳大利亚五个社区大约 1200 份问卷的调查，总结了 3 个显著的维度：社区参与、社区机构和信任。另外，对多样性的容忍度（tolerance of diversity）、价值观（value of life）、工作联系和安全感也包含在其中。在中国社会中，乡村社区中的工作联系比较薄弱，是否应该将工作联系和价值观、社区参与等分析维度放入其中仍有待商榷。

国内也针对社群/社区社会资本发展出个人层次的问卷。桂勇、黄荣贵（2008）发展出一套具有 7 个维度（地方性社会网络、社区归属感、社区凝聚力、非地方性社交、志愿主义、互惠一般性信任和社区信任）的社群社会资本测量指标。项军（2011）认为只要一个群体在一定地区共同生活一段时间，总会形成一定的“共同体”性质，他设计了一个“社区社会资本”量表，也包括 7 个维度，分别是社区认同感与归属感、人际交往频度、社区利益共同感、邻里互助、社区凝聚力、社区参与和社区信任。类似的社群社会资本测量还有很多，并没有形成一个统一的衡量标准，并且，大多是从认知层面对其进行测量。比如，桂勇、黄荣贵的测量指标就主要从态度方面进行测量。项军的测量指标除了态度方面之外，还加入了对关系方面的测量，但邻里互助、社区参与等行为方面的指标是否应该加入尚待考量。

这些衡量方法基本上都是测量个人的认知和态度，用的多是心理量表。如上文所述，社群与集体的不同之处在于前者是一个基本相连的社会网，而后者则是以陌生人为主集合而成的大群体。所以集体社会资本基本上只能衡量一个人对一个抽象的群体，如国家、社会、民族、城市，以及其中陌生的成员的认同与信任，属于个人认知层面变量。而社群/社区社会资本则不同，除了个人对小群体的认同与信任外，因为小群体成员间都有直接或间接的关系，是一个相对封闭而密度高的社会网，所以可以用社会网调查方法直接衡量成员间关系强度以及社群网络的结构特质，仅衡量认知及态度变量是不够的。

本文试图引入社会资本的角度来分析社群社会资本。社会资本可以在两个层次上进行分类。第一个层次是社会资本的内涵，有3个维度，分别是结构维度、认知维度以及关系维度。结构维度（structural dimension）包括网络构型（network configuration）与可使用的志愿性组织；认知维度（cognitive dimension）包括共有符码（code）、共同语言和共有叙事；关系维度（relational dimension）包括信任、互惠和义务（Nahapiet and Ghoshal，1998）。第二个层次是根据社会资本得益的对象分为属于集体层面的社会资本和属于个体层面的社会资本。前者是宏观层次的，受益者是一个群体，也就是社会资本使得一个群体中产生“1+1>2”的合作带来的效益。后者是微观层次的，受益者是个人，也就是一个人的社会资本为他/她带来资源（Brown，1997）。Leana 和 Van Buren（1999）也提出十分类似的观点，“私人物品”（private goods）社会资本归属于某一行动者（个人或一个团体）而且服务于私人利益，“公共物品”（public goods）社会资本归属于某一群体所有，而且服务于该群体的公共利益。Adler 和 Kwon（2002）称个体社会资本为“外部社会资本”，因为它产生于某一行动者的外在社会关系，能帮助行动者获得外部资源；至于“内部社会资本”，因为它形成于一个群体内部的连带，可以提升群体的集体行动水平。

在测量集体层面的社会资本时，研究者通常使用信任、公共参与和社会规范等几个维度（Coleman，1990），测量个体层面的社会资本则以社会网络中的信任关系、认同关系、情感工具关系以及结构位置为主（赵延东、罗家德，2005）。那么，两者之间的鸿沟是否可以通过社会网络分析进行弥补呢？乡村社群的范围和特性在此提供了一个良好的契机：社群中的居民大部分彼此认识，他们对社群的认知很大程度上建立在关系的基础上，这样个人的关系内容、网络结构与社群范围内的认知型社会资本之间就有了连接点。个人的社会关系、网络结构是具体的，而社区范围内的认知型社会资本是抽象的，将两者结合起来，在测量小集体的社会资本时加入网络分析的方法，或许可以对居民的社会网络结构进行深入而系统的测量。这种网络分析包含了社群成员社会网络的三个维度——关系、结构和认知（Nahapiet and Ghoshal，1998）。

社群社会资本顾名思义就是让整个社群受益的社会资本，所以也是一种形式的“集体社会资本”，因此本文定义社群社会资本是一个社群中成员间的关系以及社会网结构的一些特质，以及社群内成员对社群的一些认知变量，能让此社群内部产生合作性，进而促成集体行动，使整个社群受益。小群体内的认知性变量可以用个人态度与认知的心理量表加以衡量，而且个体资料的加总平均就是集体的认知维度社会资本的水平。

小群体中的关系性变量可以使用个人中心社会网问卷（ego-centered network）加以调查，进而得知关系的一般情况。小群体内的社会网结构比较复杂，可以用整体网（whole network）加以衡量，可以计算出整个社群社会网的密度（density）、群体中心性（group centrality）、可达性（reachability）、组件（component）、小团体（cliques）、块模型（block model）等的指标（Wasserman and Faust，1994），来衡量这个社群是否在结构上健康而且能促进合作行为。有的社群很小，几十人或百余人，收集整体网资料就较容易，但有些社群，尤其是职业协会、行业协会等，可能动辄几千上万人，我们调查的乡村社区中也有两千户、近万人规模的样本，要做这样一个大的整体网调查成本就会很高。如果以部分网（partial network）的结构特质推论整体网（whole network）的结构特质，随机抽样很难掌握，所以本文将不采用整体网为法，而以个人中心网（ego-centered network）问卷，在每一个乡村社区中采取随机抽样的方法，发展社群中关系型及结构型社会资本的衡量方法。

那么那些在认知、关系及社会网结构维度上的社会资本变量怎样能使一个社群增加合作进而使集体受益呢？这首先可以问在集体层次哪些变量是有益于整个群体增加合作性并有可能促成集体行动的。Kimberly（1999）描述了四个社区维度的概念——集体效能、社区心理感、邻里凝聚力和社区能力，强调将其放在社区的层面上进行测量，比如当地的加油站是否需要在加油前支付预付款（这个指标用来衡量信任）等，而不仅仅是将个人的回答累加起来。

Anirudh 和 Elizabeth（1999）基于世界银行 15 个国家的 26 个研究，发展出一种对集体合作能力的测量工具——SCAT（Social Capital Assessment Tool），用于社区层面的认知和结构社会资本的测量。SCAT 分为两个层次：宏观和微观。宏观层面意指组织运行的制度环境。微观层面指的是垂直组织和社会网络在发展方面的潜在贡献，包含了结构和认知两个方面。结构包括作为社区发展工具的地方性正式和非正式机构，主要通过垂直组织和网络形成社会资本，它们的决策是集体而透明的，有责任领导、集体行动的实践经验和道德责任感。认知则包括了价值观、社会规范、行为和态度，其中价值观指的是社区中成员间享有的信任、团结度和相互影响。

此一架构在微观层次只将认知与结构加入其中，我们发觉其中认知维度的信任、规范以及互惠交换在 Nahapiet 和 Ghoshal（1998）的分类中为关系维度，结构维度中水平组织结构属于社会网结构的范畴，可纳入本文的社会网结构维度中。其他的结构维度变量涉及集体行动的透明性、领导力以及其实务状况，但是当我们收集个人资料时，问卷上是个人的认知问项，虽然不足以代表整个群体集体行动的实际情况，但仍能问出个人对集体行动情况的认知，所以在本文中将其放在认知维度中①。另外就是在制

① 本文问卷中加入了对村中集体行动参与的意愿考察，最后在因子分析中，此类问项被区分成单一因子，标名为“志愿主义”。

度环境及机构的宏观层面上，如果在集体层次加以衡量，我们可以得到并非关系及社会网结构的指标，但这些变量是社会网长期运作得到的制度化的成果，而不是社会网及社会关系本身，所以本文只在做多层次线性模型时，如第九章的分析中，将这样的指标加入。

这些集体性质的指标落实在一个社区这样的小集体中要如何通过问卷加以测量呢？认知性社群社会资本的测量相对容易，主要指标有共同符码、共同愿景以及共同记忆形成的社区认同。一个社区的内部认同感越高，个人越愿意参与集体行动，合作性就越高，越能带来社区的整体利益。衡量一个社区内的认同感水平就是社区成员个人对社区认同感的加总平均，所以用心理量表测量个人认同感即可。

关系性社群社会资本包括了互惠性关系、义务性关系以及信任，社区内相互信任感高，互惠性关系、义务性关系多，则个人较愿意加入相互帮助的行动中，因此社区内可以推动增加公共利益的集体行动。其中对社区其他成员的信任也可以用个人的信任量表加以测量再加总平均得到整个社区的水平，而社区内互惠性关系、义务性关系可以在个人中心网问卷中通过测量社区成员的工具性及情感性关系在社区内的数量加以体现。数量多的人，有助于增加社区内关系的密度，而高密度的社区内集体行动的动员能力也较强。

比较难测量的是结构性社群社会资本，如前所述社会网结构指标大多要靠整体网调查去测量，但在大型社区中，这很难实现，所以一般而言收集的还是面向个体调查的个人中心网。一个社区的社会网结构如果封闭性强，网络密度高又没有分裂的小团体，则整个社区易于团结，合作性高，也较容易发动符合公共利益的集体行动。其中封闭性强由个人中心社会网的特性决定，当一个受访者深深嵌入社区网络中，结构洞效果低，这样的人身边都是社区成员，而且认识的社区成员间也相互认识，受访者超越社区之外的联结少而且会倾向于建立强连带关系，而强连带易形成封闭的小圈子（Granovetter，1973；Burt，1992），所以一个社区这样的成员多的话就会封闭性强。社区的社会网密度高表现在个人身上，就是个人中心网以社区内成员为主，即社区成员的关系占比大，且他们之间相互认识，换言之，个人中心网中社区成员间关系密度较高。社区有没有分裂的小团体无法在个人中心社会网中加以客观测量，至多就是请受访者表达主观认知下社区内斗激烈与否，这一点十分可惜，只能是社区整体网调查才能得到客观指标。

我们也要看到，这三个维度所依赖的基础并不相同，认知维度是一种心理上的认知变量，是主观的自我评量，关系和结构维度则是通过对居民社会网络的分析得到，较为客观。前者是李克特量表式的度量方法；关系维度则主要是信任程度，互惠及义务关系（情感性支持或工具性交换）的连带数目和强度的社会网变量；结构维度是这些社会网中个人形成的结构位置变量（罗家德，2008）。三个维度的衡量方法差异很大[①]，那么，应该如何对这三个维度进行衡量和区分，又该如何将三者统一起来？

关系维度社会资本主要衡量的是互惠及义务关系的数量与关系中信任的质量，数量包括一个人在社群中互惠性交换，包括工具性及情感性交换的关系数量，质量则以对社群内成员信任的强度为衡量标准。这些数量与质量越高则一个人嵌入社群的程度就越高，分享社群发展带来的利益也越多，对社群的公共利益就会越关心。个人中心网的结构性社会资本主要衡量一个人社会网的结构性特征，包括密度、结构洞效果（hole effect）（Burt，1992）、网顶、网差以及网络多样性（Lin，2001）等，其中网顶、网差以及网络多样性都是个体社会资本，为个人带来资源的结构特征。而密度和结构洞效果则一般会呈反比，一个人的社会网中同一社群的人所占的比重越高，他们相互认识，密度也会越高。如前所述，因为这种高密度的小团体嵌入在社群之中，与社群成员互动多，相互监督效果大，所以会增加社群内部社会网的封闭性与密度，从而增加社群内部的合作性与动员

① 一些研究为取得简便的衡量方式往往对关系及结构维度社会资本的衡量也使用李克特量表，得到的是个人对自己关系情况及结构位置的认知，而非真实被衡量的社会网指标。

能力，较可能带来更多符合公共利益的集体行动。

因此，一个人在社会网中与社群成员的情感性、工具性关系数量多与信任质量高，以及社群成员在其社会网中密度高，则此人嵌入在社群之中，对社群社会资本的贡献也高。

一个人的情感网是高密度网，会获得比较多的信任，一方面情感本身即包含了善意，善意使得朋友间的行为不会欺诈及借机取利，是可以信赖的（Mishra，1996），所以在一个紧密且多数人相互有情感的网络中，人际间信任感较高（Wellman，1992；Wellman，Frank，2001；Krackhardt，Hanson，1993）。另一方面，密网之中人与人之间知根知底，相互监督而使大家的行为不至于违反群体规范，因行为有保证（assurance）使得可信赖性增高（Yamagishi，Yamagishi，1994；Yamagishi，Cook，1998）。如果社群之中一个大家都认识的人受到欺诈更易引起群体制裁，所以他/她周遭的人行为受到监督而不会逾矩；同样的，他/她也受到强大的监督而必须展现可信赖的行为，其个人信任关系因而也较多（Krackhardt，1992；Luo，2005）。

Granovetter（1985）的镶嵌理论说明了这种因果关系，他指出信任关系是社会连带与经济行动中的中介变量，社会网结构以及结构中的连带会带来人际信任，而人际信任是交易顺利的基本要件，在交易中可以降低交易成本，从而影响交易的治理结构。在此一理论中，信任关系是“果”，社会连带及社会网结构则是“因”（罗家德、叶勇助，2007）。

反过来，信任关系的增强与增多，也可能在一段时间后改变网络连带的性质，可以从工具性关系发展为情感性关系，这样的情感性关系可以改变社会网结构。一方面朋友的朋友因为见面的机会多，相似性高而很容易相互认识，所以弱连带才有可能成为桥，沟通不认识的人；强连带容易将原本不认识的人聚在一起进而相互认识（Granovetter，1973）。关系的递移性更说明正向的情感连带会使这些认识的人也产生正向情感，否则就会认知失衡（Heider，1958），所以情感性强的关系有传递的效果，使一群相互认识的人都产生情感而网络变得越加紧密。基于以上论述，我们因此得到如下的假设。

假设 1：社群社会资本中关系维度与结构维度社会资本相互影响。

认知维度社会资本的探讨指向了共同语言（shared languages）、共有叙事（shared narratives），社群认同感，这些是我们衡量认知维度社会资本的主要指标。一个社群成员如果有较多的社群内互惠性关系，较强的信任感以及较密的社群内社会网，则他/她会与社群成员有较多的互动，因此有更多的机会分享社区成员之间共同的生活经验、记忆和感受，这有利于制造社区之间本存在差异感的“我们”的社区感，有利于社区认同的生成（吴理财，2011），从而促进认知型社群社会资本的增加。互动和认同的增加有利于造就社区成员间的熟悉感和相似性，因相似而较能亲近，因相似而互相理解，这就构成了因相似而产生的信任（characteristic-based trust）（Zucker，1986）。这些都能提升一个人对社群的认同感。

同样的，在一个社区内，社区居民对社区越是拥有共同符码、共同愿景和共同记忆形成的社区认同，越有可能因为这种相似性和共同情感而彼此联系、互动，社区集体活动和行动也更容易、更频繁地发生，即所谓的“物以类聚”（帅满，2013）。基于社区认同而激发的社区内参与，相比人际关系动员，在动员效果上拥有更广泛的影响力，因此可以有效地进行社区动员。社区活动参与过程中，人与人互动的增加会导致特殊信任的形成以及互惠、义务关系的出现（杨中芳、彭泗清，1999），也即有利于促进关系型社群社会资本的增加。基于此，我们提出如下假设。

假设 2：社群社会资本中的关系维度与认知维度社会资本相互影响。

一个人如果嵌入在一个社群之中，且社群成员关系紧密，则人际间互动频繁，可以发展出信任机制与监督机制（Ostrom，2008），这些机制可以自己发展出自我管理的规章制度，形成自我约束的秩序，是为自治理（self-governance）（Ostrom，1990）。自治理带来大家共同认可的规范，共守的“乡规民俗”也可以增强社群成员的认同。当一个社群有了自治理能力时，就能够发展出集体行动，并有效地管理这些行动使其持之以恒并为社群带来利益，社群因此有了分享愿景（shared vision），就是与其他社群成员分享相同的理念、共有的社群目标，这也创造了社群内相互认同的“我群”（we-group）的感觉，能带来的“认同基础上的信任”（identification-based trust）（Shapiro，Sheppard and Cheraskin，1992）。嵌入在社群紧密社会网中的人因此能更加了解社群自治理机制，对社群集体行动有更多的理解，影响他/她对社群中集体行动情况的认知。

反过来，社区内基于共同语言、记忆形成的社区认同会以“我群”意识来呈现，这种社区内部的认同有明显的边界，因此拥有较强的封闭性（Coleman，1990）。社区成员基于认同而形成社区活动参与后，彼此间互动会增加，从而互相认知、熟悉，由此导致人与人之间的连带增多、网络密度增加。人际互动会因人格特质和兴趣取向、价值偏好等差异而有关系远近之分（Zucker，1986），但由于有社区认同作为社区联结的纽带，社区成员内部即便会有关系强弱各异而产生的小团体，基于弱连带产生的桥始终会存在，因此内部不会造成彻底的分裂，而会有机地联系和整合在一起。由此推论，认知型社群社会资本的增多也会促进结构型社群社会资本的增长。

假设3：社群社会资本中认知维度和结构维度社会资本相互影响。

二　数据、变量与测量

（一）数据

我们首先以第三期资料为基础建立社群社会资本的模型。这里有缺失值，指的是样本数据中工具支持网、情感讨论网和拜年网规模三者至少有一个为“0”的情况，因为这部分数据不能完整地提供被访者社会网络情况的信息，并且在之后需要用到的结构方程模型的分析中，任一观察变量有缺失的话，执行功能程序时会出现警告信息。在衡量结构型社群社会资本时，我们用“工具网密度”与“情感网密度”两个变量进行计算。但当村民网络规模为“1”以下时，无法计算其密度，故将工具、情感网中本村人总数为“0”或“1”的个体去掉。从而最终的样本分析数据为318条。下面将分别介绍作为本文因变量的集体社会资本和作为主要解释变量的社群社会资本的测量。

（二）变量

本研究的关键自变量是社群社会资本，其中关系与结构维度主要是对个体社会资本的考察。本文将其操作化为三种网络：工具支持网、情感讨论网（下文分别简称为“工具网”、“情感网”）和拜年网。问卷中使用提名生成法对村民的“工具网”和“情感网”进行了询问（Burt，1982；Marsden，Campbell，1984），使用位置生成法对村民的“拜年网”进行了询问（边燕杰，李煜，2000）。工具网主要涉及在其日常生活中提供帮助（例如借钱或物品、帮忙农活、建房子、照看孩子等）的人的相关情况；情感网主要询问了与之谈心、聊私密话题的人的相关情况，拜年网则是询问春节期间有拜年往来的人的相关情况。

获取调查数据后，我们分别计算了三个网的网络规模和网络成分。在测量社群社会资本关系维度社会资本时，根据前文的文献分析，我们选取了关系网（情感网和工具网）中本村人关系总数、拜年网中本村人关系总数作为观测指标。

在衡量社群社会资本结构维度时，我们考虑了情感网密度和工具网密度这两个观测指标。如我们所知，个人社会网（ego-centered network）问项中可以得到很多结构性指标，如密度、结构洞、网顶、网差、变异性、网络规模等（Lin，2001），但这些结构指标大多数都在测量个体社会资本，比如被访者的网顶很高，在乡村社区中，往往意味着此人认识一些村外较高社会地位的人，又因为大多数人都认识一些相对处于社会底层的人，所以这类人的网差也很大。这些有利于为个人的发展带来资源，但往往网顶高的人活跃于村外，所以未必会将这些资源贡献给乡村社区，因而社区不一定能得益。网络变异性高、网络规模大也是一样，可以带来个人的资源，个人却未必会将资源提供给社群使用。但结构中有几个指标却指涉个人深深嵌入在乡村社区之中，密度高以及结构洞少，往往说明了此人生活在一个较紧密的小圈子中，这个生活小圈子几乎没有例外地深深嵌入在乡村社区之中，所以密度高或结构洞少的个人较可能将其中蕴藏的社会资源用于社区之中。

在计算工具网密度时，我们首先计算出以被访者为中心的网络中其他人最多可以形成几条关系连带（例如，被访者的工具网规模为“4”，那么在这 4 个人都相互认识的条件下可最多形成 6 条关系连带）。在网络问卷中，若受访者对有关网络中成员相互关系如何的问题回答“很好”或“比较好”，则可判断网络中此二人之间存在关系连带；若回答“一般”“不好”或“不认识”则此二人之间不存在关系连带。通过计算可知被访者的个人中心网络中其他人相互之间的实际连带数目，用此数目除以最多可能存在的连带数目，即为网络密度。情感网密度的计算方法与此类似。在计算过程中，我们去掉了工具网或情感网规模为“0”或“1”的样本，以保证模型的准确性。

认知层面的测量比较复杂，根据前文的理论构想及社群社会资本的若干维度，我们依据现有文献关于各维度所提出的具体指标（Chipuer，Pretty，1999；桂勇、黄荣贵，2008；林信廷，2009；黄源协、萧文高、刘素珍，2007），结合中国的实际情况，设计了一个较为完整的测量量表（见表 3－1）。以下将分别探讨该量表的信度和效度。为了便于进行量化分析，我们运用主成分分析法对这些题目进行探索性因素分析，得出这 28 道题目可能出现潜在共享因子，通过删除因子载荷小于 0. 65 和出现双重负载（double loading）的题目，剩余 17 道题目，结果如下（KMO 检验 0. 883，Bartlett's球形检验 sig =. 000）。

表 3－1　社群社会资本认知维度的探索性因素分析结果

题　　目	因子 1	因子 2	因子 3
对我来说,能继续住在本村很重要	.868		
我觉得本村很适合我居住	.864		
我会在本村住很长时间	.833		
我经常意识到我是本村居民	.807		
未来几年我计划继续住在本村	.801		
本村村民的身份对我来说很重要	.792		
我觉得我是村里的成员	.772		
我希望一直住在这个村子里	.670		
我与邻居有经常性的互动		.863	
我与邻居来往频繁		.861	
我常与邻居相互分享各种讯息		.845	
当我或我的邻居遇到困难的时候,我们会相互帮助		.787	
我常邀请邻居至家中做客、聊天		.758	
你经常征求邻居的意见		.676	
如果村里的一项公共工程不直接对你有利,你会为此付出时间			.873
如果村里的一项公共工程不直接对你有利,你会为此付出金钱			.840
如果有影响整个村子的问题,我觉得我有义务帮忙解决			.671
因子累计贡献率(%)	36.819	56.808	66.760
内部一致性系数 Alpha	.927	.897	.751

注：本研究的因素分析均采用主成分分析法和方差最大正交旋转法。

内在信度重在考察一组评价项目是否测量的是同一个概念以及这些项目之间是否具有较高的内在一致性。一致性程度越高，评价项目就越有意义，其评价结构的可信度就越强。由分析结果可知，三个因子的信度系数都在 0.75 以上，说明信度可以接受，不需要进行修订。再利用上述方法对整个量表的 17 道题目进行内部一致性分析，得出总的内部一致性信度系数为 0.885，表示量表的整体信度可以接受，具有较高的可靠性。为了进一步验证该量表的结构效度，我们又进行了验证性因素分析，在分析的过程中根据修正指标的参数估计，对若干题目的误差值建立了共变关系（最后模型的适配度为 Chi-Square/df = 1.973，RMSEA = 0.042，GFI = 0.961，TLI = 0.979)，结果表明该量表的三个因子维度具有良好的结构效度。根据各个因子对应的题目，我们把因子1、因子2和因子3分别命名为"社群归属感""邻里亲密"和"志愿主义"，并分别计算了每位村民的各因子得分。除此之外，我们还选取了"本村人信任"作为认识构面中的变量，被访者对"对本村人的信任程度"进行打分，最高为5分，最低为1分（见表3-2)。

表3-2　所有变量一览

变量名	均值	标准差	变量说明
社群社会资本的关系维度			
工具网本村人关系总数	2.071	1.638	定距变量，工具网网络成员中本村人的数量
情感网本村人关系总数	1.702	1.328	定距变量，情感网网络成员中本村人的数量
拜年网本村人关系总数	13.963	2.441	定距变量，拜年网网络成员中本村人的数量
社群社会资本的结构维度			
工具网密度	.862	.310	定距变量，工具网成员相互熟悉的比例，0-1，"1"为全部相互熟悉，"0"为全都相互不熟悉
情感网密度	.901	.274	定距变量，情感网成员相互熟悉的比例，0-1，"1"为全部相互熟悉，"0"为全都相互不熟悉
社群社会资本的认知维度			
社群归属感	71.065	12.660	定距变量，1-100
邻里亲密	67.714	12.671	定距变量，1-100
对本村人的信任程度	3.632	.752	定距变量，分为完全信任、比较信任、一般、不太信任、根本不信任，从5到1进行赋值

三　分析结果

根据假设，首先要研究的是社群社会资本内部各个维度之间的关系。根据上一部分的因素分析，在社群社会资本认知维度中，我们选取了邻里亲密、社群归属感和志愿主义三个指标以及本村人信任。基于前面的假设，我们得到一个初始的协方差分析模型。这个模型包括九个观测变量和三个潜变量。从结果来看，由于社群归属感、邻里亲密与志愿主义三个变量都是通过因子分析得到的，相互之间的相关性为0，很难重新组成一个新构面，模型拟合度不佳。因此，我们需要对模型进行修正。

在修正过程中，我们在保留本村人信任的前提下，先后尝试去掉社群归属感，保留邻里亲密与志愿主义；去掉邻里亲密，保留社群归属感与志愿主义；去掉志愿主义，保留社群归属感与邻里亲密，建立三个新的修正模型。在这三个新模型中我们发现没有志愿主义的模型效果最好，而保留志愿主义的模型中志愿主义的修正指数远大于其他变量，是造成初始模型拟合不良的原因，因此我们从模型中剔除了志愿主义这个变量。

我们对初始模型进行这些修正后，得到了修正模型（见图3－1）。修正模型的GFI值为0.974，高于0.95，AGFI值为0.946，高于0.9，说明模型适配度较好。另外我们还可以结合其他模型适配度的指标，如卡方自由度比值CMIN/DF为1.969，小于3，表示模型适配度良好；渐进残差均方和平方根RMSEA为0.055，虽然没有达到小于0.05的要求，但依然可以接受；塔克—刘易斯指数（TLI）为0.857，接近0.9。总的来说，修正模型是一个可以接受的路径图。

通过修正模型的结果我们可以对假设1、假设2和假设3进行验证。由于观测变量的测量单位不同，为了更清楚地展示变量之间的路径关系，图中标示了各变量之间的标准化回归系数和显著性水平。从图3－1中可以看出，三个构面之间的相关性都是显著且值足够大的。关系维度与结构维度社会资本这两个潜变量之间的相关系数为0.472（$p<.05$），说明它们之间有显著的共变关系，从而证明了假设1，即社群社会资本中关系维度与结构维度社会资本存在相互影响。关系维度与认知维度社会资本这两个潜变量之间的相关系数为0.342（$p<.05$），说明它们之间

有显著的共变关系，从而证明了假设 2，即社群社会资本中关系维度与认知维度社会资本存在相互影响。结构维度与认知维度社会资本这两个潜变量之间的相关系数为 0.719（p < .001），说明它们之间有显著的共变关系，从而证明了假设 3，即社群社会资本中结构维度与认知维度社会资本存在相互影响。

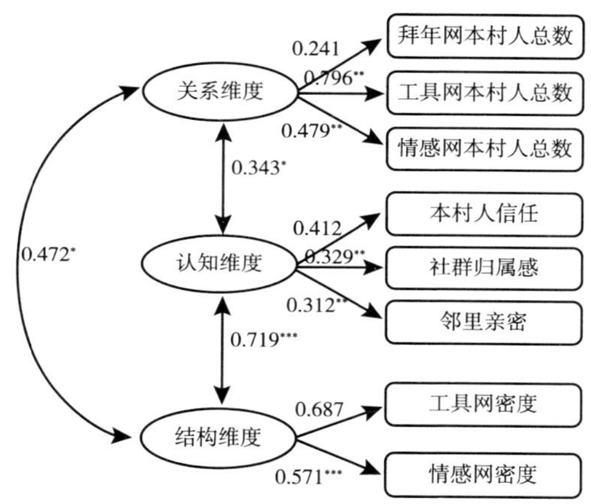

图 3－1　社群社会资本内部关系模型——修正模型 B*

注：1. 显著性水平 * p < .05，** p < .01，*** p < .001。

2. 由于在模型设定上将“关系维度→拜年网本村人总数”、“认知维度→本村人信任”、“结构维度→工具网密度”的未标准化回归系数设为固定参数 1，所以这三个参数不需要进行路径系数的显著性检验，其标准误和显著性 p 值均为空白。

*此一衡量模型可参考罗家德和方震平（2014）的文章，该文中的模型从理论上可以将本村信任视为关系型社群社会资本因为其为本村人关系质量的良好指标，但在衡量上它却是用心理量表，适用于认知型社群社会资本，经统计检验，原模型的配适度并不好，所以本模型将之放在认知维度中，改善了配适度。另外原模型中使用拜年网、工具网、情感网的亲友比例当作关系网密度的指标，统计结果也不好，本文将一个人的工具网、情感网中的本村人挑出，计算这些本村人之间关系网络的密度，作为关系网密度的指标，结果模型配适度良好。只是这样衡量方法又将工具、情感网本村人数为“0”或“1”的个体去掉，从而最终的分析数据为 318 条，损失了 238 个样本，故在本书以后的分析中，将不再纳入结构型社群社会资本。

四　结论与讨论

上文我们探讨了社群社会资本中关系维度、认知维度与结构维度之间的关系。然而，结构维度中情感网密度与工具网密度的计算对数据要求非常苛刻：网络成员数目必须大于或等于2。如果将工具、情感网规模小于2的样本都删掉，可供研究的样本量将大大减少。同时，网络规模较小的人在乡村中往往属于社会地位较低，或者孤寡老人的群体。如果在研究具体问题时不去考虑这一部分弱势群体，得出的结论不可避免地会产生偏差。因此在本书之后的分析中，我们对各个灾后重建过程的解释模型里，为了避免损失这238笔资料，将不再加入结构型社群社会资本，使得分析样本保持在556笔的数量。下文中我们将只考虑社群社会资本中关系维度与认知维度之间的关系。

仅考虑关系维度与认知维度之后的修正模型如图3－2所示。这个新模型的GFI值为0.992，AGFI值为0.979，CMIN/DF值为1.701，RMSEA值为0.036，TLI值为0.942，各项指标均说明模型适配度良好。

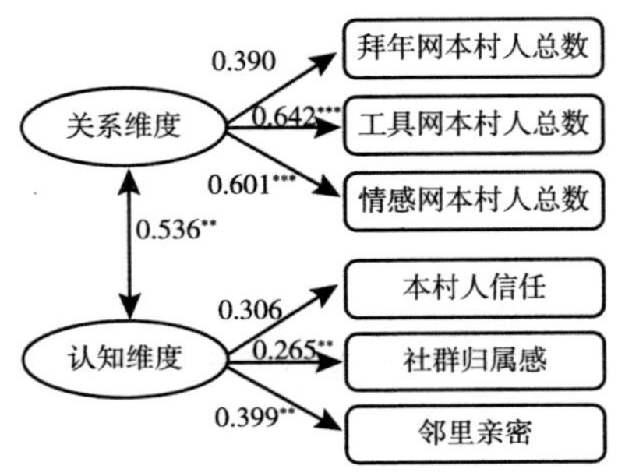

图3－2　社群社会资本内部关系模型——修正模型C（2012年）

注：1. 显著性水平 * p<.05，** p<.01，*** p<.001。

2. 由于在模型设定上将“关系维度→拜年网本村人总数”、“认知维度→本村人信任”的未标准化回归系数设为固定参数1，所以这两个参数不需要进行路径系数的显著性检验，其标准误和显著性p值均为空白。

相似的，如果用2009年的数据做验证，探讨社群社会资本中关系维度与认知维度之间的关系，所得模型如图3－3所示。

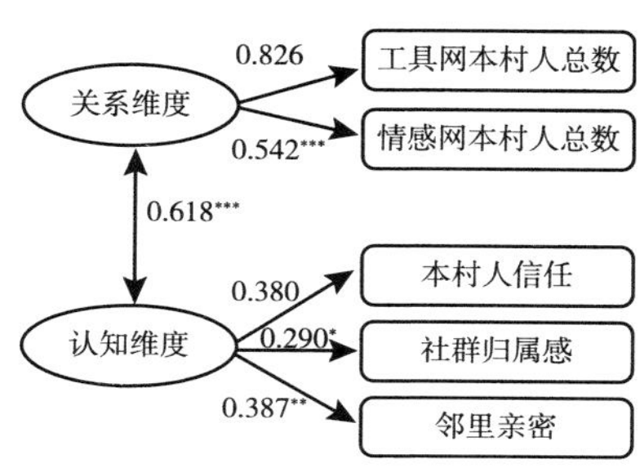

图3－3　社群社会资本内部关系模型（2009年）

注：1. 显著性水平 * p <.05， ** p <.01， *** p <.001

2. 由于在模型设定上将“关系维度→工具网本村人本村人总数”、“认知维度→本村人信任”的未标准化回归系数设为固定参数1，所以这两个参数不需要进行路径系数的显著性检验，其标准误和显著性p值均为空白。

由于2009年的数据中没有“拜年网本村人人数”这一变量，因此在关系型社群社会资本中我们仅选取了“工具网本村人人数”与“情感网本村人人数”两个变量来对此构面进行描述。此模型的GFI值为0.997，AGFI值为0.989，CMIN/DF值为0.558，RMSEA值为0，TLI值为1.047，各项指标均说明模型适配度良好。

从2009年4月调查所得的第一次灾后数据可以看出，该模型拟合度也算良好，说明此一社群社会资本衡量指标在不同资料验证中有不错的稳定性。

因为社群社会资本是在一个有紧密关系的小团体中的变量，所以它是和集体社会资本相关的。基于本书资料的限制，中国乡村社群有的规模很大，不容易收集到整体网资料，所以我们以个人中心网资料衡量了个人拥有的一些属性，这些属性可以让社群的认同感强、关系多而好以及结构封闭紧密，因此本文定义社群社会资本是一种使社群得益的社会资本，分为关系、结构与认知三个维度。

我们的模型中，关系维度包括了工具网、情感网及拜年网中本村人的数量，结构维度则包括了个人工具网、情感网中本村人关系网的密度，认知维度包括三个子维度——社群归属感、邻里亲密程度以及本村人信任。这些变量高的人都是和社群内成员关系多、信任强、密度密又对社群认同感高的人，所以在社群集体事务上会倾向贡献较多力量，因此是衡量个人的属性却可以让社群得益的社会资本。

分析结果显示，各维度的构成因子的分析结果均显示显著，整个模型的拟合度也非常好。在社群社会资本内在因果关联上，假设 1 得到验证，说明了关系维度与结构维度的社群社会资本相互影响。假设 2 也成立，说明了关系维度与认知维度相互影响，假设 3 也成立，结构和认知维度也相互影响。但鉴于结构型社群社会资本对数据质量要求较高的考量，我们后文仅采用关系型和认知型社群社会资本作为重建恢复过程的解释变量。

本文在进行模型建构时，以社群为连接点，将集体社会资本置于个体进行测量。最后，三个假设均得到了验证，可以建立一个较为稳定的社群社会资本的衡量模型。

我们研究的一大限制是使用的资料为汶川震灾后的乡村社区资料，虽然是便利抽样，但代表性涵盖了川西平原、成都市周边以及阿坝山区，对灾后乡村具有可推论性，但是对全中国的乡村社区，这个衡量社群社会资本的模型是否适用，需要全国性随机抽样的资料加以验证。

现代社会中的社群除了地理性的社区之外，更重要的是现代城市生活中的行业协会、职业协会、兴趣团体或俱乐部、宗教团体、NGO 等，这些社群的社群社会资本资料往往在全国性抽样资料中付之阙如，有待更多的研究收集相关的资料才能建立衡量这些社群社会资本的模型。

尽管本研究有抽样上的限制，以及存在变量不一定有普适性的问题，但我们的分析还是为中国的乡村社区建立了一个较稳定的社群社会资本衡量模型。这是一个开端，更稳定、更普适的模型还有待更多的研究去建构。而社群社会资本会是一个重要的概念，因为它可以测度一个社群能否自组织的前提条件，也可以衡量一个社群自组织过程中是否成功，民间自组织、自治理正是一个社会的民间力量发育是否良好的关键，所以社群社会资本值得我们作更多的研究。

第四章

社会资本变化情况分析

社会资本，尤其是社群社会资本，将是本研究最主要的解释变量，用来分析灾后各个社经心理变量恢复的情况，所以下面我们将对受灾民众的社会关系网变量进行统计性描述，主要还是着重这些个人社会网在重建过程中恢复的情况。这些个人社会网可以得到两类指标，一类是个体社会资本；一类是前面一章建立的社群社会资本模型。这两类社会资本都将在本书后面的章节中作为自变量分析其对各因变量恢复情况的影响。

下面分析的拜年网数据只有在2009年5月第一次施测时，请灾民回答他们震前2008年春节时的拜年情况，而2010年11月第二次调查和2012年4月的第三次调查基本上都是问当年春节的情况。所以可以从三期调研中看出拜年网是否能够回到震前水平。但是其他的社会网，工具网和情感网，以及心理认知、态度变量，如社会信任、社区认同和健康自评等，第一期就只能调查当下的心理状态。对此我们无法作震前、震后以及重建后的比较，只能分析震后不同时期，板房期、房屋重建期以及重建完成后的变化。

在下面的描述性统计中，我们展示在图中的各项指标是各类别排除掉缺失值后占有效样本的比例。

一　村民个体社会资本恢复状况

林南对个体层面的社会资本有非常详尽的阐述。在他看来，个体社会资本由三个核心因素构成，包括资源、嵌入于的社会结构以及个体行动，而资源是其理论的核心（Lin，2001）。个体社会资本是行动者通过有目的性的行动从而从其嵌入于的社会结构中获得的资源，个人可以凭借个体社会资本获得相应的回报，包括权力、财富和声望（Lin，2001）。自从林南系统性地阐述个体社会资本以来，有大量的实证研究来证实林南提出的研究命题，即个体社会资本在实践中的意义，其中针对中国情境较为经典的研究来自边燕杰等学者的研究，研究发现和美国不同的是，个人来自强连带而非弱连带的个体社会资本更有利于其寻找工作机会（Bian，1997），同时个体社会资本还有利于获得较高的个人收入与家庭收入以及较高的对社会经济地位的自我评估（边燕杰，2004），并有益于企业主经济利益的提升（边燕杰、丘海雄，2000）。

个体社会资本也被广泛运用于对灾难的研究。赫伯特等（Hurlbert et al.，2000）系统地探究了个体社会资本与灾后的社会性支持的关系，研究发现强关系越多、结构密度越高、同质性越高的网络更容易传递来自社会网络成员的非正式社会性支持，而弱关系越多、结构密度越低、异质性越高的网络则更容易传递来自政府等的正式社会性支持。这对本文的启示是在汶川震后，由不同形态的社会网络所构建的个体社会资本也许在传递社会性支持以及资源方面是不一样的，个体社会资本越高可能越能够得到较高的社会性支持，而政府作为重要的社会性支持力量提供了大量资源对接社区，因此个体社会资本可能会影响个人从政府获取不一样的资源，进而影响个人对政府的满意度。

个体社会资本如何测量呢？针对中国情境，边燕杰等学者在实证研究过程中发展出了对个体社会资本有显著意义的测量方法。在对中国城市家庭的社会资本研究中，边燕杰和李煜发现中国情境的关系网络是以强关系（亲属关系）为核心，关系实质上是“亲、熟、信”三位一体的义务交换关系，而在春节期间的相互拜年活动中这种关系得以具体而生动地呈现出来，因此他们选取春节期间的拜年网以及拜年交往者的社会结构地位来测量个体社会资本（边燕杰、李煜，2000）。此外，在研究企业的社会资本中，边燕杰、丘海雄从纵向联系、横向联系、社会联系三方面来讨论在与政府为核心的行动者互动中，企业社会资本的获得，并从这三种联系来测量企业社会资本。

表 4－1 是本书中拜年网的问卷，其中只有第一期调查的是灾前的拜年网，也就是 2009 年时调查到的 2008 年春节的拜年网，其他两期均收集了调查当年春节时的拜年网。

表 4－1　本研究问卷中个体社会资本之拜年网的问项（以 2012 年为例）

<table>
<tr><td>SN 1</td><td>你们家 2012 年春节有拜年往来的亲戚有多少人？</td><td>拜年亲戚数</td><td>|____|____|
（如超过 97 填 97）</td></tr>
<tr><td>SN 2</td><td>你们家 2012 年春节期间有拜年往来的好朋友有多少人？</td><td>拜年好朋友数</td><td>|____|____|
如超过 97 填 97）</td></tr>
<tr><td>SN 3</td><td>你们家 2012 年春节期间有拜年往来的其他人有多少人？</td><td>拜年其他人数</td><td>|____|____|
（如超过 97 填 97）</td></tr>
<tr><td>SN 4</td><td>在这些与您家互相拜年的人中间，有没有科学研究人员？</td><td colspan="2" rowspan="10">1　有
2　无</td></tr>
<tr><td>N2</td><td>有没有法律工作人员？</td></tr>
<tr><td>N3</td><td>有没有经济业务人员？</td></tr>
<tr><td>N4</td><td>有没有行政办事人员？</td></tr>
<tr><td>N5</td><td>有没有工程技术人员？</td></tr>
<tr><td>N6</td><td>有没有政府机关负责人？</td></tr>
<tr><td>N7</td><td>有没有企事业单位负责人？</td></tr>
<tr><td>N8</td><td>有没有党群组织负责人？</td></tr>
<tr><td>N9</td><td>有没有产业工人？</td></tr>
<tr><td>N10</td><td>有没有大学教师？</td></tr>
<tr><td>N11</td><td>有没有中小学教师？</td></tr>
<tr><td>N12</td><td>有没有医生？</td></tr>
</table>

续表

N13	有没有饭店餐馆服务员?	
N14	有没有家庭保姆,计时工?	
N15	有没有护士?	
N16	有没有司机?	
N17	有没有会计?	
N18	有没有民警?	
N19	有没有厨师炊事员?	1 有 2 无
N20	有没有乡镇干部?	
N21	有没有农民?	
N22	有没有农民工?	
N23	有没有村干部?	
N24	有没有当地建房人员?	
N25	有没有当地经商致富人员?	
N26	有没有外出打工带头人?	

(一) 拜年网规模

以下描述性分析中本书都会提供两类统计：第一类是各期被访者所有样本的统计，来分析各期资料各变量的统计分布情况（这部分样本用“所有被访者”指代）；第二类是三期都追踪到的被访者家户资料，去掉其中任何一期有缺失值的样本，结果有270户三期都有效的资料（这部分样本用“三期追踪被访者”指代），我们用以分析灾后从板房时期到重建中期再到重建完成的变化趋势。

拜年网规模是春节期间相互拜年的人数，是拜年的亲戚、朋友与其他人的总和。从图4-1中可以看出，一期数据拜年网规模落在11~20区间的最多，占28.8%，6~10、21~50区间的比例也较高，因此大体在6~50人之间，拜年网规模极小和极大的比例较小。与此类似，二期数据占比最大的仍是11~20区间，占27.7%，6~50区间在数量上占据绝对优势。

两期数据都显示正态分布，中间比重大，两头占比则较小。三期数据和前两期相比，有较大的变化，虽然 11 ~ 20 区间仍旧占据最高权重，但只占 18.5%，总体而言，各个区间的分布较为均匀，均在 12% ~16% 之间。

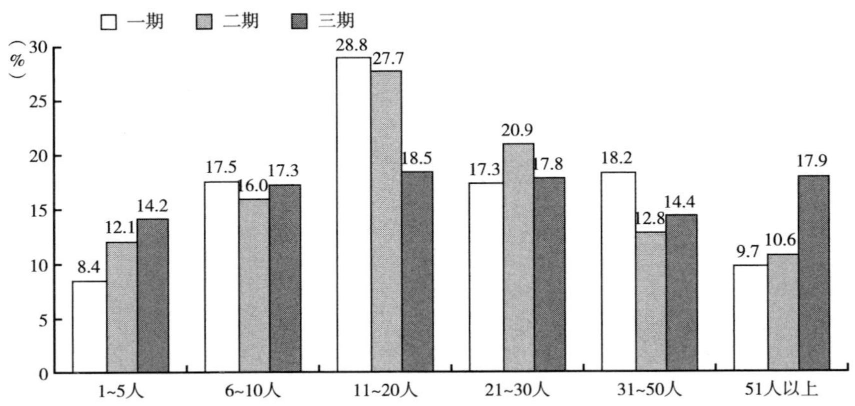

图 4 －1　所有被访者拜年网规模的情况分布

以川西平原接近成都的 12 个村落 270 人为样本，连续四年追踪三期拜年网规模的百分比可以作趋势分析，统计显示，1 ~ 5 人以及 51 人以上两类逐期上升，6 ~ 50 区间的拜年网规模则虽有波动，但稳中有降，即 2009 至 2010 年前两期间，拜年网规模极少的人在逐渐增多，与此同时，拜年网极多的人则在下降，而拜年网隶属中等规模的人则比例略有上升，总体而言前两期都呈正态分布，中间的占比高，两端的比例小。但 2012 年重建完成期却显示拜年网人数很少的区间的占比在下降，而 31 ~ 50 人以及 51 人以上的却高速增加，不再呈正态分布，反而拜年网规模扩大了。由此可见，从震后到灾后重建的完成，村民拜年网规模在加大，拜年人数多的区间比例增加很多。

追踪数据显示（见图 4 －2），拜年网规模在 51 人以上的比例在波动中增长，而 1 ~ 50 区间的则在波动中下降，可见与综合数据的逻辑是一致的，反映了村民拜年网规模随灾后恢复而内部差距拉大的趋势。

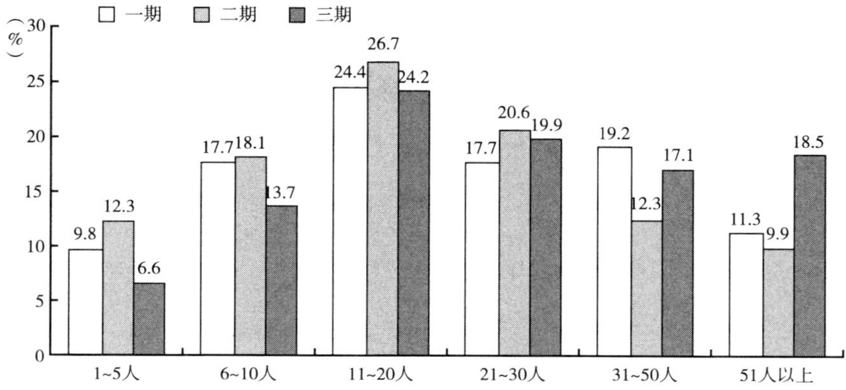

图 4－2　三期追踪被访者拜年网规模情况分布

（二）拜年网网顶（Upper Reachability）

根据李春玲的《当代中国社会的声望分层——职业声望与社会经济地位指数测量》一文中的“全国职业声望得分表”，我们将此次调查问卷中的 26 个职业进行赋值（见表 4－2）。拜年网网顶的衡量是拜年的人中社会经济地位声望赋值最高的值。

表 4－2　职业声望赋值表

职业	赋值	职业	赋值	职业	赋值	职业	赋值
科学研究人员	82.8	政府机关负责人	78.86	大学教师	78.68	法律工作人员	71.69
企事业单位负责人	75.51	党群组织负责人	74.5	经济业务人员	69.9	民警	66.94
乡镇干部	67.83	行政办事人员	66.58	中小学教师	66.53	当地经商致富人员	65.12
医生	61.58	工程技术人员	63.64	当地建房人员	60.13	外出打工带头人	60.13
护士	52.02	村干部	51.13	司机	46.57	会计	45.66
产业工人	41.42	厨师炊事员	41.17	饭店餐馆服务员	38.01		
农民工	28.51	农民	25.8	家庭保姆、计时工	12.78		

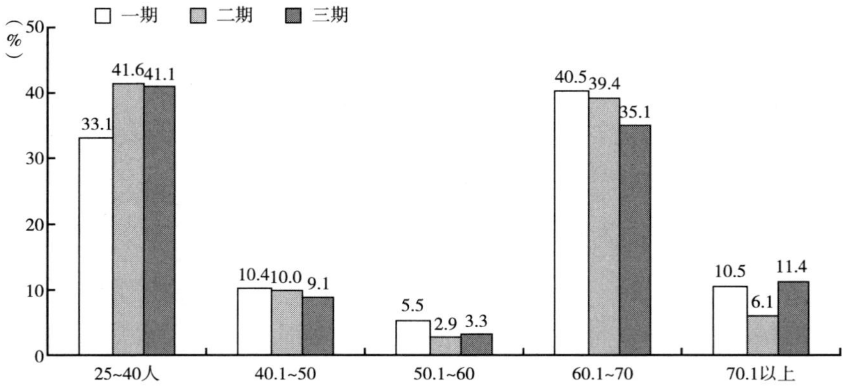

图 4-3　所有被访者拜年网网顶情况分布

从图 4-3 可以看到，一期数据中，拜年网网顶落在 60.1 ~ 70、25 ~ 40 区间的人数最多，比例分别为 40.5%、33.1%，二者总和超过总数的七成。二期和三期数据显示了相同的情况，这两个区间始终保持重要地位。这些数据都显示我们的样本中明显地分成了两个阶层，各约 50% 的人，其中底层的人中，三分之一左右的人只能认识到工人、农民等劳动者，较高层的人中，则是三分之一认识了医生、教师等技术性工作者，只有全样本 10% 左右的人认识大学教授、政府及事业单位领导类高社经地

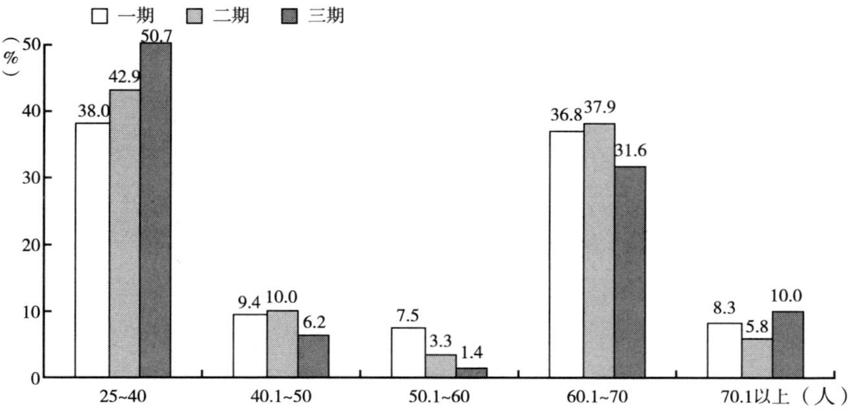

图 4-4　三期追踪被访者拜年网网顶情况分布

位者。

追踪三期的拜年网网顶（见图4－4）可以作趋势分析，在综合数据中，25～40、60.1～70是比例集中的两个区间，但前一区间随着灾后的恢复在波动中增长，而后一区间则在波动中急剧下降，且这种下降态势在除25～40区间外的区间中呈现为共性。追踪数据的结果也是一样，25～40、60.1～70是比例集中的两个区间，除25～40区间是在增长，其他区间均在波动中下降。数据显示，从2009到2012年，拜年网网顶低区间比例在增加，其他相对较高的区间则在逐步下降，除了最高区间中，第三期反而上升，说明了灾区生活恢复正常后，更多村民认识了相对有很高社经地位的人。说明重建期间个人拜年网网顶在两极分化，最低者和最高者都在增加。

（三）乡及乡以上干部网亲友总数

干部网、工具网与情感网填写的缺失值较多，我们只将三网齐全的样本纳入分析，所以第一期有466有效样本，第二期有313受访户，第三期是556户。

中国人的个体社会资本中与政治权力的关系一直是极为重要的一环，本研究特别调查了干部网，并计算乡及乡以上干部亲友人数作为衡量一个村民政治权力方面的社会资本。干部网问卷内容请见表4－3。

从图4－5中可以看到，一期数据中，人数为0的占据87.3%，人数为1和2的分别为5.8%、4.1%。二期数据，为0的比例是85.6%，人数为1的达到了8.6%，人数为2的是3.8%。第三期数据，人数为0的比例高达91.9%，与此对应，1和2的比例为1.3%。可以发现，三期数据中，乡以上干部亲友人数在4和5的比例一直非常的低，显示了村民认识的乡以上干部中亲友占据的人数较少这一社会事实。

追踪三期的乡及乡以上干部亲友人数可作趋势分析（见图4－6），总体上而言，0人的比例三期中先降后升，总体趋势是呈增长趋势的；1人

表 4-3　本研究问卷中干部网问项

再回忆一下，你熟悉的村干部、乡镇干部大概有几人？________人
（请列出其中最重要的 5 个人。如果不足 5 人，有几人就列几个）

	SN 27	SN 28	SN 29	SN 30	SN 31	SN 32
	请你告诉我这几个人的简单的称呼，如老张、小吴、刘叔等 （调查员请记录）	你和他认识多久了？ 2 不到一年 3 一年到三年 4 三年到十年 5 十年以上 9 不知道/没有回答	你和他|她有什么关系？ 01 亲戚　02 朋友 03 同事　04 同学 05 邻居　06 师生 07 熟人　08 战友 09 其他　10 一般认识 填写第一反应即可	你与他的熟悉程度如何？ 1 很熟悉 2 比较熟悉 3 一般 4 不太熟悉 5 不认识 9 不知道/没有回答	他的性别是？ 1 男 2 女	他\她的职务是什么？ 1 村“两委”干部 2 村支书/村主任 3 乡镇普通干部 4 乡镇各所负责人 5 乡镇领导干部 6 县各局领导干部 7 县领导干部 8 县级以上干部 9 其他________
1		|____|	|____|____|	|____|	1　2	|____|
2		|____|	|____|____|	|____|	1　2	|____|
3		|____|	|____|____|	|____|	1　2	|____|
4		|____|	|____|____|	|____|	1　2	|____|
5		|____|	|____|____|	|____|	1　2	|____|

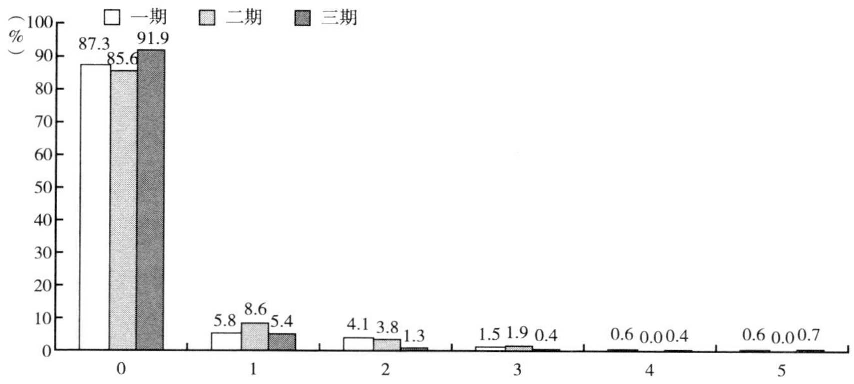

图 4－5 被访者乡及乡以上干部亲友人数分布

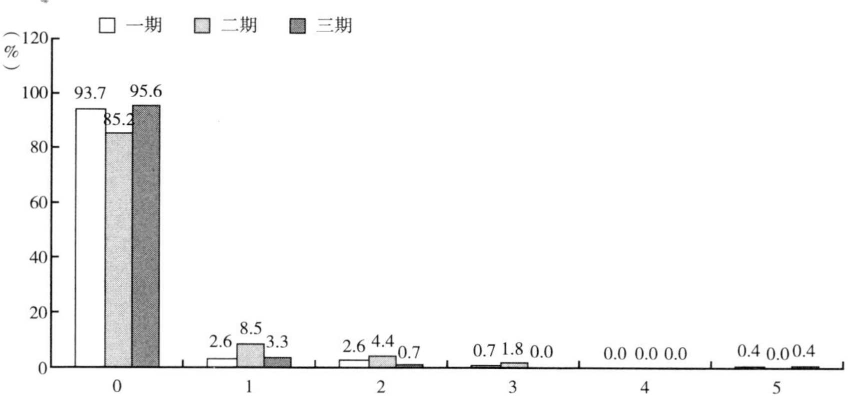

图 4－6 三期追踪被访者乡及乡以上干部亲友人数分布

的比例先是急剧增长，后来有所回落，但总体趋势仍旧是递增的；2、3人的比例则呈微幅下降趋势；4、5 人则保持稳定地低比例。由于 0 人的总体趋势是上升的，意味着在乡及乡以上干部中没有亲友的人比例在上升，因此，村民的乡以上干部亲友人数在重建期间呈现下降趋势。

（四）工具网与情感网亲友比例

表 4－4 和表 4－5 是工具网与情感网的问卷问项。

表 4-4　本研究问卷中工具网问项

SN 8 请你回忆一下，近一年以来给过你日常生活中的帮助（例如，借钱或物品、帮忙农活、帮你搭房子、看小孩等）的人大概有多少？________人。（如不足 5 人，有几人列几人；超过 5 人，列出其中最重要的 5 人）。SN8A 这其中，有________人是居住在本村的。

序号		SN 9	SN 10	SN 11	SN 12	SN 13
	请列出其中 5 人，请你告诉我这几个人的简单的称呼，如老张、小吴、刘叔等（请注意不加入同一户口之人） （调查员请记录）	他是你的什么人？ 01 亲戚　02 朋友 03 同事　04 同学 05 邻居　06 师生 07 熟人　08 同乡 09 战友　10 志愿者 11 心理医生　12 干部 13 其他人	他的性别是？ 1 男 2 女	他的职业是？ 1 务农人员 2 非农务工人员 3 个体经营者（不雇工或雇工 8 人以下） 4 私营企业主（雇工 8 人或以上） 5 集体企业管理人员 6 村镇干部 7 其他（请注明）________ 9 不知道/没有回答	你和他认识多久了？ 2 不到一年 3 一年到三年 4 三年到十年 5 十年以上 9 不知道/没有回答	他现在住在哪里？ 1 本村 2 本乡镇其他地方 3 其他城市/乡镇 9 不知道/没有回答
1		|___|___|	|___|	|___|	|___|	|___|
2		|___|___|	|___|	|___|	|___|	|___|
3		|___|___|	|___|	|___|	|___|	|___|
4		|___|___|	|___|	|___|	|___|	|___|
5		|___|___|	|___|	|___|	|___|	|___|

续表

SN13A	SN 14	SN 15			
在过去半年内与他互动（聊天、娱乐等）频繁程度是： 1 经常（每周一、二次） 2 有时（一月一、二次） 3 很少（半年一、二次） 4 没有过 9 不知道/没有回答	他与你的关系如何？ 1 很好 2 比较好 3 一般 4 不太好 5 不好 9 不知道/没有回答	他与其他几个人之间彼此的关系如何？ 1 很好 2 比较好 3 一般 4 不太好 5 不好 6 他们彼此不认识 9 不知道/没有回答			
		2	3	4	5
|___|	|___|	|___|	|___|	|___|	|___|
|___|	|___|		|___|	|___|	|___|
|___|	|___|			|___|	|___|
|___|	|___|				|___|
|___|	|___|				

表 4-5　本研究问卷中情感网问项

SN 16 再请回忆一下，近一年以来与你谈心（不是一般的聊天或村中事宜，而是比较个人私密的事情，比如家人婚姻、养老、疾病治疗、生育等）、遇到重大难以抉择时经常会找的人大概有多少？________人。（如不足 5 人，有几人列几人；超过 5 人，列出其中最重要的 5 人）。SN16A 这其中，有________人是居住在本村的。

序号		SN 17	SN 18	SN 19	SN 20	SN 21	SN 22
	请列出其中 5 人，请你告诉我这几个人的简单的称呼，如老张、小吴、刘叔等（可以加入同一户口之人） （调查员请记录）	是家庭成员吗？如果是，是哪一个？ ★（调查员记录家户问卷中此人的序号） 0 没有 1 提到过→记录序号→SN 19	上面给你日常生活帮助的有他/她吗？如果提到过，是那一个？ ★（调查员记录上一题中此人的序号） 0 没有 1 提到过→记录序号	他是你的什么人？ 01 亲戚　02 朋友 03 同事　04 同学 05 邻居　06 师生 07 熟人　08 同乡 09 战友　10 志愿者 11 心理医生　12 干部 13 其他人	他的性别是…？ 1 男 2 女	他的职业是？ 1. 务农人员 2. 非农务工人员 3. 个体经营者（不雇工或雇工 8 人以下） 4. 私营企业主（雇工 8 人或以上） 5. 集体企业管理人员 6. 村镇干部 7. 其他（请注明）_____ 9 不知道/没有回答	你和他认识多久了？ 2 不到一年 3 一年到三年 4 三年到十年 5 十年以上 9 不知道/没有回答
1		0　1　|____|	0　1　|____|	|____|____|	|____|	|____|	|____|
2		0　1　|____|	0　1　|____|	|____|____|	|____|	|____|	|____|
3		0　1　|____|	0　1　|____|	|____|____|	|____|	|____|	|____|
4		0　1　|____|	0　1　|____|	|____|____|	|____|	|____|	|____|
5		0　1　|____|	0　1　|____|	|____|____|	|____|	|____|	|____|

续表

<table>
<tr><td>SN23A</td><td>SN 23</td><td>SN 24</td><td colspan="4">SN 25</td></tr>
<tr><td>在过去半年内与他互动(聊天、娱乐等)频繁程度是:

1 经常(每周一、二次)
2 有时(一月一、二次)
3 很少(半年一、二次)
4 没有过
9 不知道/没有回答</td><td>他现在住在哪里?

1 本村
2 本乡镇其他地方
3 其他城市/乡镇
9 不知道/没有回答</td><td>他与你的关系如何?

1 很好
2 比较好
3 一般
4 不太好
5 不好
9 不知道/没有回答</td><td colspan="4">他与其他几个人之间彼此的关系如何?

1 很好
2 比较好
3 一般
4 不太好
5 不好
6 他们彼此不认识
9 不知道/没有回答</td></tr>
<tr><td></td><td></td><td></td><td>2</td><td>3</td><td>4</td><td>5</td></tr>
<tr><td>|____|</td><td>|____|</td><td>|____|</td><td>|____|</td><td>|____|</td><td>|____|</td><td>|____|</td></tr>
<tr><td>|____|</td><td>|____|</td><td>|____|</td><td></td><td>|____|</td><td>|____|</td><td>|____|</td></tr>
<tr><td>|____|</td><td>|____|</td><td>|____|</td><td></td><td></td><td>|____|</td><td>|____|</td></tr>
<tr><td>|____|</td><td>|____|</td><td>|____|</td><td></td><td></td><td></td><td>|____|</td></tr>
<tr><td>|____|</td><td>|____|</td><td>|____|</td><td></td><td></td><td></td><td></td></tr>
</table>

一个人结构洞效果高，也就是嵌入在疏网中弱连带为主的人，比较网络约束多，也就是嵌入在密网中强连带较多的人，那么哪一种人的个体社会资本较多，一直是一个备受争议的话题。在不同文化情境下往往得到不太一样的结果。格兰诺维特（Granovetter，1973）的弱连带优势理论以为在美国弱连带多的人得到较成功的求职机会，但在中国情境下，边燕杰（Bian，1997）却指出嵌入在密网者却有着较佳的找职结果。同样的在美国，博特（Burt，1992）以为前者在组织之内有较佳的升迁优势，而在中国，肖知兴与徐淑英则认为（Xiao and Tsui，2007）后者才会得到更好的绩效表现。

不论哪一种理论正确，个人嵌入在密网的程度可以作为社会资本的一项指标是毋庸置疑的，本研究以个人关系网中亲戚朋友的比例作为个人网密度的指标，因为在乡村一个人的亲戚朋友都会相互认识，所以亲戚朋友比例高，其关系人间相互认识的就多，网络密度也大。

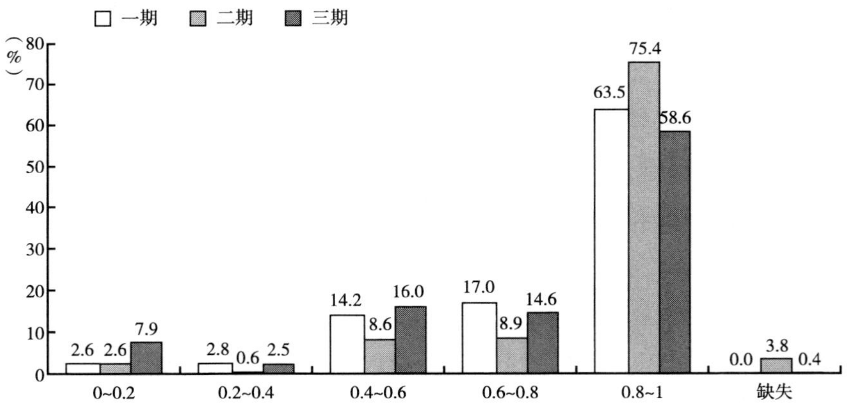

图 4－7　所有被访者关系网亲友比例分布

被访者关系网亲友比例情况（图 4－7），一期数据中，比例最高的是 0.8～1 区间，占比 63.5%，其次是 0.6～0.8 区间，达 17.0%。二期和三期数据占比最高的仍旧是 0.8～1 区间，分别是 75.4%、58.6%。三期数据中，占比最高的始终是 0.8～1 区间，显示了被访者亲友在关系网中的高比例情况。

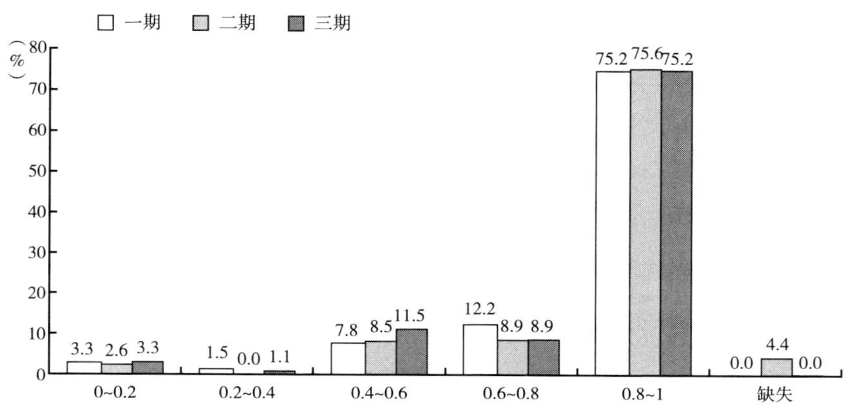

图 4－8　三期追踪被访者关系网亲友比例分布

追踪被访者的关系网亲友比例可作趋势分析（图 4－8）。三期追踪数据中，占比最高的区间始终是 0.8～1，但其比例先降后增，总体保持稳定，只有0.4～0.6 区间三期均保持稳步增长。0～0.2、0.2～0.4 区间均是先降后增，但前者总体持平，后者则呈下降态势。0.6～0.8 区间呈下降态势，后两期保持平稳状态。由上观之，在 0～0.2、0.8～1 区间比例总体持平的情况下，0.4～0.6 区间稳步增长，0.2～0.4、0.6～0.8 区间则呈下降态势，而下降区间的占比总和高于递增区间，因此，追踪被访者关系网亲友比例的总体趋势是下降的。

二　村民关系维度社群社会资本恢复状况

依照第三章建立的社群社会资本衡量模型，关系型社群社资本包括工具网本村人数，情感网本村人数以及拜年网本村人数，其中拜年网前两期没有问到该网中的本村人数，所以无法作跨期比较，故在本章中不作跨期分析。认知型社群社会资本则包括本村人信任，社群归属感及邻里亲密感，下面都将作跨期比较分析。

（一）工具网本村人总数

被访者工具网本村人人数的数据显示（见图4－9），一期数据中，占比最高的是0人，为25.1%；其后依次是1、2、3，分别为21.7%、20.2%、17.0%；4和5的比例较低，分别是7.1%、9.0%。二期数据中，0的比例偏高，达40.6%；1、2则在二成上下；3、4、5则相对都较低。三期数据中，0相较于一期数据水平相似，1则第三期为12.4%；2偏高近三成；4、5则在一成水平。

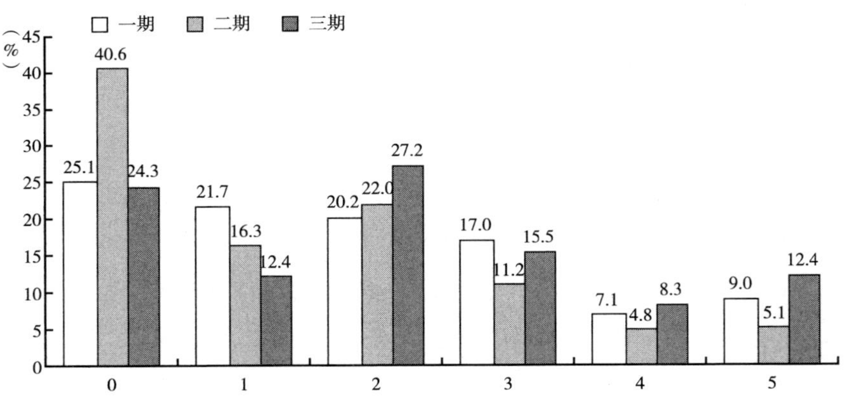

图4－9　所有被访者工具网本村人人数分布

追踪被访者工具网本村人人数可作趋势分析（图4－10）。三期追踪数据中占比最高的均是0人区间，呈现先升后降的特点，总体趋势是下降的。总体呈下降态势的是1、3、4区间，其中1和4逐期下降，平稳回落，而3则下降后渐趋平稳。总体呈上升趋势的是2和5，其中2人区间三期追踪数据平稳增长，5人区间则增长后渐趋平稳。总体而言，三期追踪数据中的被访者工具网本村人人数，总体呈下降态势的区间有4个，且占比大，因此，总体趋势是下降的，这意味着，随着灾后恢复的完成，村民工具网中本村人的人数是在下降的。

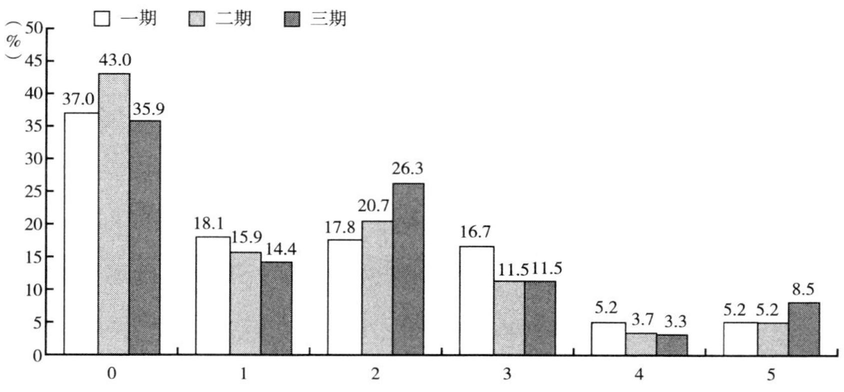

图 4－10　三期追踪被访者工具网本村人人数分布

（二）情感网本村人总数

被访者情感网本村人人数方面（图 4－11），三期数据中，占比最高的均为 1，比例分别为 35.6%、43.8%、35.4%，其次是 2，分别为 25.5%、24.3%、24.3%。相对而言，0 和 3 的比重都不算高，都不满 20%，而在较高值的 4、5 中，三期数据都不很低，且呈现为平稳的态势。

追踪被访者情感网本村人人数可作趋势分析（图 4－12）。三期追踪数据中，占比最高的始终是 1 区间，呈现先降后升的特征，但总体趋势是略有下降的。总体呈上升趋势的只有 0 区间，三期稳步增长，由第一期的一成左右上升至第三期的二成多。总体呈下降趋势的是除 0 外的所有区间。因此，总体而言，追踪被访者情感网本村人人数三期呈下降态势。从工具网与情感网的趋势分析来看，在重建过程中，乡村社区成员与本村人的关系人数在减少。

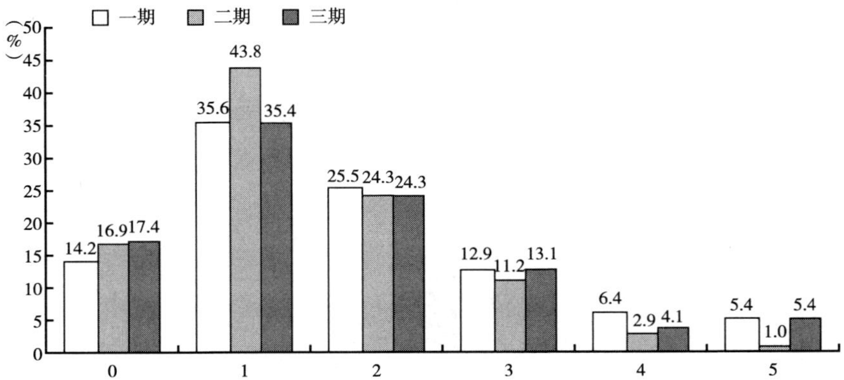

图 4-11　所有被访者情感网本村人人数分布

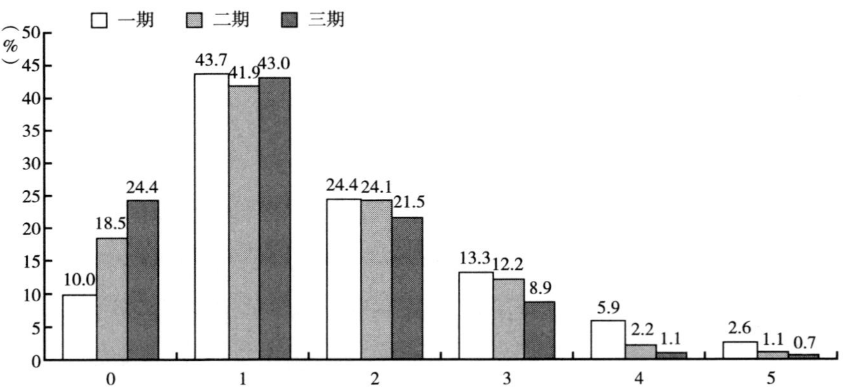

图 4-12　三期追踪被访者情感网本村人人数分布

三　村民认知维度社群社会资本恢复状况

（一）本村人信任

以下的表 4-6 是问卷中的信任量表问项。

表 4-6 本研究问卷中信任问项

PR01	在一个社会里，人们可能会对某些人更为信任，请说说你对下面这些人或组织的信任程度怎么样？是完全信任、比较信任、不太信任还是根本不信任？	1 完全信任 2 比较信任 3 一般 4 不太信任 5 根本不信任
A	你的家人	1 2 3 4 5
P	你的好朋友	1 2 3 4 5
B	住在你周围的人	1 2 3 4 5
C	市场上的商人/买卖人	1 2 3 4 5
D	外地人	1 2 3 4 5
E	中央政府	1 2 3 4 5
F	省政府	1 2 3 4 5
G	县、市政府	1 2 3 4 5
H	乡镇政府	1 2 3 4 5
I	村干部/村委会	1 2 3 4 5
Q	村子里的大部分居民	1 2 3 4 5
S	专家/教授	1 2 3 4 5
T	律师	1 2 3 4 5
J	警察	1 2 3 4 5
K	医生	1 2 3 4 5
L	国内广播/电视报刊上的新闻	1 2 3 4 5
M	法官/法院	1 2 3 4 5
N	外国人	1 2 3 4 5
O	志愿者	1 2 3 4 5

在信任量表中我们抽出第 Q 项“对村子里的大部分居民信任”做统计，并以“0”代表根本不信任，“4”代表完全信任。三期数据中（见图 4-13），占比最高的均是“3”，比例分别为 61.6%、56.2%、46.2%。4 在一期数据中的比值为 29.6%，而到三期数据，这一比例仅为 12.6%。与此同时，“1”在一期为 0.4%，到三期时则为 4.5%，“2”在一期为 4.1%，到三期为 35.6%。第三期的统计中，甚至出现 0.7% 的人对村里居民根本不信任。

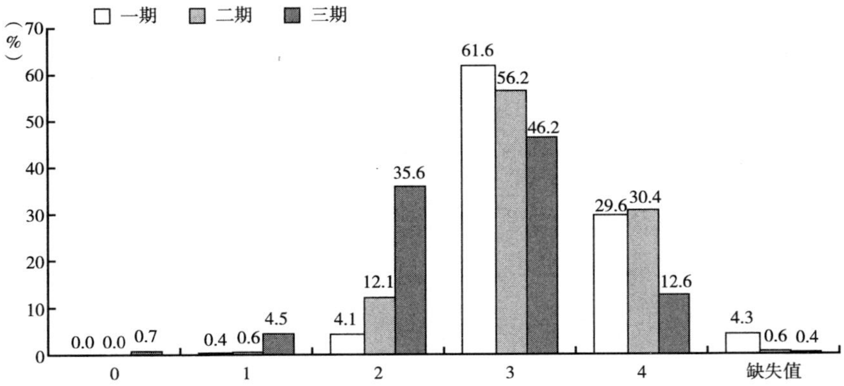

图 4－13　所有被访者本村人信任分布

追踪被访者本村人信任可作趋势分析（见图 4－14）。三期追踪数据中，占比最高的是“3”，呈稳步下降的态势。总体呈上升趋势的区间是“0”“1”“2”，总体呈下降趋势的区间则是“3”“4”，由于“3”占比最高，且“3”和“4”的占比总和非常高，因此，总体而言，被访者本村人信任在三期中的比例是呈下行态势的。也就是在重建过程中村民对本村人的信任是在下降的。

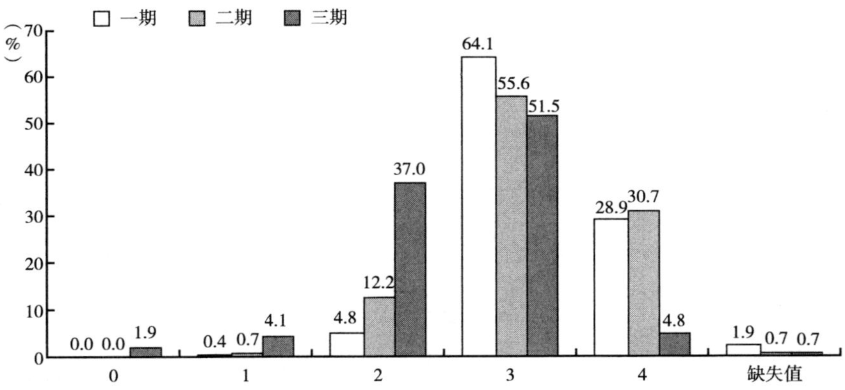

图 4－14　三期追踪被访者本村人信任分布

（二）社群归属感

问卷中关于社群归属感的问项，请见表4－7。

表4－7　本研究问卷中社群归属感问项

CI15	未来几年我计划继续住在本村。	
CI16	我会在本村住很长时间。	0　几乎没有
CI17	我觉得本村很适合我居住。	1　有时有
CI18	对我来说，能继续住在本村很重要。	2　经常
CI20	我经常意识到我是本村居民。	3　几乎总是如此
CI21	本村村民的身份对我来说很重要。	9　不知道/没有回答
CI22	我觉得我是村里的成员。	

被访者社群归属感的情况方面（图4－15），一期数据中，占比最高的区间是40～60，达40.6%，其次是20～40，为28.5%。低归属感的区间，0～20及20～40在第一期相对较高，可能是此期间很多人住在板房区，和原来的村落生活不一样，第二、第三期则低归属感的区间人数都很少。二期数据中，占比最高的是60～80，达59.1%，其次是40～60，为25.6%。三期数据中，占比最高的是60～80，达62.2%，其次是80～100，为21.8%。

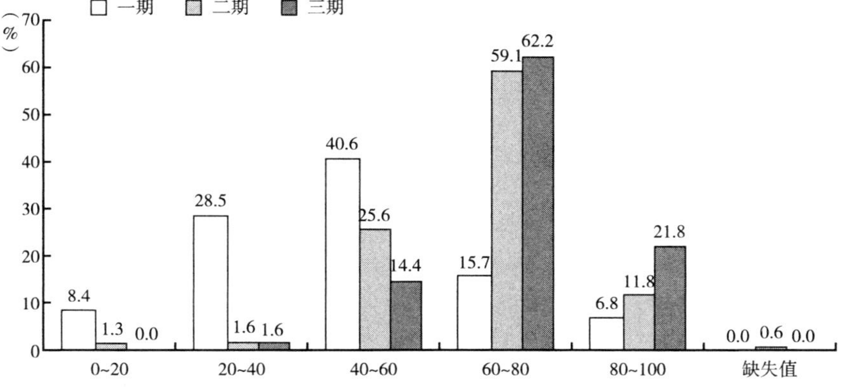

图4－15　所有被访者社群归属感分布

追踪被访者社群归属感可作趋势分析（图4－16）。三期追踪数据中，总体呈下降态势的区间是0～60，总体呈上升趋势的区间是60～100。可以发现，高分值区间的社群归属感呈上行趋势，而低分值区间则存在下行趋势，而高分值区间之和在总体中的占比具有绝对优势。因此，总体而言，被访者社群归属感从第重建初期到中期剧烈上升，总体也呈上升趋势。

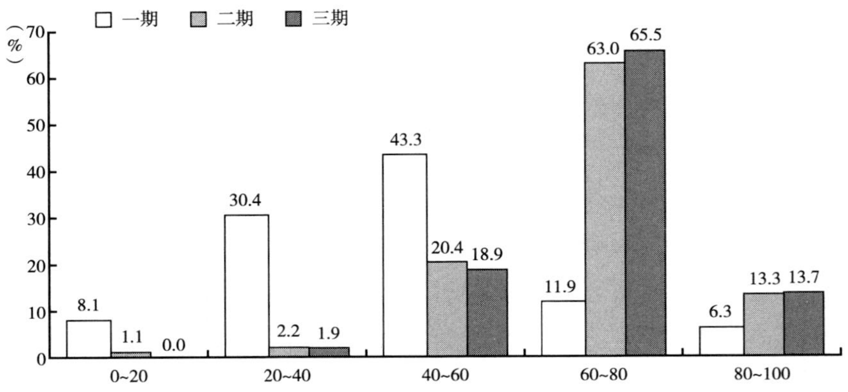

图4－16　追踪被访者社群归属感分布

（三）邻里构面

被访者邻里亲密度的情况方面（问卷内容见表4－8），只有一期和三期数据问及这一问项，因此仅对这两期数据进行分析（图4－17）。一期数据中，占比最高的是40～80区间，比例为34%，其次是20～40区间，占21%。和社群归属感相同，低邻里亲密性的区间第一期有不少人，相比三期数据中，占比最高的是61.7%，其次是40～60，为21.6%，低邻里亲密性的区间很少人，而高邻里亲密性的区间则比例很高。

表 4-8　本研究问卷中邻里构面问项

S5	我与邻居有经常性的互动。	1	2	3	4	5
S6	我常与邻居相互分享各种讯息。	1	2	3	4	5
S7	当我或我的邻居遇到困难的时候,我们会相互帮助。	1	2	3	4	5
S8	我与邻居来往频繁。	1	2	3	4	5
S9	你经常征求邻居的意见	1	2	3	4	5
S10	我常邀请邻居至家中做客、聊天。	1	2	3	4	5
S11	我可以顺利从邻居家借到需要的东西(食物或工具等)	1	2	3	4	5

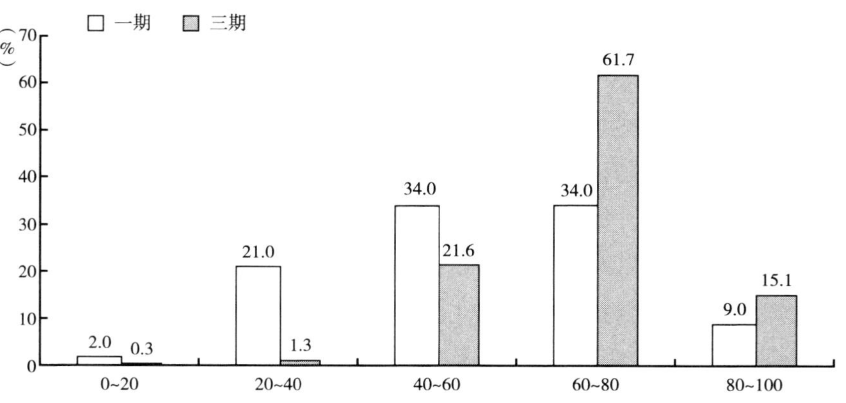

图 4-17　所有被访者邻里亲密度分布

追踪被访者邻里亲密度可作趋势分析（见图 4-18）。在两期追踪数据中，呈增长趋势的区间是 60~100，其余区间均呈下降态势，因此，当数值大的 60~100 区间比例急剧上升、低数值的 0~60 区间的比例则呈现下降趋势时，由于 60~80 区间所占比例大，且上升幅度大，基本上达到了增加一倍的效果。因此，总体上而言，被访者邻里亲密程度是呈现上升趋势的。板房区时大家没和同社区的人在一起，所以社群归属感和邻里亲密程度都偏低，随着重建的逐步完成则恢复到较高的水平。

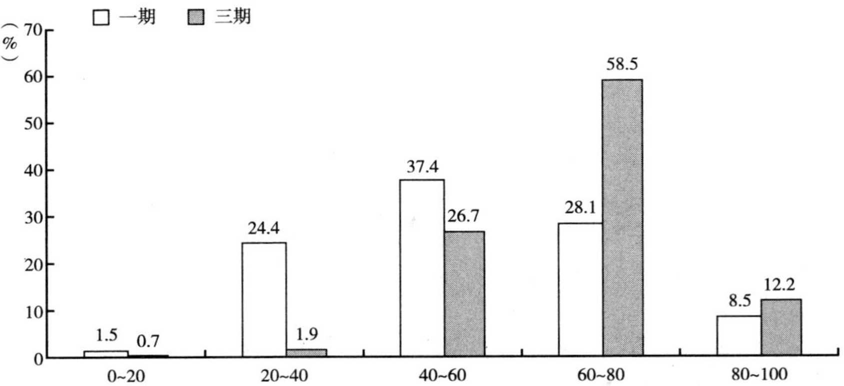

图 4－18　追踪被访者邻里亲密度分布

第二编

灾后重建的统计分析

第五章

重建基本情况分析

一 被访者经济情况分析

表 5－1 是本研究问卷中家庭经济情况的问项，这些问项中经济情况在 2009 年 5 月第一次施测时，采取的方式是请大多数都已住在板房区的灾民回答他们震前的经济情况。2010 年 11 月第二次调查和 2012 年 4 月的第三次调查基本上都是问当时的情况。所以可以从三期调研中看出在房屋及硬件设施基本重建完成后，灾民的经济状况是否能够回到震前水平。

表 5－1 本研究问卷中家庭经济情况的问项

EE 1	目前，你家是否领取最低生活保障金，或是低保户或五保户？	是 否 不知道/没有回答	1 2 9
EE 2	目前你家是否在领取贫困救济款物？	是 否 不知道/没有回答	1 2 9
EE 4	目前，你家是否从事过农、林、牧、渔、养殖等农副业生产活动？	是 否	1 2
EE 5	扣除了化肥、农药、种子、饲料等投入，去年一年，你们家从事农副业生产活动生产获得的现金纯收入大约有多少？（单位：元）	|________| 9 不知道/没有回答	

续表

EE 6	目前，你家是否从事非农副业的家庭经营活动，如开店、做生意等？	是 否	1 2
EE 7	近一年以来，你们家从事家庭经营活动大概有多少纯收入（扣除成本）？	|________| 9 不知道/没有回答	
PR 02	总体而言，你对当前自己的生活的满意程度如何？	很满意 比较满意 不太满意 很不满意 不知道/没有回答	1 2 3 49

（一）被访者低保户分布情况

从图5-1中可以看到，2009年5月做第一期调查时，大多数受灾村落的村民还住在板房区，低保户占所有受调查户的5.7%。2010年11月做第二次调查时，乡村房屋重建都已进行到一个阶段，重建工作在各地也完全展开，在乡村重建三年任务两年完成的口号下，部分乡村的房屋重建已完全完成，此时低保户占所有受调查户的13.5%。到了2012年4月第三次作调查时，除了少数例外，基本上整个灾区的乡村硬体设施的重建任务已完成，此时低保户占所有受调查户的10.9%。可以发现，低保户的比例在三期中还是有较大波动的，由此可以管窥灾难对居民的影响。

因为我们每一次调查的样本并不一致，所以最好通过比较三期中都有的资料来对变化趋势进行分析，也就是我们追踪到12个村子的313份样本（图5-2）。第一期低保户占所有受调查户的5.9%，第二期低保户占所有受调查户的13.8%，明显的，第一期问的是灾前的低保户水平，灾后一年尚未来得及调查新的贫困人口，但灾后两年间反映出很多人申请成为低保户，是因为受灾而返贫。第三期低保户占所有受调查户降低到了9.6%，这段时间大多数人都已离开了板房区，生活的重建也已展开，所以很多人的经济情况已明显好转，不再接收低保，但也还没有恢复到灾前的水平。

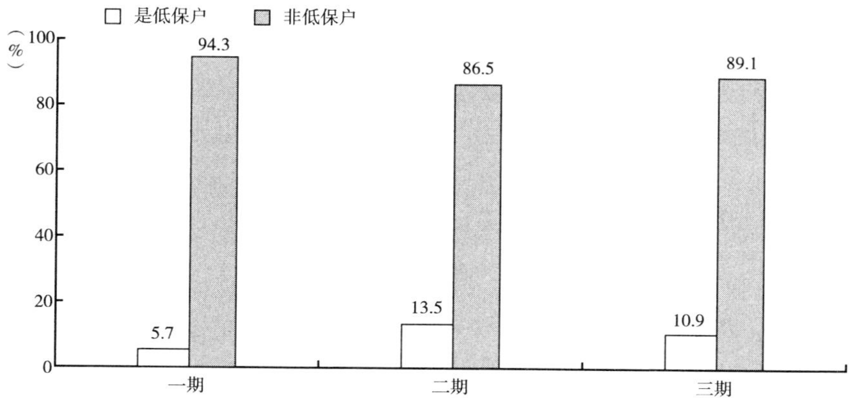

图 5－1 所有被访者低保户情况分布

注：图中的百分比均为不含缺失值的百分比（valid percent）。

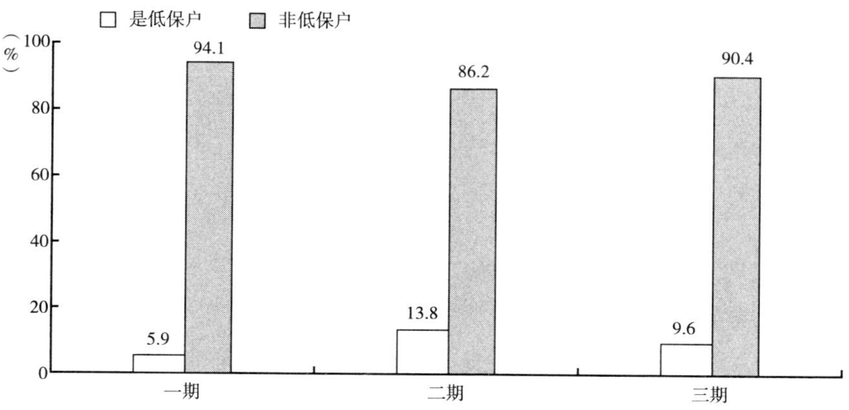

图 5－2 三期追踪被访户低保户情况分布

（二）被访户是否在领取贫困救济款物

2009 年 5 月，领取贫困救济款物者为 27 户，占总户数的比值为 4.9%。2010 年 11 月，领取贫困救济款物者为 15 户，占总户数的比例是 4.8%。到了 2012 年 4 月，领取贫困救济款物者达到 61 户，比例为

6.5%。可以看出，一期和二期数据保持一致，三期有一定程度的增幅（图5－3）。

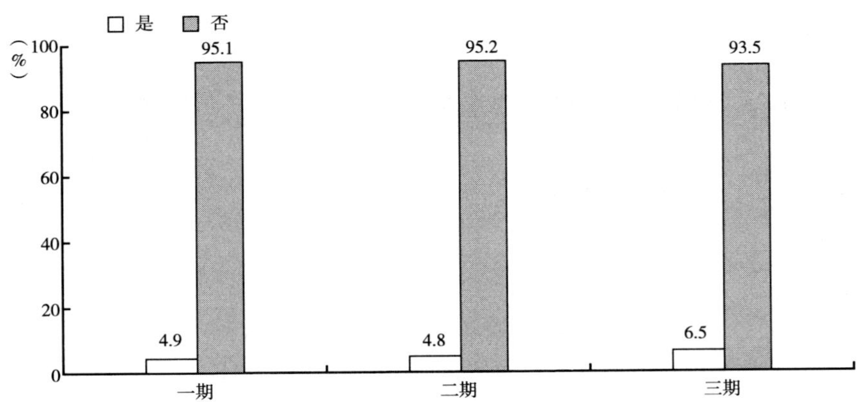

图5－3　所有被访户领取贫困救济款物情况分布

比较三期均受访的270户人家（图5－4），第一期领取贫困救济款物者占总户数的4.1%，第二期为4.8%，第三期领取贫困救济款物者占总户数的4.1%。这资料显示出三期的数字十分稳定，这和申请成为低保户的情况不太一样，似乎显示着，领取贫困救济款物者会十分稳定地继续领取下去。

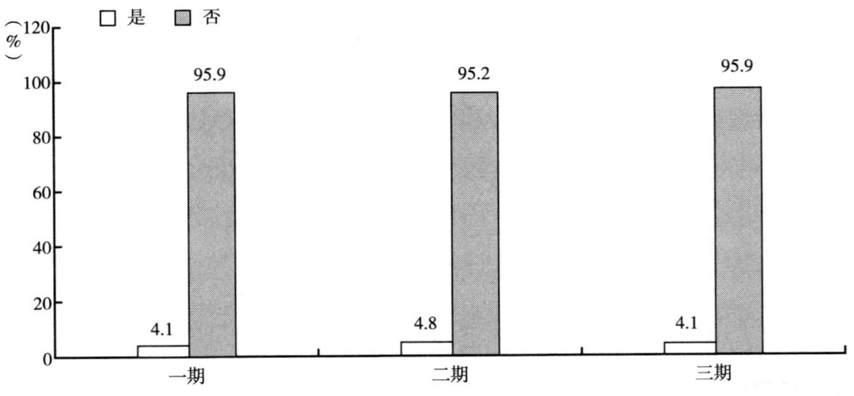

图5－4　三期追踪被访户领取贫困救济款物情况分布

（三）被访户从事农业生产活动分布情况

一期数据中，从事农业生产活动的人数为511人，占比为91.6%，二期人数为247人，占比是81.8%，三期则达到692人，比重为75.1%。可以看到，三期数据中被访者从事农业生产的比重一直是很高的，因为被访者均是乡村社区居民。与此同时，我们可以看到，随着灾后恢复的完成，有越来越大比例的村民从事非从生产活动，这是因为，震后初期，居民为了重建家园而不得不在家，因此可以从事农业生产，当生活恢复常态后，原本外出务工和就业的人重新离开家乡，在家从事农业生产的人的比例则相对下降（见图5－5）。

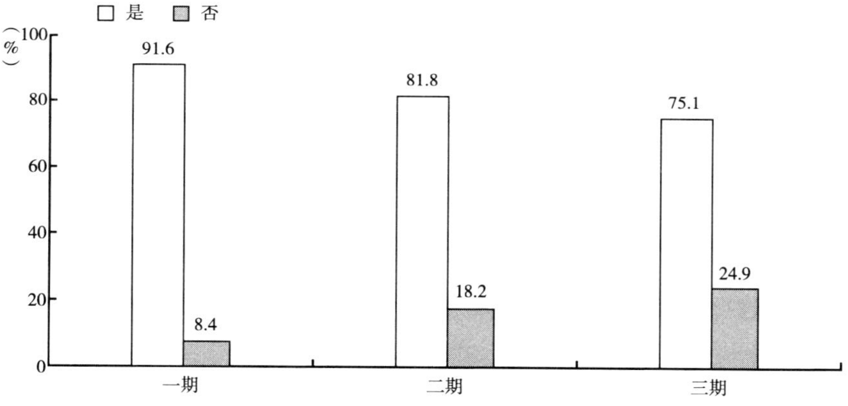

图5－5　各期所有被访户从事农业生产活动情况分布

三期中追踪受访的270户人家（见图5－6），在2009年5月，从事农业生产活动的被访者占总户数的91.9%；2010年11月，从事农业生产活动者占总户数的81.5%；2012年4月这个数字是72.9%。

第一期农业生产从业者比例最高，达九成多，此后这一比例稳步下降，最终降至七成左右。这一变化趋势与震后不同阶段留村人员构成、职业构成不同有关，震前这一阶段从事农业生产活动的被访者占总户数的比例非常高。重建中期绝大多数在外村民返回家乡，与在地村民（留守在村内的村民）共同努力，齐心协力进行灾后重建，当灾后重建完成，因地震返乡的村民逐步离乡务工，且在地的村民也开始拾起震前的非农产业时，从事农业生产活动的被访者占总户数的比例就会逐步下降。震灾减少了村民的农业活动，使村民更多地转向从事其他职业。

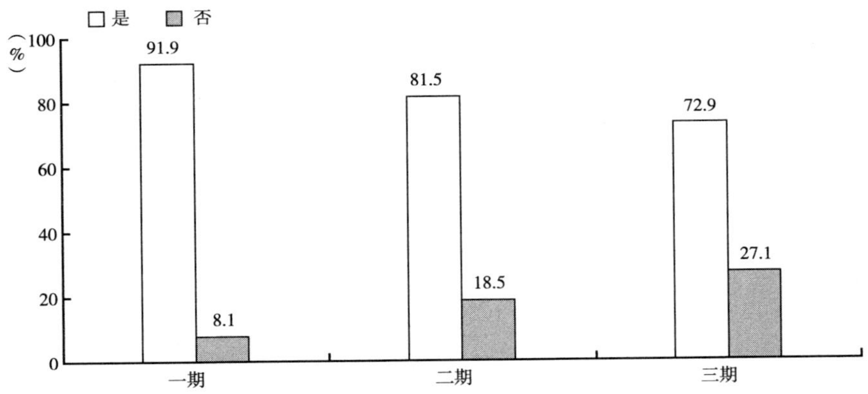

图 5 -6　三期追踪被访户从事农业生产活动情况分布

（四）被访户从事农业生产活动现金收入分布情况

从图 5 -7 中可以看出，一期数据中，被访户从事农业生产活动的现金收入为 1001 ~3000 元的有 166 户，占据了 42.8%，权重最大，500 元以下及 501 ~1000 元的分别为 19.6%、17.8%，总体而言，3000 元以下的总和比例达 70% 以上。二期数据中，1001 ~3000 元仍旧是权重最大的区间，占比 28.7%，且 500 元以下及 501 ~1000 元两个区间保持较高权重外。与一期相比，不同区间的分布变得更为均衡，但这也可能与二期数据缺失值较少有所关联。三期数据 1001 ~3000 元占比 35%，权重最大，除此之外，501 ~1000 元区间占比 23.1%，权重位居第二。

三期数据中，被访户从事农业生产活动的现金收入的情况显示，在

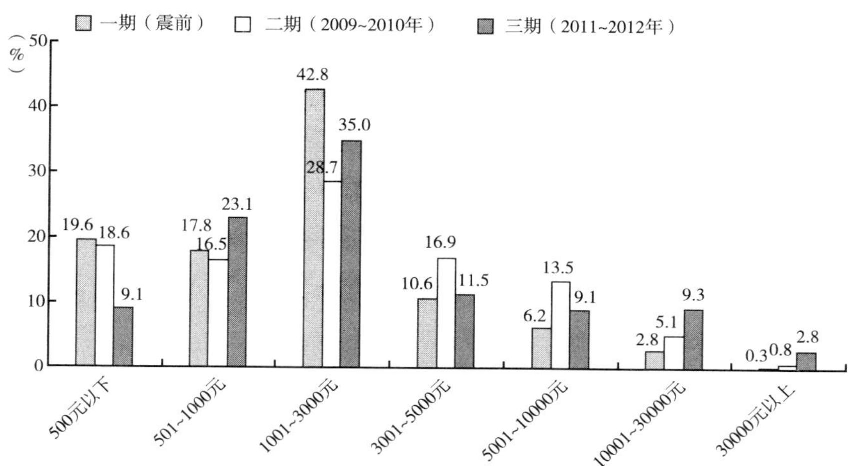

图5-7　各期所有被访户从事农业生产活动现金收入情况分布

2009年5月，500元以下的占19.6%，而2010年11月更是高达18.6%，直到2012年4月，这一比例才逐步回落到9.1%，这显示地震影响了村民的农业最低收入，这种影响在震后的前几年比较明显，而后才随着时间的流逝而恢复正常并趋于稳定。而1001~3000元始终是最重要的分布区间，但其比重则稳步下降。与此对应，501~1000元、10001~30000元、30001元以上的人数三期中逐步回升，3001~5000元、5001~10000元则先升后降，总体上略微上升，显示了农业生产收入的逐步提高和回升。1001~3000元在三期中一路走低，可能与调查的缺失值有关。

（五）被访户从事非农生产活动分布情况

一期数据中，被访户从事非农生产活动的户数是80户，在总体中占比14.7%，二期户数为42，占比13.6%，三期户数为135，占比14.6%。可以发现，三期被访户从事非农生产活动非常接近，一直维持在13%~15%之间（图5-8）。

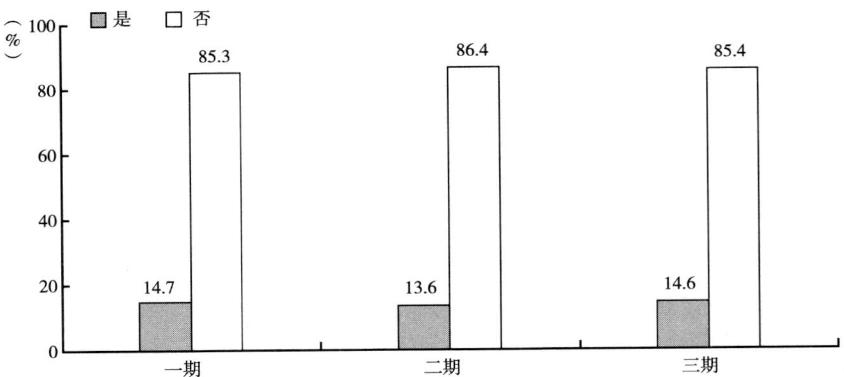

图 5－8　各期所有被访户从事非农生产活动情况分布

追踪被访户从事非农生产活动情况可作趋势分析（见图 5－9）。三期追踪数据中，被访户从事非农生产活动的户数分别是 33、36、22，占比分别为 12.2%、13.5%、8.3%。可以发现，三期被访户从事非农生产活动的比例先升后降，但总体变化趋势是略有下降的。

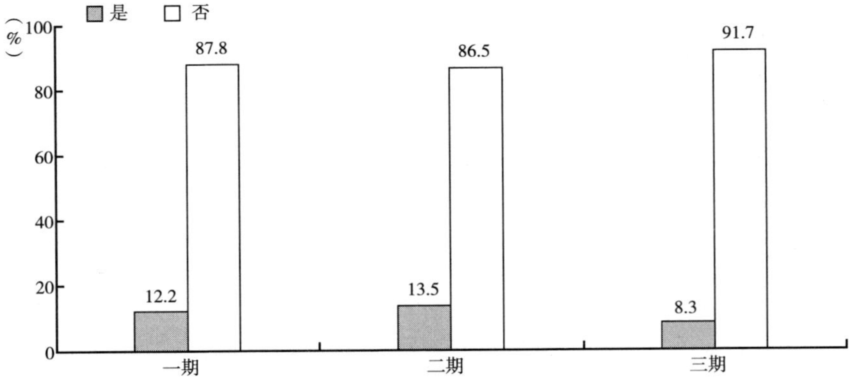

图 5－9　三期追踪被访户从事非农生产活动情况分布

（六）村民生活满意恢复情况分析

被访户对当前生活满意情况（见图 5 - 10），一期数据中，“比较满意”区间频数最大，以 64.1% 的权重位居第一，“很满意”的占 16.1%，因此，总体上满意的占据 80.2%。二期和三期数据中仍旧是“比较满意”区间权重最大，分别是 63.3% 和 65.2%，总体上满意的比例分别是 86.3%、82.1%。因此，“很满意”和“比较满意”两个区间的比重在三期数据中均是非常高的，均在八成上下，可见，被访户对生活的满意度总体而言是非常高的（图 5 - 10）。

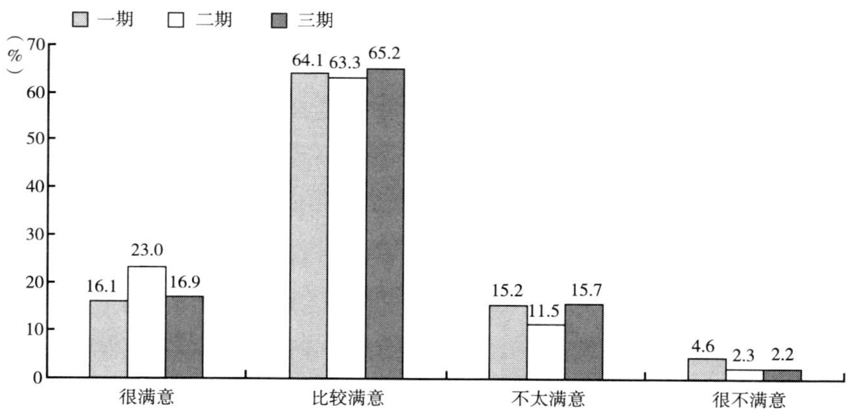

图 5 - 10　各期所有被访户对当前生活满意情况分布

追踪数据的结果却与综合数据有一定的区别（图 5 - 11），“很满意”和“比较满意”虽然总和比例很高，但总体趋势却是下降的，而“不太满意”和“很不满意”所占的比重则在逐步攀升。可见，虽然追踪数据也表明村民震后的生活满意度是比较高的，但整体趋势却是在走下坡路的。

一个家庭经济情况的变化是反映震后政策、产业恢复措施对村民生产生活影响的重要指标。调查结果显示，31.9% 的村民认为目前的经济情况

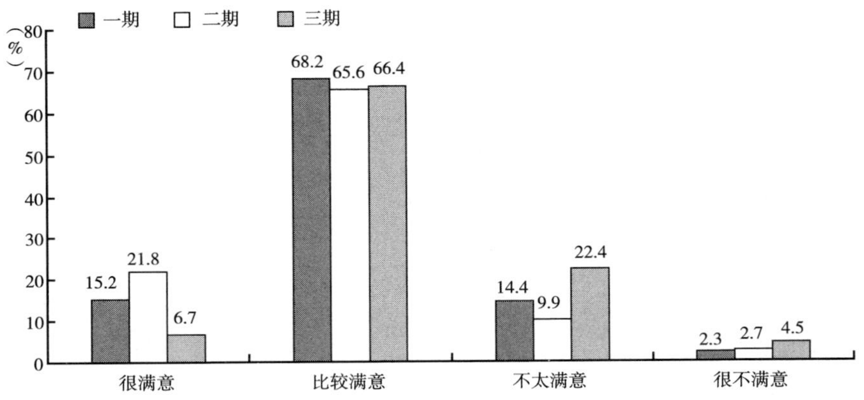

图 5－11　三期追踪被访户对当前生活满意情况分布

与震前差不多，36.7%的村民认为生活水平提高了，另有31%的村民感觉目前的生活水平下降，其中有8.6%的村民认为家中的经济情况有了大幅降低。对上述关于村民经济情况的展示进行小结，可以看出，2010年村民的经济情况较2009年有所提高，但幅度有限，大部分家庭的经济已经恢复到了震前水平。

二　重建参与的分析

经济生活的重建除了有赖于个人的努力外，也有赖于集体的重建活动。本章尝试运用我们的定量问卷调查数据作回归分析以及假设验证来分析汶川地震灾后恢复过程中影响村民参与灾后救灾或重建活动的因素。之后的几章都是对被选取的几个灾后恢复事项进行因果分析，主要的解释变量都将是社群社会资本及个体社会资本。如前文所述，如果社群社会资本对某一重建事项有正向显著影响，成功的社区自组织正好可以提升社群社会资本，从而帮助该重建事项的恢复。但是因为每一个模型中共线性问题以及为了使模型简练，我们不会把所有第三章中得到社群社会资本指标都加入模型，而会有所合并或减少。

本章将村民参与灾后恢复活动区分为两类：一类是村民自发组织的；一类是由基层政府组织的。经过建立回归模型对2009年期资料进行数据分析，结果表明：如果村民深深嵌入在关系网（工具网、情感网）的小圈子中会对基层政府组织的恢复活动有负面作用；对本村有较高认同感的村民参与自组织的社区志愿性活动的可能性更大。村民的干部关系网对村民的社区志愿性活动呈现负面作用，只能促使村民参与政府组织的恢复活动，却不利于村庄自组织力量的发育。这些结果不仅有助于深化社会关系网络因素对灾后恢复过程影响的认识，也有助于更全面地认识基层政府在灾后恢复和村庄发展中的作用与自身定位。

三　问题的提出

中国是世界上自然灾害较为严重的国家之一，灾害种类多、发生频率高、分布地域广、造成损失大，因此，灾后恢复一直是政府与受灾民众必须面对的问题。对于自然灾害，社会学者们更关注灾害发生前、发生时和发生后的社会性因素，而不仅是灾害的物理性后果。自然灾害只有作用于人类社会，并对社会系统产生重大影响时才能被称作“灾害”（disaster）（Tierney，2007）。灾害是造成正常的社会功能紊乱的一系列事件，它“破坏了正常的社会功能”（Moore，1958），使“常规的社会行为模式不再有效”（Killian，1954）。昆兰特里认为，“与其说存在纯粹的自然灾害，不如说是自然因素和社会因素的结合而导致了所谓灾害发生”（Quarantelli，1989）。吉尔伯特亦指出“灾害是其所在社会的函数，而不是其本身的函数”（Gilbert，1998）。

汶川大地震给当地居民带来巨大的生命和财产损失，也对当地原有的社会结构及其运作逻辑产生了重大影响。在这个意义上，汶川大地震可被视为“破坏实验”（breach experiment）。根据常人方法学的观点，非常规的社会状态更能显露社会结构的形貌与社会关系的运作逻辑，它使社会学家可以以此为切入点，将灾害视为一种巨大扰动力量，在非常规社会状态下研究社会结构及其运作（Tierney，2007；Dombrowsky，1983）。

在灾后恢复的复杂过程中，各级政府、NGO以及村民自组织[①]（self-organization）都发挥着重要的作用，研究不同类型的组织和社会成员在灾后恢复过程中的作用和扮演的角色无疑具有重要的现实和理论价值。“5·12”地震之后，从中央到省、市、县、乡镇，整个政府层级体系都被动员起来进行灾后重建工作，大量NGO组织、志愿者和企业也深入到乡村，成为灾后恢复的重要力量。

本研究团队在田野研究中发现，作为灾后恢复的基本主体之一，乡村社区成员在参与灾后恢复的过程中会被不同类型的组织动员。有些村民倾向于参与由村民自发组织或由志愿性团体/NGO发起的恢复活动[②]，有些村民却对由基层政府动员的恢复活动情有独钟。本研究的调查数据显示，村民参与自发组织的灾后救援或重建活动的总体参与比例为29.6%、参与基层政府组织的灾后救援或重建活动的总体比例为18.5%。

许多研究发现，受灾者在灾后会利用自己的亲属、邻居和朋友等社会关系网络获取各种支持，这对受灾者生产生活的恢复起到了很关键的作用（Drabek & Key，1984：105；Soloman，1986）。自然灾害因其巨大的破坏

① 自组织是一群人基于自愿的原则主动地结合在一起，它具有以下特性：（1）一群人基于关系与信任而自愿地结合在一起。（2）结合的群体产生集体行动的需要。（3）为了管理集体行动而自定规则、自我管理。与自组织的概念相对的概念是他组织。他组织是指由一个权力主体指定一群人组织起来，以完成一项被赋予的任务（罗家德，2010）。

② 调查中询问的村民参与的“重建活动”是指具有社区性、公共性和互助性的重建活动，如救援、巡逻、邻里互助、清理废墟、修建公共设施等。

力量，常常导致受灾地区正式制度系统运行出现一定程度的失灵，在这种情况下，“非正式”的社会网络与社会关系可以起到关照正式制度真空地带的作用（赵延东，2007）。而中国的情况是，在大的自然灾害发生后，各级政府往往在第一时间动员大量的物质与社会资源进行抢险救灾活动，成为抢险救灾活动以及灾后恢复活动的主导，但较多的人却参与了自组织的重建救灾活动，而较少参与政府发起的活动。从参与者的年龄看，政府动员最多的是30～50岁的村民，在这一年龄层中，自组织与他组织的村民参与率相差不多，在其他年龄层中，自组织活动参与率明显高于政府组织的活动。另外，在调查中发现，同时参加基层政府与村民自组织搜救或重建活动的村民很少，只有总数的5.20%，参与自发组织的灾后恢复活动的村民很少会参加基层政府组织的灾后恢复活动，反之亦然。约近四成的乡村社区居民参加了灾后的集体救援及重建活动，其中却只有八分之一的人两类组织活动都参加，却用近九成的人只参加一边。这表明，参与灾后恢复活动的人群存在着区隔，这种区隔的原因是什么，又有怎样的社会意涵？

参与政府组织的活动与参与自组织活动并不必然相斥，比如，Schafft 和 Brown（2000）对匈牙利的少数民族自治组织与地方政府之间的关系进行的深入研究发现，少数民族自治组织与地方政府对社区成员的组织动员效果并非总是此消彼长的关系。假如少数民族自治组织的领导者处于地方政府的人际网络中，能策略性地利用其中的各种资源，并在地方政府与社区成员之间扮演“中间人”的角色，那么地方政府对该社区成员的动员能力就会较强，在该社区中的行政效能也会较高。

在灾后恢复的特殊情境下，社会关系网络是如何将社会成员动员起来？此种来自民间的动员与来自政府的动员有何不同？社区既存的社会关系网络和基层政府是如何影响社区成员的社区参与活动的？本章利用经验资料对上述问题进行一些初步的探讨。

四　理论探讨与假设提出

（一）认知型社群社会资本：社区认同在灾后重建动员中的作用

对于人们在灾难发生之后的社会行为，一直存在着不少误识（misconception）与迷思[①]，即面对极具破坏性的自然灾害，灾区将立即进入“混乱”状态。灾民陷入恐慌，只能无助地等待救援和完全依赖于政府提供和维持必需的社会秩序（Quarantelli，1960）。从现实情形与资源动员的角度看，中国各级政府所代表的正式制度在灾后恢复过程中的确发挥着不可替代的作用。这也使研究者往往会更加关注正式制度在灾后恢复过程中的作用，例如灾难中的政府决策、政府部门间的协调，政府如何动员资源、政府行政体系如何对灾难进行治理、地方政府之间的对口援建模式（王颖、董垒，2010）和重建过程中的宅基地政策（陈开琦，2009）等。这一类研究可称为以国家为中心（state-centered）的灾害研究。

在正式的国家与政府救灾行为之外，灾难之后的社会运作以及因灾难

---

① 昆兰特里（Quarantelli）将灾难迷思归为三类，第一类称为“灾民恐慌”迷思（panic image），即认为灾民在灾难之中将会出现无组织的逃离行为，会因潜在的危险而歇斯底里。救灾单位基于这样的预设，往往会限制灾害相关信息的发布与传播，以避免民众恐慌，造成不必要社会的混乱。事实上，“灾民恐慌”常常是短时现象，灾民在灾难之前的社会角色（social roles）依然持续发挥着作用，慌乱也因此而平复。第二类称为“灾民依赖”迷思（dependence image），即认为灾民只会被动地等待救援。此迷思来源于认为受到灾难冲击的民众必然会产生灾难症候群（disaster syndromes），可是研究显示灾难症候群也只是暂时现象，大多数灾民都会积极主动地进行灾后恢复活动。第三类称为“控制大局”迷思（control image），这类迷思是基于前两者之上，也就是由于灾民的恐慌行为与被动等待，所以只能依赖国家才能控制与应对灾难的不良后果，而国家也总是能找到方法与手段，实现它所预设灾后恢复的目标，这项迷思预设灾前的社区认同与社会规范（social norms）会因为灾难瓦解。

而浮现的社会自主性（social autonomy）对于灾后恢复也同样非常重要。在灾难发生时，最先动员起来的并不是国家机器的任何一环，而是能够迅速集结起来的各种自发性组织（赵延东，2007）。Patterson 等人通过对美国“卡崔纳”（Katrina）飓风灾害的研究发现，在南路易斯安那地区的犹太人社区的成员对社区有很强的认同感，具有较高的凝聚力，灾难后能够很快进行自我组织的重建（Patterson，et al.，2010）。日本学者 Nakagawa 和 Shaw（2004）通过对神户大地震的社区恢复研究发现，当地的人际网络等非正式制度在灾后恢复中扮演着相当关键的角色。这就使得不少的学者开始从社会资本角度探讨社区参与的问题。

普特南认为社会资本是社会生活的特征，包括网络（networks）与信任（trust），能够促使参与者更有效的合作，追求共同的目标（Putnam，1995a）。普特南指出社会资本和社区/公民参与息息相关，“若社区拥有丰富的社会资本，彼此合作、形成集体行动将会更加容易”（Putnam，1993），社区凝聚力较高、有良好认同感的社区，在缺乏政府资源与支持的情况下，能够自发组织起来，通过集体行动，迅速有效地依靠社区自组织进行灾后恢复。社区内成员相互信任也是社会资本的重要指标，因为信任可以带来合作，促成更多的集体行动。

这种灾后恢复活动可以视为一种“社区志愿性活动”，这种集体行动的达成是基于社区成员的社区认同。有研究者亦指出，社区成员对于其所在社区的认同感和归属感是一种认知型社群社会资本，它促使人们走向共同受益的集体行动（Uphoff，1996：102 – 116；Nahapiet & Ghoshal，1998）。基于理论分析和田野调查，本章期待统计分析支持如下假设。

假设 1 – 1：村民的本村认同感越高，参与社区自组织的灾后恢复活动的可能性越大。

假设 1 – 2：村民之间的信任对村民参与社区自组织灾后恢复活动有正面作用。

（二）关系型社群社会资本与社区参与

Paul（1987：2 - 10）将社区参与定义为一个积极的社会过程，即在一定区域内，结合社区成员，凝聚社区意识。在此过程中，成员彼此交往并参与社区事务，或设法解决社区的各种困难和问题。社区参与的特点是，由草根性的组织团体采取由下而上的运作逻辑，而非由官方或专业人员主导或介入执行（Sheng，1989：58 - 60）。对于社区参与影响因素的探讨，有的侧重对社区领袖在社区参与中所扮演角色的分析（Plummer & Taylor，2004a），有的是分析社区成员的个人社会经济背景对其社区参与的影响（蔡宏进，1985：54 - 78）。

宏观社会资本的概念被运用在社区的范畴中则是以社区既有的社会关系网络为基础，强调社区所共有的行动能力（Gittell & Vidal，1998：15）。因此互利互惠的社会关系网络对社区参与至关重要。

社会关系可以分为情感性关系及工具性关系，情感性关系意味着影响力（Krackhardt，1992），一个在社区中情感性关系多的人会有较大的影响力去动员别人参与社区活动，同样的，紧密的关系也意味着网络限制性（network constraint）（Burt，1992），所以容易被乡亲邻里所动员去参加社区活动。工具性关系规模大意味着日常生活中较常找人帮忙，帮忙的人数较多，在中国人情交换法则（Hwang，1987）的背后，这类关系会使人有较多的人情账，所以在被动员参与活动时，比较容易在人情交换的要求下有所行动（Luo，2005）。基于理论分析和田野调查，本章提出如下假设。

假设2：村民既有的社区关系网络规模对村民参与社区自组织灾后恢复活动有正面作用。

（三）个体社会资本与社区参与

西方学界在社区成员的社区参与方面的相关议题，主要关注社区成员的信任结构是偏重强信任还是弱信任，或社会资本的形态是内聚型还是桥接型①，但对当代中国的乡村社区而言，基层政府是直接影响社区的重要力量。目前学界对于基层政府如何影响社区参与和社区自组织的实证性研究比较少，本章尝试把基层政府这一要素纳入社区动员与参与的分析中。汤京平等人（2009）基于台湾“9·21”大地震后某社区重建的田野研究发现，政府对灾后社区重建与发展的扶持可能会产生“意外后果”，即社区部分成员和政府干部所形成的关系网络可能会对因互惠、信任与认同而形成的村庄自组织产生抑制效果，从而不利于社区成员参与自发性、志愿性和公共性的重建活动。作者在汶川地震灾后对 YL 村等几个村庄的田野观察中发现，与较多“政府干部”熟识的那部分村民往往乐于参加政府组织的恢复活动。

一个村民与干部关系数量多，可能被这些干部动员参与社群的救灾或重建的集体活动，同样的，一个村民的干部网关系中亲友这类强关系占的比重很重，强关系的动员能力强，其被动员的可能性因此升高。不论是被动员参与集体行动，还是这可能会产生对自组织的抑制效果，与政治权力相关的个体社会资本都会对个人参与集体活动产生影响，我们基于理论分析和田野调查，提出如下假设。

假设 3-1：干部关系网的网络规模对村民参与灾后恢复集体活动有作用。

假设 3-2：乡与乡以上干部网亲友比例对村民参与灾后恢复集体活动有作用。

---

① Gittell 与 Vidal（1998：15-20）将社会资本区分为两种类型，一个是“内聚型社群社会资本”（bonding social capital）；另一个是“桥接型社群社会资本”（bridging social capital）。这两种类型的社会资本对于社区参与各有不同的意涵和效用，内聚型社群社会资本主要是指家庭成员、亲戚或好朋友之间的关系，大多为熟人关系，它有助于增强较小范围的社区参与；桥接型社群社会资本则是指与较疏远的朋友或同侪之间的关系，能够联结外部资源并促进信息的流动。广泛的社区参与就是要使“桥接型社群社会资本”增多，使信任不局限于亲密团体之内。

除了干部关系网之外，使用位置生成法的拜年网也是衡量村民个体社会资本的重要指标。一般来说，村民的拜年网规模越大，给村民带来资源的可能性也越大，村民越有能力参与社区活动，对社区的利益就会越关心。我们因此得到以下假设。

假设 3-3：拜年网规模对村民参与灾后恢复集体活动有作用。

如果一个人嵌入在密网中，因为密网的封闭性与相互监督的效果（Coleman，1990；Yamagishi and Yamagishi，1994），会使其很难拒绝密网成员的动员，而乡村社区中一个人的亲友往往也生活在附近的社区中，其关系网亲友比例高表示他/她生活在附近居民的一张密网中，所以这张密网的成员一旦参与了某些社群活动，他/她被动员的可能性就很大，所以可以做出以下假设。

假设 3-4：关系网亲友比例对村民参与灾后恢复集体活动有作用。

五　变量与模型

（一）研究变量

1. 因变量

本章研究探讨的是在灾后恢复情境下，村民参与村庄灾后恢复活动的影响因素，特别关注社区既存的社会关系网络和基层政府在灾后恢复的过程中发挥了什么样的作用。因此，在设计调查问卷时将村民参与的“灾后恢复活动”界定为：搜救伤亡人员、清理废墟、搬运物资、协力建房和照顾村里孩子老人等具有社区性、公共性和互助性的活动。一部分村民参与的搜救和重建活动是由村民自发组织的，是村民的自组织力量和村庄的凝聚力的体现，可视为具有互助性质的社区行为；另一部分是由基层政府组织的灾后搜救和重建活动，主要是基层政府通过科层体系和村民的干部关系网络对村民进行动员。因而，本研究把“村民参与灾后恢复活动情况”设置为因变量，赋值为：“未参加”=0，“参加由基层政府组织的灾后恢复活动”=1，“参加由村民自组织的灾后恢复活动”=2。结果显示57.1%的样本未参加任何灾后恢复的活动，18.50%的人参加了基层政府组织的活动，29.6%的村民参加了居民自组织的活动。我们可以看到大多数村民未参加社区合作性的活动，而参与自组织者多于参与政府组织活动的人。需要说明的是，同时参加基层政府组织和村民自组织的恢复活动的样本共有29人，仅占总样本数的5.2%，即使将其纳入模型也无法得出显著的结果，因此，也基于模型简明性的考虑，将这一类型的样本去除。换言之，在以后的模型中，只有24.4%的“纯粹”自组织灾后恢复活动参加者被计入“自组织”模型。同样的，也只有“纯粹”参加基层政府组织灾后恢复活动者被计入“政府组织”模型。

2. 自变量

本研究的关键自变量是村民的社群社会资本，衡量方法已如第三章所述，只是为了避免共线性问题，我们的回归模型中无法纳入所有的认知型与关系型社群社会资本的六个变量。本章将工具网与情感网合并计算，求取变量平均值后，称之为关系网。另外拜年网本村人总数因为只有在2012年收集过，无法同时纳入2012年与2009年的模型，所以将期排除在模型之外。认知型社群社会资本上，为了避免共线性，我们也只纳入了社群归属感与本村人信任，而未将邻里构面纳入模型。

另外，在个体社会资本上，模型纳入了第四章中讨论的衡量个体人脉大小的拜年网规模以及衡量一个人关系网密度的关系网亲友比例。由于情感网的本村人总数、亲友比例和工具网的本村人总数、亲友比例显著相关（这主要是因为部分村民两种网络有一些重合），为避免回归中共线性问题，我们对这两个网络的本村人总数和亲友比例各进行了加总平均处理，得到了关系网本村人总数和关系网亲友比例这两个变量。

但是在处理干部网时和第四章中讨论的乡与乡以上干部网亲友数不一致，主要原因在于村干部在动员村民参加集体行动的重要性也很高，所以本章的测量主要是询问和村民有交情和帮过忙的基层干部的相关情况，所以首先要衡量的是干部网规模，而不论是不是乡与乡以上干部。其次我们关注了乡与乡以上干部中亲友的情况，但不是其人数，人数多代表的是一个村民认识的有权力的干部多，所以从政治权力上可能动员的资源多，而本章讨论的主题是一个人是否会被动员参加集体救灾及重建的活动，密度高表示该村民嵌入在相对封闭的干部网中，受到动员的压力也大，因此本章需要衡量的不是其亲友的人数，而是亲友比例①。

3. 控制变量

为廓清社会网络等因素对村民参与灾后恢复活动的影响，本研究引入了一些控制变量（见表5-2），主要有村民个人特征变量，分别是年龄、教育年限、家庭抚养系数——家中人老人小孩所占比例、性别、是否党员和婚姻状况。一般而言，较弱势的群体较没有能力参加集体合作的活动，并且我们认为党员身份有助于参加政府组织的活动。

表5-2　2009年变量描述统计表

变量名	变量类别	变量说明	均值或百分比	标准差
因变量				
村民参与灾后救灾或重建活动的情况	定类变量	0 = 未参加， 1 = 只参加由基层政府组织的灾后救灾或重建活动 2 = 只参加由村民自组织的救援或重建活动 3 = 两类都参加	57.2% 13.3% 24.4% 5.2%	—
控制变量				
性别	定类变量	0 = 女，1 = 男	0.570	0.496
年龄	定距变量		49.760	13.047
是否党员	定类变量	0 = 非党员，1 = 党员	0.068	0.252

① 乡与乡以上干部网亲友比例的计算与关系网亲友比例略有不同，计算的是亲戚、朋友在干部网总规模所占的比例，而不强调邻居在其中所起的作用。

续表

变量名	变量类别	变量说明	均值或百分比	标准差
教育年限	定距变量		5.114	3.926
婚姻状况	定类变量	0 = 未婚,1 = 已婚或离异或丧偶	0.943	0.233
家庭抚养系数	定距变量	老人和儿童在家庭成员中所占比例,0~1,“1”为全部是老人和儿童	0.273	0.332
认知型社群社会资本				
社群归属感	定距变量	对本村的认同程度/归属感	45.887	19.614
本村人信任	定距变量	分为完全信任、比较信任、一般、不太信任、根本不信任,分别从4到0进行赋值	3.246	0.556
关系型社群社会资本				
关系网本村人总数	定距变量	工具网、情感网中本村人关系总数的均值	1.692	1.186
个体社会资本				
干部网规模	定距变量	干部网中网络成员的数量	2.588	1.450
乡与乡以上干部网亲友比例	定距变量	“亲戚、朋友”在干部网中所占的比例,0~1,“1”为网络成员全部是亲友	0.060	0.189
拜年网规模	定距变量	拜年网中网络成员的数量	24.387	19.186
关系网亲友比例	定距变量	“亲戚、邻居”在工具网、情感网总规模中所占比例的均值,0~1,“1”为网络成员全部是亲戚和邻居	0.828	0.251

（二）模型

由于本研究的因变量“村民参与灾后恢复活动情况”是分类变量，不适用于一般线性回归模型，因而笔者构造了多元 Logistic 回归模型（见表5-3）。此种回归模型首先是将因变量转换为一个事件发生或不发生的概率发生比，对比的群体是不参加任何救灾及重建集体活动的人，进而考察自变量对发生比的影响。

表 5－3 “村民参与灾后救灾或重建活动”的多元 Logistic 回归模型

	政府组织		自组织	
	回归系数	标准差	回归系数	标准差
控制变量				
性别(女性)	－1.098 ***	0.340	－0.240	0.243
年龄	－0.017	0.016	－0.016	0.012
党员身份(非党员)	－0.063	0.561	0.432	0.514
教育年限	0.041	0.046	0.078 **	0.036
婚姻状况(未婚)	0.009	0.604	－0.930	0.613
家庭抚养系数	－1.813 ***	0.642	－0.548	0.441
认知型社群社会资本				
社群归属感	0.010	0.008	0.018 ***	0.006
本村人信任	－0.150	0.270	－0.191	0.211
关系型社群社会资本				
关系网本村人总数	－0.013	0.127	－0.197	0.104
个体社会资本				
干部网规模	0.315 ***	0.114	0.199	0.084
乡及乡以上干部网亲友比例	－0.971	0.775	－2.220 ***	0.811
拜年网规模	－0.008	0.009	0.012 **	0.006
关系网亲友比例	－1.267 **	0.546	－0.331	0.472
Intercept	0.411	1.442	－0.930	1.128
Chi Square	110.952 ***			
－2 Log likelihood	199.053			
N	493			

注：（1）单尾检定，＊：p＜.05；＊＊：p＜.025；＊＊＊：p＜.01。

（2）社会网络及其他变量对村民参与灾后救灾或重建活动的影响（以“未参加”为参照）。

六 结果分析

（一）控制变量

国外有关中国社区参与的研究指出，无论是乡村社区还是城市社区，居民收入、教育程度与社区参与程度都呈正相关关系（Plummer & Taylor,

2004b)，即个人的收入越高，受教育年数越长，就越可能拥有较广泛的社会网络和丰富的社会资本，也更容易融入周围的生活环境，因而对于社区活动也就有较高程度的参与（Halpern，2005：124－132）。但是本章的田野观察与定量研究却揭示了些许不同的社会事实。从社会经济背景看，受教育年数与“村民自组织的灾后恢复活动”正相关，且统计上显著，符合一般理论预期，但与“基层政府组织的灾后恢复活动”不相关。相反的，社会上较弱势的团体，包括女性、老年、家中抚养人口多的，并不显著地拒绝参加自组织活动，其中女性与抚养系数高的村民则明显不参加政府组织的活动。这可能原因是因为社会经济地位越低的村民越不是政府动员的对象，从政府动员30到50岁间的男性较其他类属群体为多，可以窥见一斑。但也可能女性及抚养系数高的弱势群体不把参与政府组织的活动作为是一种获取更多社会资源的通道与机会，所以较不接受动员。

（二）认知型社群社会资本的影响

此外，不少研究者指出，社区成员对其所处社区活动或组织的参与是认同的实际行为的呈现。社区认同有助于社区成员之间情感联结的加强，更可以为社区的集体行动提供动力，从而促进社区参与（Glynn，1981；Abbott，1995；陈金贵，1992）。通过模型可以发现，对村庄有较高认同感/归属感的村民参与社区自组织灾后重建活动的发生比更高，本模型在“本村认同感”变量上的回归系数为0.018，统计上显著，从而验证了本章所提出的假设1－1。而“本村认同感/归属感”对于“政府组织的重建活动”并不显著。

（三）关系/结构型社群社会资本的影响

对于自组织的重建活动——“社区志愿性活动”，模型在“关系网本村人总数”变量上的回归中在统计上不正向显著，这说明村民在村庄内既有的社会网络对村民参与社区自组织灾后重建活动并没有明显积极的支持作用，本章提出的假设2未得到支持，说明了认识的本村人数多的人并未受到太多的“被”社区动员的压力。

（四）个体社会资本对灾后重建活动的影响

“干部网规模”对于村民参与政府组织的灾后恢复活动却具有正面作用，回归系数为0.315，统计上显著。假设3－1被数据验证。而与此形成鲜明对比，对于“自组织的重建活动”，本模型在“乡与乡以上干部网亲友比例”变量上的回归系数为－2.220，统计上显著。即如果村民的干部关系网中较多是强关系，那么其志愿性社区活动的可能性将大大降低。这验证了政府的强力作用反而会抑制自组织的积极性，村民的干部网络对村民参与志愿性社区活动（自组织）具有非常明显的负面作用，所以假设3－2成立。可见“干部网”在村民参与社区自组织灾后重建活动和政府组织的活动上有着不同的作用。

对于拜年网规模来说，其对自组织重建活动的影响是正向显著的，支持了假设3－3。但好的拜年网内的个体社会资本却对基层政府组织活动没有影响。乡村社区中的“能人”，也就是教育程度高、人脉广的人对自组织是有正向积极意义的。

但“关系网亲友比例”对参与基层政府组织的重建活动负向显著，这虽不在本章的理论假设之中，但却值得注意。“关系网亲友比例”反映的是村民社会网络中的熟人（亲戚、邻居）关系所占的比重，即强关系。密网（dense network）中信息的传播可能会有放大、濡染的作用（Krackhardt，1993）。模型中显示这些强关系对政府组织的重建活动产生的影响是消极的，说明密网之间可能传播了一些负面信息。

七　讨论

对于灾后恢复活动这一重大的社区公共事项，基层政府在其中扮演着重要的角色，它所动员的社区成员同村民自组织所动员的社区成员在社会特征上有很大差异性。以往的研究通常是一般性地讨论社区居民社会特征与社区参与的关系，没有将基层政府的动员因素纳入进来。本章实证结果显示，干部网络的影响确实显著，一个干部网中亲友比例高的人，也就是有较多亲戚朋友是干部者，与我们的理论预期不同的是，它对政府组织的活动的影响并不显著。不但未因身处在干部密网中被动员，可能是他们有足够的亲戚邻居帮助动员干部网中的资源，所以不太需要参加基层政府（主要是村委会）组织的活动，以拉近和村干部的关系，因此可能不接受动员。反而因为更容易取得更多的资源解决自身的问题，而较不倾向参与自发的互助性集体行动。数据分析还显示，干部网的规模对于村民参与“政府组织的灾后恢复活动”具有正面作用，这说明村民与基层政府有较多关系者可以被动员参加政府组织活动。

在情感网及工具网上，似乎是关系网中亲友多的密网对动员村民参加自组织无显著影响，不如理论预期，但对参加基层政府组织的活动却有着负面的影响，可见乡村中是亲朋这类强关系的动员力量还是很重要的。但是这个变量对自组织活动就没有显著影响。配合了另外一种现象——很少人同时参与政府组织的与自组织的救灾或重建活动（5.2%），我们就以认为，政府组织和社区自组织动员着两个不同的关系网，而这两群人基本上是相对独立分隔的。换言之，和基层政府（干部）熟识的一群人与社区内的乡里乡亲关系并不密切，因此得到一个假设，村中居民因为基层政府权力的介入已分裂为两个群体。这是将来值得研究的议题，本章的资料并不足以验证此假设。另一个可能的原因是，深深嵌入在村中关系网密网内的人，往往不是那些能在外面打工，认识较多外面关系的人，也就是相对弱势的群体，所以他们虽深深嵌入在社区中，却较无能力参加社区自组织活动。相反的，他们却不是政府要动员的对象，所以对参加政府组织活动负向影响。

在社区认同上，本章也得到了显著的结果，与理论预期相同。综上所述，基层政府与村民自组织的动员网络有较大的区隔，甚至可以怀疑在各自主导的重建活动上是互斥的。这也从一个侧面说明，基层政府的确在灾后恢复中扮演了极为重要的角色，但也往往会对村庄自身的自组织力量产生负面影响。一些西方学者的研究也表明，自主治理顺利运作的条件包括“社群的成员必须维持一种自力更生的态度，公共官员必须满足于在一个具有多个权威和交叠管辖单位的多中心体制中运作”，“公共官员扩大自己的权力或者其所控制的各种资源的范围”是自治可持续性的威胁（麦金尼斯、奥斯特罗姆，2003）。这些分析结果不仅有助于加深对社会关系网络因素对灾后恢复过程影响的认识，也有助于更全面地认识基层政府在灾后恢复和村庄发展中的作用与自身定位。

第六章

社会信任恢复情况分析

一 社会信任

社会信任感关联到互帮互助或者传递信息的时候，资源和信息的可能流向。我们的问卷在以下的一些心理、态度变量的调查中，2009 年 5 月第一次访谈的问题，包括社会信任，健康状况以及政府满意度都是问板房区时期当下的状况，不比经济生产情况以及拜年网的资料。第一次访谈问的是震灾前的情形，所以以下的趋势分析是板房区时期、重建中期以及重建完成期的比较，而非震前、重建中期、重建完成期的趋势。

表 6－1 显示，受访村民普遍最信任自己的家人，其次是中央政府，两者相差不大。从中央政府的 90.7% 完全信任，到省政府 65.8% 的完全信任，再到县市一级的 31.0%，最后到乡的 13.7%，村的 12.5%，完全信任随着政府层级的降低而递减。

其次，村民还比较信任志愿者、媒体、医生和警察。对外地人、商人以及外国人处于不那么信任的状态，这与前两次调查得到的趋势相同。但值得注意的是，村民对志愿者、媒体、医生、警察和法官/法院的信任程度连续三次调查都呈现快速下降的趋势，尤其是 2012 年的第三次调查，降幅都达到了 10% 以上，对警察和志愿者完全信任程度的下降幅度更是超过了 20%。

表 6-1　第一期问卷对各对象的信任情况

单位：%

请说说对下面这些人或组织的信任程度	1. 完全信任	2. 比较信任	3. 不太信任	4. 根本不信任	9. 不知道/没有回答
A 你的家人	93.0	6.4	0.6	0.0	0.0
B 住在你周围的人（熟人信任）	30.4	56.2	12.1	0.6	0.6
C 市场上的商人/买卖人	2.9	37.4	45.5	9.4	4.8
D 外地人（陌生人）	4.5	26.8	39.0	15.7	14.0
E 中央政府	90.7	6.4	1.3	0.3	1.3
F 省政府（高层）	65.8	25.9	3.5	0.6	4.2
G 县、市政府	31.0	28.4	25.2	8.0	7.3
H 乡镇政府	13.7	26.2	30.0	25.2	4.8
I 村干部/社区干部（低层政府）	12.5	23.6	30.0	30.4	3.5
J 警察	41.7	37.1	9.6	4.8	7.0
K 医生	38.7	42.5	13.1	2.9	2.9
L 国内广播电视报刊上的新闻	40.6	39.3	14.1	1.0	5.1
M 法官/法院	32.3	34.8	8.6	4.2	20.2
N 外国人（特殊之人的信任）	13.5	22.4	9.3	4.2	50.8
O 志愿者（单独）	52.1	31.6	1.9	1.3	13.1

第一期问卷对包括家人、各级政府在内的15类对象的信任情况进行了调查（表6-1）。可以发现，在A—D类关于人物的信任中，有一个依据距离越近给予的信任越多的差序格局现象：对家人“完全信任”的比例是93%，“比较信任”的是6.4%，信任家人合计比例达99.4%；而对熟人则多是“比较信任”，达56.2%，其次是“完全信任”，为30.4%，合计86.6%；这一合计比例在市场上的商人/买卖人以及外地人身上，分别是40.3%、31.3%。

与此相反，对各级政府的信任则完全相反，是“逆差序格局现象”，出现了空间距离越近，心理距离反而越远的情况：对中央政府“完全信任”的比例是 90.7%，“比较信任”为 6.4%，总体信任的比例是 97.1%，这种信任格局与家人高度雷同，民众对高层政府的信任度可见一斑。相应地，对省政府“完全信任”的比例达 65.8%，“比较信任”为 25.9%，信任总值为 91.7%，同样显示了极高的信任度。与此相反，民众对县市政府、乡镇政府及其村干部等的信任度则一路下降，分别为 59.4%、39.9%、36.1%。

其他问项反映了民众对专家系统以及一般人的信任状况。对警察“完全信任”的比例为 41.7%，“比较信任”的为 37.1%，总和为 78.8%，显示了极高的信任度，对医生的总和信任度达到 81.2%，相比之下，对法院和法官的这一值仅为 67.1%。可见，民众对医生、警察的信任度高于法官。民众对国内广播电视报刊上的新闻的信任度达 79.9%，这种高信任度可能对高层政府的高信任度有一定的内在关联。对志愿者的信任度为 83.7%，这体现了灾后这一特殊时期民众对外来抗震救灾志愿者的高度信任，而对外国人的信任度仅为 35.9%，表明地处内陆的村民对较少接触的外国人这一特殊群体表现出较低的信任度。

第二期问卷的问项与第一期问卷大体一致，局部稍有不同，呈现的信任逻辑与第一期问卷基本上是相同的（表 6－2）。村民对家人的信任度最高，邻居其次，外地人最低。对各级政府的信任，随行政级别的降低，信任度也越低。但值得关注的一个现象是，在第一期和第二期问卷中村民对基层政府信任度较低且保持稳定的情况下，第一期问卷中村民对中央政府的信任度为 97.1%，第二期问卷则是 89.4%，有较大幅度的降低，为何政府投入大量资源和人力救灾，民众的中央政府信任度反而有所降低，这是一个值得深入探讨的问题。同样的，民众对媒体的信任度也有所降低，从第一期的 79.9% 降为第二期的 65.4%，这会不会和高层政府信任的下降有一定的关联值得探究。

表 6－2　第二期问卷对各对象的信任情况

单位：%

请说说对下面这些人或组织的信任程度	完全信任	比较信任	一般	不太信任	根本不信任	不知道/没有回答
家　人	89.4	8.6	1.4	0.2	0.0	0.4
邻　居	13.4	38.3	43.7	3.9	0.3	0.4
外地人	2.0	7.7	40.5	40.6	8.5	0.7
中央政府	71.3	18.1	8.2	1.6	0.8	0.3
省政府	52.0	30.4	11.8	4.5	1.0	0.2
县、市政府	27.9	30.1	27.0	11.6	2.8	0.5
乡镇政府	16.9	24.2	31.2	19.9	7.6	0.2
村干部	15.4	22.8	31.7	18.7	11.0	0.4
警　察	17.8	49.6	25.1	5.2	1.9	0.3
医　生	21.8	48.4	22.5	6.4	0.6	0.3
商　人	1.5	12.6	46.0	35.8	3.7	0.5
法官/法院	17.4	45.8	29.5	6.2	0.9	0.2
外国人	5.1	16.6	42.1	28.1	7.6	0.5
志愿者	31.0	42.8	22.7	3.1	0.0	0.4
媒　体	21.70	43.70	26.80	6.40	1.00	0.40

第三期问卷对包括家人、各级政府、警察等职业的19类对象的信任情况进行了调查（表6－3）。与前两期问卷一样，对认识之人的信任方面，对家人的信任程度是最高的，“完全信任”的比例高达90.1%，“比较信任”的是8.3%，二者合计98.4%；其次是好朋友，“完全信任”的比例为38.3%，“比较信任”为41.9%，二者合计80.2%；再次是邻居，“完全信任”和“比较信任”合计53.3%；最后是商人/买卖人，以及外地人，“完全信任”和“比较信任”合计分别是14.6%、10.8%，呈现了一个由近及远而信任也依次降低的差序格局现象。对各级政府的信任也与前两期问卷一致，政府级别越高，村民对其信任越高，反之则越低。

对村里的大部分居民的信任是第一期和第二期问卷均没有的问项，“完全信任”的比例为12.6%，“比较信任”的是46.2%，二者合计58.8%，这一比例介于好朋友和邻居之间，但又明显高于对村干部的信任。

对不同职业和身份的信任方面，“完全信任”和“比较信任”合计值上，志愿者最高，为75.6%；其次是专家/教授、医生，分别为70.7%、70.3%；再次为警察、法官/法院、律师，分别为69.5%、66.5%、66.2%；最后是外国人，为20.9%。村民对志愿者的信任存在一个变化的过程，从第一期的83.7%到第二期的73.8%，再到第三期的75.6%，但总体还是最高的。

对广播/电视报刊的信任，“完全信任”和“比较信任”合计为68.2%，而第一期的值为79.9%，第二期虽没有完全相同的问项，但对媒体的信任为75.4%，可见第三期的信任值是一路下降的。对媒体的信任下降是否促成了高层政府信任的下降，二者是否存在关联，尚待考察。

表6－3　第三期问卷对各对象的信任情况

单位：%

请说说对下面这些人或组织的信任程度	完全信任	比较信任	一般	不太信任	根本不信任	不知道/没有回答
家　人	90.1	8.3	0.9	0.4	0.0	0.4
好朋友	38.3	41.9	18.3	1.1	0.2	0.2
邻　居	12.8	40.5	43.2	3.1	0.2	0.4
商人/买卖人	1.1	13.5	45.7	35.8	3.4	0.5
外地人	2.2	8.6	40.6	40.8	7.2	0.5
中央政府	72.7	17.8	7.2	1.3	0.9	0.2
省政府	53.4	30.9	10.3	4.5	0.7	0.2
县、市政府	27.9	32.9	26.1	10.6	2.2	0.4
乡镇政府	16.2	26.8	31.3	19.8	5.8	0.2
村干部	15.8	22.7	33.3	18.2	9.9	0.2
村里的大部分村民	12.6	46.2	35.6	4.5	0.7	0.4
专家/教授	20.3	50.4	23.4	5.2	0.0	0.7
律　师	15.1	51.1	27.0	5.6	0.5	0.7
警　察	18.2	51.3	23.7	5.2	1.3	0.4
医　生	21.0	49.3	23.2	6.1	0.2	0.2
广播/电视报刊	21.6	46.6	24.6	6.5	0.4	0.4
法官/法院	18.3	48.2	26.8	5.9	0.5	0.2
外国人	4.9	16.0	39.9	30.2	8.3	0.7
志愿者	31.4	44.2	22.3	2.5	0.0	0.5

在上述信任问项中，本文将对专业类型的信任问项去除后作了因子分析，可以得到四个因子，从表6－4可以看到，以2012年资料作分析，一个因子是对熟人的信任，我们也称之为特殊信任，因为它是对认识的特定对向的信任，包括家人、好友与周围的人（或邻居）；另一个因子是对一般陌生人的信任，我们称之为一般信任，包括市场上一般商人/买卖人以及外地人，其他两个因子分别是对基层以及高层政府的信任。

表6－4　2012年村民信任因子分析

		因子1	因子2	因子3	因子4
项目说明		基层政府信任	高层政府信任	一般信任	特殊信任
		旋转成分矩阵			
对于以下选项，你的信任程度如何					
1	你的家人	－0.055	0.038	－0.234	0.771
2	你的好朋友	0.103	0.08	0.312	0.704
3	住在你周围的人	0.204	0.064	0.246	0.566
4	市场上的商人/买卖人	0.105	0.025	0.788	0.08
5	外地人	0	0.063	0.807	0.084
6	中央政府	0.065	0.908	0.01	0.091
7	省政府	0.342	0.833	0.105	0.072
8	县市政府	0.769	0.399	0.064	0.028
9	乡镇政府	0.93	0.144	0.079	0.096
10	村干部/村委会	0.901	0.03	0.038	0.116

由于本章关注的是特殊信任与一般信任的影响要素，因此仅将其中的特殊信任和一般信任作为因变量进行分析。在我们的社会信任问卷中还分析得到两个因子，分别是高层政府信任，包括对中央及省政府的信任，以及基层政府信任，包括对县市、乡镇以及村委的信任，这两类信任的趋势分析我们将在第八章中进行陈述。

我们将家人、好友与周围的人（或邻居）的信任得分加总平均得到的特殊信任状况，将市场上一般商人/买卖人以及外地人的信任得分加总平均得到了一般信任的状况。特殊信任（particularistic trust）指一个人对其认识的人或认识的一个群体的成员的信任（Luo，2005），对象是可以指认清楚的，关系也是明确的。一般信任指对没有关系的陌生人的信任，是最简单地衡量一个国家集体社会资本高低的指标（Knack and Keefer，1997）。

村民的一般信任情况（图6－1），第一期问卷中比例最高的区间为3.1～4.0，达59.6%，其次为2.1～3.0区间，为35.2%，第二期问卷同样是这两个区间最高，分别为45.2%和43.3%，第三期数据则有所变化，比例最高的区间分别为2.1～3.0和1.0～2.0，百分比分别为53.2%、33.7%。可以发现，2.1～4.0区间占据了一般信任比例分布的绝大部分，可见一般信任程度是比较高的，因为极高的和极低的均只占很小的比例。

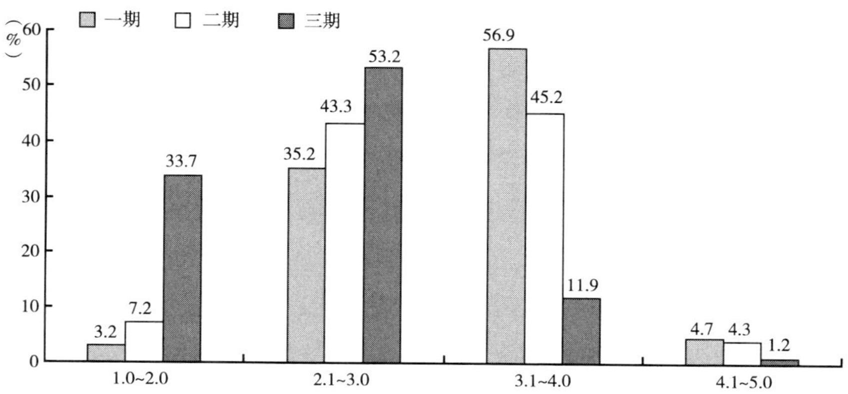

图6－1　被访者一般信任比例分布

三期追踪数据的一般信任情况显示，分值越低，表示信任度越低，其中1.0～3.0区间的总体趋势是上升的，与此对应，信任度较高的3.1～5.0区间则是逐渐下降的。可见，2009～2012年的灾后恢复期间，村民对一般人的信任总体趋势是下降的，追踪数据显示了这样的逻辑，即低一般信任区间比例逐步上升，而高一般信任区间逐步下降。灾后恢复期间，村民的一般信任逐步下降的，造成这一现象的原因有待进一步的研究（图6－2）。

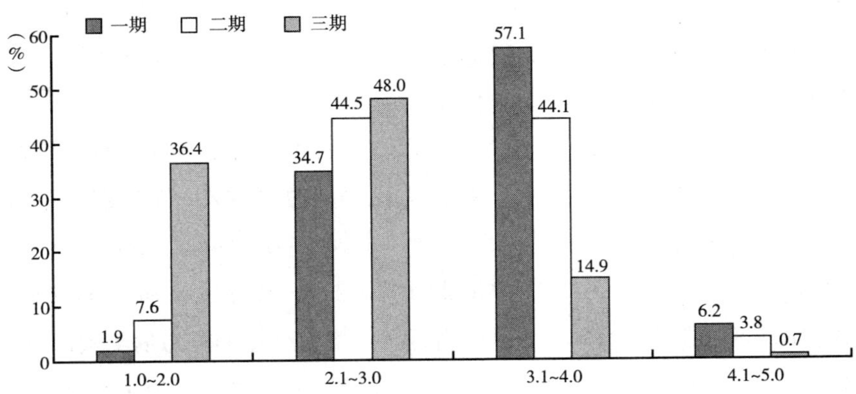

图6－2　三期追踪被访户一般信任比例分布

二　特殊信任

下面的内容旨在运用社会资本的概念分析灾后乡村社区居民的特殊信任程度恢复的情况。灾后的大量救助来自人际关系网络，个人拥有的社会关系、社区中的社会网络的结构与内涵均可为灾区居民带来各式各样的社会支持，进而会影响一个人对社会的信任程度。本文尝试分析灾后恢复期间，哪些社会资本变量会影响个人的特殊信任及其信任重建。

信任研究近几十年来在国外学界成为热点，除社会学，（社会）心理学、管理学、经济学、组织行为学等诸多学科均积累了丰富的研究成果。信任有特殊与一般信任、人际与制度信任等区分，韦伯认为中国人建立在血缘共同体而非信仰共同体的基础上的信任是特殊信任，存在着普遍对陌生人的不信任（韦伯，2010）。与此类似，福山认为相比美、日、德等高信任度社会，中国属于低社会信任度社会，缺乏一般信任（generalized trust）（福山，2001）。本章将从社会资本的角度出发，探讨社群社会资本对特殊信任的影响。

信任在社会资本中的重要性已成为学界共识。继布迪厄社会资本概念的提出，科曼认为信任是社会资本的一种形式，可以减少监督和惩罚的成本（Coleman，1990）；普特南将信任、规范和网络视为社会资本的三个要素，“这里所说的社会资本是指社会组织的特征，诸如信任、规范，以及网络，它们能够通过促进合作来提高社会的效率”（普特南，2001：205），他对意大利民主制度的分析，就是从社会资本的视角来切入信任问题研究的，他发现横向网络多的社会倾向于合作、信任度高；格兰诺维特提出了弱关系优势的命题，认为关系可基于互动频率、情感力量、亲密程度和互惠内容分为强关系和弱关系（Granovetter，1973），不同性质的关系可以带来不同程度的信任。此后，他又提出“嵌入性”的概念，认为经济行为是嵌入在社会结构中的（Granovetter，1985），而信任是关系到经济行动间的中介变量，因此，信任即为网络嵌入性的核心内容。福山认为一般信任就是社会资本，并以此概念对东西方文化进行分析，认为社会资本与社会信任程度具有高度的同质性，高信任度的民族更容易发展大范围的合作关系，从而促进经济和市场资本主义的发展（福山，2001）。那么，作为社会资本核心概念的信任，包括一般信任和特殊信任，在多大程度上受到社群社会资本各个维度的影响？

国人对不同交往对象有不同的信任程度，是一种“关系信任”（翟学伟，2003）。特殊信任存在于两两关系中，是两人互动过程的结果，这种信任有特定的对象，因此也被称为人际信任（interpersonal trust），特殊信任在多数国家或地区都是很高的（尤斯拉纳，2006），李伟民和梁玉成（2002）的研究发现，中国人具有差序性的信任模式，除先赋性关系外，国人亦可通过人为的运作而建构信任；国人并未表现出普遍和极度地对陌生人的不信任，而是一般与特殊信任各自独立。这表明如韦伯所说，中国人的信任固然主要是一种“血亲关系本位”的特殊信任，但与韦伯和福山论述又有所不同的是，中国人对陌生人并不一定普遍不信任，不会因为特殊信任的增加而减弱一般信任（李伟民、梁玉成，2002）。特殊信任与社会交往、关系网络结构的相关性已获得很多证明（Luhmann，1979），既有研究表明，信任程度与人际关系密切度正相关（郑也夫、彭泗清，2003：1－12）。

既有研究多是针对国家或城市层面的宏观的、大范围居民的信任问题研究，或是针对封闭的、界限分明的组织的研究，对社区层次的信任的关注远远不够，尤其是对农村社区的信任影响因素的研究还非常稀缺。既有研究对人际信任及其社会交往的关联性影响研究不多，有关农村居民人际信任的研究还显得不够丰富，尤其缺乏城乡居民的人际信任的比较研究（张云武，2009）。本章正是希望填补这方面的不足，以社会资本的角度，尤其是在一般较常讨论的个体社会资本之外提出社群社会资本，探索对特殊信任的影响因素。

村民的特殊信任情况（见图6－3），第一期数据中，比例最高的两个区间为4.1～5.0和3.1～4.0，分别为86.7%、12.9%，总和为99.6%，第二期和第三期数据同样显示这两个区间的比例最高，第二期分别是82.7%、16.9%，总和为99.6%，第三期分别为48.1%、50.1%，总和为98.2%。因此，三期数据的特殊信任值均表现为稳定的极高数值。

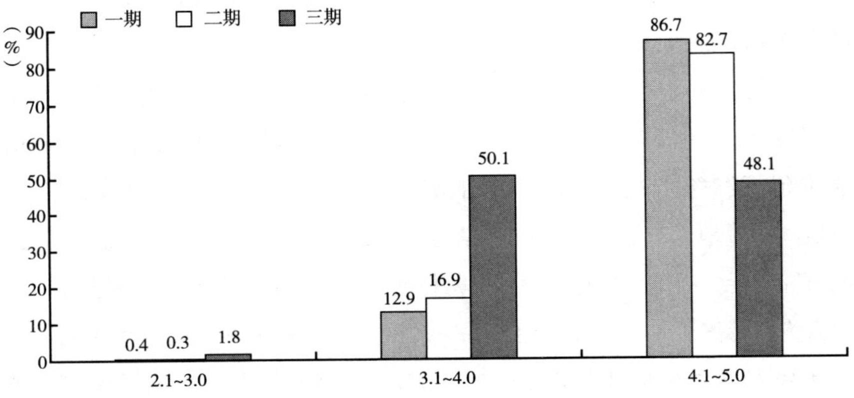

图6－3　被访者特殊信任比例分布

在综合数据中，我们可以看到一般人的特殊信任（包括对你的家人、你的好朋友以及你周围的人的信任）都很高，原则上五点量表中，平均三以下的受访者人数少到可以忽略不计，非常高的人（4.1～5.0的人）在板房时期为86.7%，在重建中期是82.7%，到了重建完成恢复正常生活的2012年4月时，变为48.1%。信任感高的人（3.1～4.0的人）则从12.9%到16.9%，最后接近一半以上。一般而言，人们还是相当信任自己的熟人，为什么生活恢复正常了，大量的人从最高信任程度变为中等信任？

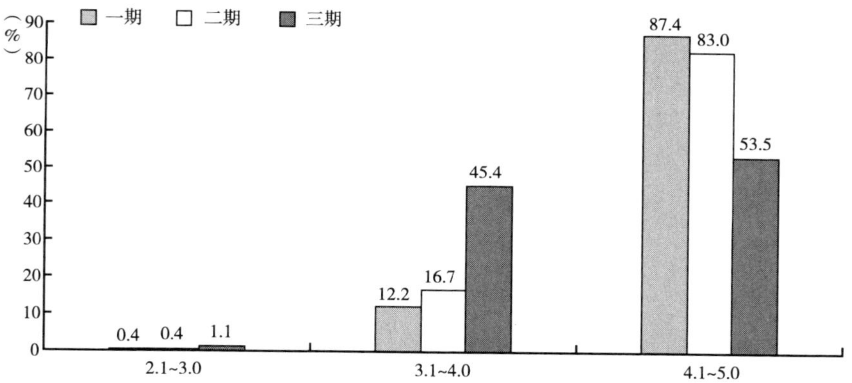

图6－4 三期追踪被访户特殊信任比例分布

这就需要看趋势变化，要看三期都有的样本得出的统计，但图6－4结果显示，趋势和非追踪数据的情况差不多，特殊信任偏低的人少到可以忽略不看，但非常高的人则从占比87.4%，在重建中期略为下降到83.0%，但在重建完成期反而迅速下降到53.5%。为什么会如此呢？我们可以猜想是不是在大灾过后熟人抱团互相帮持的情况特别多，但重建完成后反而“自顾自地”“杀熟”的情况出现，所以大家对熟人的信任就没那么高了。下面的章节中我们就对此现象进行分析。

三　理论探讨与研究假设

参与在社区中有很好的人际交往会带来较多的强连带，而强连带会提升交往双方的信任感：强连带本身就代表着长的交往历史与频繁的互动频率（Marsden and Campbell，1984），双方相互了解的程度较高，对对方行为的预期也较准确，从而有了信任；长期交往与频繁互动，再加上互惠性的工具性交换都会培养出更强的情感，情感本身会带来对背叛的负面情绪，所以增强了双方的可信赖行为，增加了信任感，这会带来情感为基础的信任；强连带意味着影响力，一个人在社区中有较多的强连带，相对地也对较多的人有强的影响力，可以改变受影响者的行为使之符合自己或大多数人的预期，从而减少对方欺诈的行为，增强了信任感。一个人在小范围的熟人社区中如果对社区成员有较高的信任感，会影响他/她人际关系中对别人的信赖，以社区内交往的经验作为参照，相信与自己有关系的特定对向可信赖性较高，从而有了较高的特殊信任。

Almond 和 Verba（1963）发现，社团、集社等自组织有利于增强人们的信任感，社会参与越活跃，社会资本存量越高，社会信任度越高（Inglehart，1997；普特南，2001）。普特南（2001）从社会资本的角度出发，通过对意大利政府的研究来探讨信任问题，他发现，参与者之间直接的或间接的交往越多，他们之间的互信就越大，合作也就更容易，在社会资本建构比较好的地区，人们积极参与社团和公益事务，社会风气表现为互助互信与合作，社会信任可以从互惠规范和公民参与网络中产生，横向的网络在建立信任中的作用尤为关键，因为横向网络参与促进了人们的交往和信息沟通，也增加了人们欺诈的成本。可见，一个人深深嵌入在社区密网中有助于社会信任的增加。

郑也夫（1995）强调中间力量，即宗族和自愿团体，对于社会信任及其秩序的重要性，这类中间组织，即本文所谈的社区，凝结着成员对其的认同，是社会信任的重要基石。认知型社群社会资本指涉的是社区的认同感，表现为社群归属感，社群归属感是社区居民对本社区地域和人群集合体的认同、喜爱和依恋等的心理感觉，包括居住年限、人际关系、社区满足感、社区活动参与等维度（丘海雄，1989）。归属感越强，表明成员对社区内人际关系状况和关系结构形态的满意度越高，社区活动参与度也越高，而这又有利于关系型社群社会资本的增长。同样，认同感的加强增进了对社区成员的信任，增强了对人际关系的信心，从而也会提高特殊信任。

综合上述，一个人的关系网中社区成员越多，他们之间关系越密，他/她的社交圈与互助的朋友圈就越嵌入在社区之中，他/她也越容易被动员参与社区的合作活动，在社区相对封闭的密网中互动多，良好情感和较严监督下，欺诈行为少（Yamagashi and Yamagashi，1994），对社区内熟人的信任感因此增强，从而增加了他/她的人际信任。同样的，一个人对社区的认同感强，也会主动地参与社区活动，增加和社区其他成员的合作行为，培养了对社区熟人的信任，从而增强人际信任。因此我们得到以下假设。

假设1：社群社会资本越多，特殊信任越强。

假设1a：关系型社群社会资本越多，特殊信任越强。

假设1b：认知型社群社会资本越多，特殊信任越强。

既有社会资本研究聚焦于个人拥有且个人受益的个体社会资本，提出社群社会资本，即衡量个人层次的关系与社会网特质却使社区得益的社会资本，对于特殊信任的重要性，是本研究的创新点。与此同时，本研究也对个体社会资本对特殊信任的影响效果给予了关注。

其一，一个人关系连带强而多，这些连带内蕴含较多的资源，其个人中心社会网网顶高、范围大、变异性大、规模大都使作为中心的行动者有更多的资源可以动员，有更大的动员力量，使其个人受益（Lin，2001）。既有研究表明，人际交往情况与特殊信任相关，因此个体社会资本的作用不能被忽视。事实上，一个人如果拥有较多的个体社会资本，会有较成功的职业生涯（Lin，1990；Bian，2002），因此会较有自信、乐观，从而有较高的信任倾向。另外，个体社会资本多、职业生涯好的人，社会融入也较好，从而对社会的认同较高，这也增加了个人对社会的信任。一个人的社会网规模大，尤其是强连带多的人，因为情感性关系带来的信任关系多，合作的机会也多，有较强的社交能力，能较好地处理人际关系，所以累积了较好较多的与熟人接触经验，不但有较高的信任倾向，而且对特定认识之人的人际信任也较强。

其二，个体社会资本较强的人，可资动员的资源多与动员能力较强，网顶即意涵着一个人可以接触到地位较高、权力较大的人，这是个体社会资本一个重要的组成部分，尤其是国内的环境往往认识在政治上有实权的人对个人动员资源极有帮助（边燕杰、李煜，2000），个人社会网中权力资源越多的人对其周遭的关系控制能力较强，使对方以可预期的方式行为，展现可信赖性，因此他/她对这些有关系的特定对向信任感会较强，特殊信任较高。

其三，嵌入在疏网中弱连带为主的人比较嵌入在密网中强连带较多的人，谁的个体社会资本较多，一直是一个备受争执的议题。在不同文化情境下往往得到不太一样的结果。在美国弱连带多的人得到较成功的求职机会（Granovetter，1973），但在中国情境下，嵌入在密网者却有着较佳的找职结果。同样的在美国，前者在组织之内有较佳的升迁优势（Burt，1992），而在中国，后者才会得到更好的绩效表现（Xiao and Tsui，2007）。不管何者在什么情境下能带来更多的资源，使个人得益，个体嵌入在密网中交往对向往往是熟人，所以这一类人与熟人的互动多，也较习惯于与熟人的合作，因此倾向于信任认识之人。

由这些推论，我们因此可以得到以下的假设。

假设2：个人的个体社会资本越多，特殊信任度越高。

假设 2a：个人的社会网规模越大，特殊信任度越高。

假设 2b：个人的社会网中权力资源越多，特殊信任度越高。

假设 2c：个人嵌入在越紧密的社会网中，特殊信任度越高。

四　研究方法与操作过程

问卷主要从社会网的视角收集受灾村民家户信息，包括他们的工具网、情感网、拜年网，以及特殊信任、身心健康等数据，本文涉及的相关自变量和因变量包括以下内容（见表 6－5）。

1. 特殊信任与一般信任

信任问项采用的是“完全信任”“比较信任”“不太信任”“根本不信任”“不知道/没有回答”的五分变量，对其从 5 至 1 分赋值，涉及各级政府、家人等 19 类。我们将其中对于家人的信任以及对于住在周围的人信任求平均值，将其作为特殊信任值。

2. 控制变量

本文将性别、年龄、婚姻状况、受教育年限、是否党员等人口学变量纳入控制变量。

表 6－5　2012 年描述性统计量

变量名	变量类别	变量说明	2009		2012	
			均值	标准差	均值	标准差
因变量						
特殊信任	定距变量	问卷中“家人信任”“好朋友信任”与“周围人信任”的均值	3.406	.843	3.257	.438
社群社会资本						
关系网本村人总人数	定距变量	关系网中本村人的数目	1.820	1.187	1.878	1.237
社群归属感	定距变量	问卷中社群归属感相关题目的均值	3.349	.476	4.067	.548

续表

变量名	变量类别	变量说明	2009		2012	
			均值	标准差	均值	标准差
个体社会资本						
拜年网规模	定距变量	拜年网中网络成员的数量	24. 851	18. 977	29. 327	29. 381
乡及乡以上干部网亲友数	定距变量	乡及乡以上干部网中亲友的数量	. 242	. 750	. 140	. 595
关系网亲友比例	定距变量	关系网中亲戚、朋友的比例	. 824	. 237	. 776	. 299
控制变量						
年龄	定距变量	被访者的年龄	50. 006	13. 325	51. 244	15. 468
党员	定类变量	1 = 是,0 = 否	. 066	. 249	. 104	. 305
教育程度	定距变量	被访者受教育的年数	7. 727	4. 196	5. 753	4. 025
性别	定类变量	1 = 男,0 = 女	. 558	. 497	. 584	. 493
婚姻	定类变量	1 = 已婚,0 = 未婚、离异或丧偶	. 860	. 346	. 961	. 190

五 分析结果

先看灾后初期2009年的数据（见附录2009年研究变量相关表）。相关表显示，与特殊信任正相关的变量仅有关系网本村人总人数以及控制变量教育、性别和婚姻。这些变量间，关系网本村人总数与社群归属感呈负相关，与关系网亲友比例、乡及乡以上干部网亲友数呈正相关；社群归属感与拜年网规模、乡及乡以上干部网亲友数呈负相关；关系网亲友比例与乡及乡以上干部网亲友数呈负相关，变量间共线性的影响值得关注。

2012年的相关表显示（见附录2012年研究变量相关表），特殊信任与关系网本村人总数、社群归属感、拜年网规模相关，控制变量上仅与教育相关。变量间，关系网本村人总数与社群归属感、拜年网规模正相关；社群归属感、乡及乡以上干部网亲友数与拜年网规模正相关；关系网亲友比例与拜年网规模呈负相关，变量间共线性的影响值得关注。

2009 年的回归分析的结果与相关分析高度一致（见表 6-6），除控制变量中的婚姻从相关表中显著相关到回归中影响被控制不显著外，教育高的人正向影响特殊信任，男性也较女性更信任有关系的人。关系型社群社会资本的关系网本村人总数正向显著影响特殊信任，部分支持了假设 1。个体社会资本的假设并没有在一般线性回归的结果中得到验证，假设 2 未获任何支持。

表 6-6　社会资本对特殊信任的影响（2009 年）

	模型一	模型二	模型三	模型四
控制变量				
性别	.080 *	.078	.075	.076
教育程度	.124 **	.136 **	.127 **	.140 **
婚姻	.070	.076	.082 *	.090 **
党员	-.061	-.057	-.058	-.049
年龄	.059	.053	.072	.069
社群社会资本				
关系网本村人总数			.083 *	.083 *
社群归属感			-.039	-.049
个体社会资本				
关系网亲友比例		-.002		-.012
拜年网规模		-.062		-.059
乡及乡以上干部网亲友数		.000		-.026
N	464	462	464	462
调整后的 R^2	.019	.016	.024	.021
F 值	2.839	1.935	2.640	1.993

对 2012 年的特殊信任进行直接回归分析结果可以看到（见表 6-7），在地震 4 年后的 2012 年，控制变量中年龄与教育对特殊信任造成了显著的影响，受教育程度越高，特殊信任越低。但年龄在相关表中并不显著，所以这里该是共线性造成的虚假相关。关系型社群社会资本中的“关系网本村人总数”以及认知型社群社会资本中的“社群归属感”对村民的

特殊信任产生了显著的正影响，完全支持了假设1；个体社会资本中的“拜年网规模”对特殊信任有显著正向影响，假设2得到部分支持。

表6－7　社会资本对特殊信任的影响（2012年）

	模型一	模型二	模型三	模型四
控制变量				
性别	.106**	.094**	.103**	.094**
教育程度	-.183***	-.185***	-.152***	-.156***
婚姻	.057	.059	.043	.045
党员	.030	.022	.026	.018
年龄	-.120**	-.093*	-.084	-.066
社群社会资本				
关系网本村人总数			.103***	.116**
社群归属感			.152***	.107**
个体社会资本				
关系网亲友比例		.026		.013
拜年网规模		.116***		.074*
乡及乡以上干部网亲友数		.028		.038
N	555	555	554	554
调整后的 R^2	.023	.033	.054	.056
F值	3.640	3.331	5.482	4.261

六　总结与讨论

社群社会资本测量的是集体社会资本表现在个人身上的特色，是让整个群体受益的社会资本。通过文献回顾，我们假设社群社会资本和个体社会资本对特殊信任有正向显著影响。数据分析结果显示：在三年期资料的历时性分析中，初始状态的2009年4月，多数灾民还住在板房中时，个体的关系型社群社会资本会正向影响其特殊信任程度。这意味着，那时一个人如果深深嵌入在社区关系网中，谈心的情感网和相互帮忙的工具网中仍有很多本村的人，这会增强其对有关系的特定对象的信任感；这个效果到了重建完成期依旧存在，灾区要求乡村社区房屋建设在两年内完成，四年之后的2012年4月，大多数人已经住进了永久房，经济生活也大多恢复了，此时，关系型社群社会资本继续保持对特殊信任正向显著影响。

同时在重建完成期，认知型社群社会资本以及个体社会资本对特殊信任的影响也开始显现。那么为什么社群归属感在板房区时期影响并不显著？可能的原因是那时不同社区居民聚居在一起，社区组织比较未发挥作用，对老社区的认同感与当时的生活较不相关，所以减低了其对人际信任的影响力。

总体而言，本文社群社会资本的假设基本上得到了验证，即农村社区居民的特殊信任受到社会网络形态的显著影响，在社区中发展社群社会资本有助于人际关系信任的建立。因此，发展更多的社区关系网络、促成更多的社区互动，有助于特殊信任的建立和维系。

重建初期个体社会资本对特殊信任无显著性影响，而灾后恢复时期则个体社会资本有正向显著影响，这是本文发觉的一个有趣现象，这一现象可能的诠释是，特殊信任的影响机制与个体所处的社会情境密切相关，在震后初期和震后恢复完毕时期，相同的社区和人群，但其特殊信任的作用机制和效果是有所区别的。地震等自然灾害对社会系统的影响在本研究中得到印证。此外，针对两个时期个体社会资本的不同作用机制，本研究试图进行归因和解释如下。

灾后初期，为何个体社会资本对特殊信任无显著影响？2008年汶川地震发生后，各级政府和社会各界发动力量和资源进行救灾，受灾严重的社区的居民被分配到临时搭建的板房中居住。之所以居住在板房中的村民对熟人和陌生人的信任差距不大，是因为当时的特殊情境。抗震救灾时万众一心、众志成城救灾的社会氛围让灾民深受感染和鼓舞，重建家园的理念和行动使得身处这一特殊情境的灾民对政府、社会、陌生人具有很高的一般信任，且由于板房并非按村分配，也并非按照原有村庄内部的居住空间结构进行安排，因此，许多邻里、亲友关系被打散，对熟人的特殊信任在当时的情境下的重要性有所降低。因此，在震后初期的特殊社会情境下，灾民对陌生人的较高一般信任与对熟人特殊信任重要性的降低，使得一般信任和特殊信任之间的差距缩小。

灾区恢复后，生活恢复正常，为何个体社会资本对特殊信任均有显著正向影响？距 2008 年地震后四年的 2012 年，抗震救灾结束，救灾的各级官兵、社会力量撤退，灾民生活恢复常态，周边居住的人以及互动情况也恢复到震前状态，社区内熟人和邻居成为日常接触对象。被地震打断的生活需要继续，经济收益成为生活的重心。与震后初期特殊情境下资源分配的平均化和高同质性不同，在常态时期，个体及社区间的利益博弈日益显现，拥有较多的个体社会资本可以动员到更多的资源，获取更多的机会，此时符合我们在假设 2 中作的理论推断，人脉较广的人有了较多的合作机会，也累积了较好的社交经验，从而使得个体社会资本对特殊信任变得重要。

但是嵌入在亲友密网中的人却不会有更高的对特定关系对向的信任，这一点值得我们注意。在数据收集和分析的过程中，我们察觉农村居民内部分化非常严重，比较明显的分为两类，一类是“上层精英”，他们个体社会资本较多，拜年网规模较大，网顶较高，交际圈子异质性强，不局限于本村，还向社区外拓展，社经地位也较高，对意识形态宣传拥有个人的判断；另一类则是“底层百姓”，他们的社交圈子多数都在村内，嵌入密网中，同质性高，交往频率高，拜年网网顶较低，社经地位也相对较低，但他们对新传统主义时期的宣传非常有认同感，嵌入在亲友密网中的人往往是后者，他们总体社会信任较低，即使和熟人互动较多，特殊信任仍然不高。那么，这种分化是什么原因造成的，与哪些因素有关系？表现出了改革开放三十年来社会转型时期的什么逻辑？又会对进一步的社会发展造成什么影响？值得我们对其内在逻辑做更进一步的探讨。

第七章

心理健康恢复情况分析

一　灾后健康的情况分析

地震不仅在生命和财产上对灾区人民造成了重大损失，而且在心理健康、社会结构等方面也产生了巨大的影响。创伤后应激障碍（post-traumatic stress disorder，PTSD）是地震等急剧、异乎寻常的创伤性事件后常见而严重的精神障碍，以反复发生的闯入性的创伤情景再现、持续的警觉性增高及对创伤相关情境的主动回避等为特征，常见的症状包括抑郁症、焦虑症、恐惧症等情绪障碍及物质滥用等（王相兰等，2008）。

出于对汶川震后居民心理健康问题的关注，本研究问卷对灾后社区居民的健康状况设有 13 道问项，如表 7－1 所示，本章正是在此基础上展开对灾区重建过程中社群社会资本对心理健康影响问题的探讨。

表 7－1　本研究问卷中的健康问项

PR03	总体而言，你最近两个星期的健康状况怎么样？是很好、比较好、不太好还是很差？	很好	1
		比较好	2
		不太好	3
		很差	4
		不知道/没有回答	9

续表

PR02XA	我们想了解您在最近两个星期的健康状况，请问您最近有没有感觉头痛或头部有被压迫？	经常 有时 偶尔 从未 不知道/没有回答	1 2 3 4 9
PR02XB	最近有没有感觉心悸或心跳加快？		
PR02XC	最近有没有感觉胸部不适或有被压迫？		
PR02XD	最近有没有感觉手脚发抖或发麻？		
PR02XE	最近有没有感觉睡不好觉？		
PR02XF	最近有没有感觉自己负担很重？		
PR02XG	最近有没有感觉和家人，亲友相处得不错？		
PR02XH	最近有没有感觉对自己没有信心？		
PR02XI	最近有没有感觉神经紧张，烦躁不安？		
PR02XJ	最近有没有对未来充满希望？		
PR02XK	最近有没有担忧家人或亲友？		
PR02XL	最近有没有感觉生活没有希望？		

（一）总体健康情况

村民的健康情况（图7－1），第一期问卷的558人中，“很好”的占21.36%，“比较好”的占比最大，为37.7%，“不太好”的位居第二，占34.8%，总体情况良好的为59.06%。第二期问卷的313人中，“很好”的占19.8%，“比较好”和“不太好”占比最高，均为35.1%，总体情况良好的为54.9%。第三期问卷的949人中，占比最高的仍为“比较好”，为40.4%，“不太好”的位居第二，占29.5%，“很好”的为25.3%，总体情况良好的为65.7%。纵观三期调研，可以发现，总体健康状况良好的被访者均达五成以上，显示了自评良好的健康状况。

追踪被访者总体健康变化情况可作趋势分析（图7－2）。回答好的人，即“很好”和“比较好”的，占比从板房时期的61.1%，降到房屋重建时期的54%，又回到重建完成后的58.3%，第三期并没有超过第一期。回答“很差”的则是从4.8%升到10.7%，在重建完成后又降到

5.2%。第三期还是没有第一期好。但大致的趋势则一致，自评的总体健康状况都是先降后升。

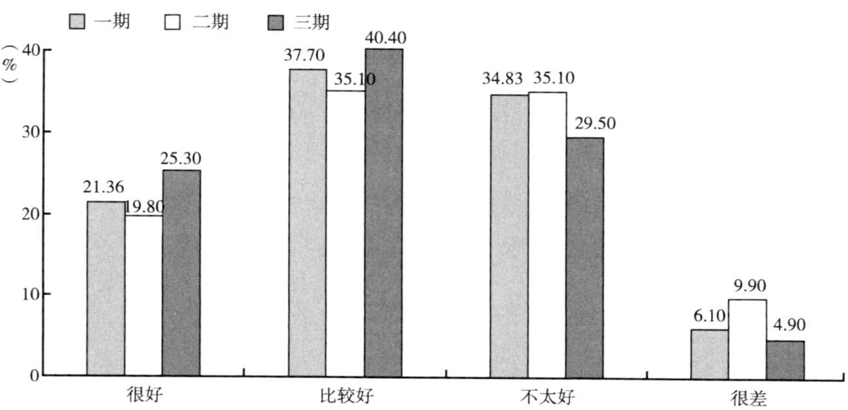

图7－1　所有被访者总体健康比例分布

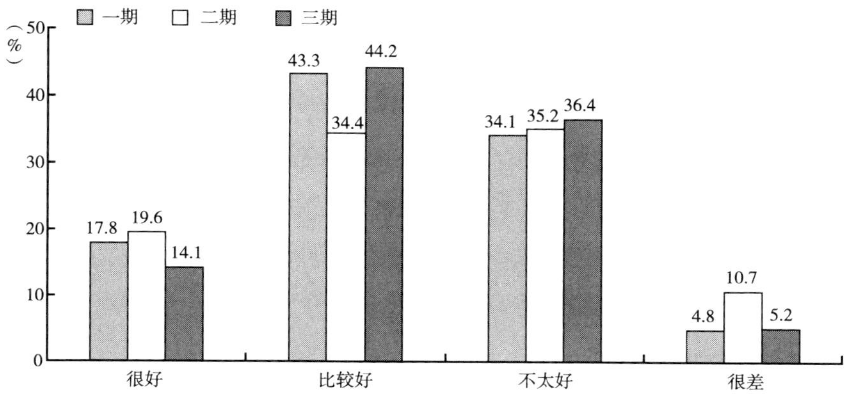

图7－2　三期追踪被访户总体健康比例分布

下面我们把所健康问项的趋势变化呈现在表7－2、表7－3和表7－4的三个表中。

表 7－2　一期村民健康情况量表

单位：%

最近两周,请问您有没有以下感觉?	1. 经常	2. 有时	3. 偶尔	4. 从未	9. 不知道/没有回答
A 头痛或头部有被压迫?	17.9	22.2	12.0	47.7	0.2
B 心悸或心跳加快?	9.3	16.3	9.5	63.6	1.3
C 胸部不适或有被压迫?	7.9	14.7	12.0	65.1	0.4
D 手脚发抖或发麻?	15.2	18.1	9.5	57.0	0.2
E 睡不好觉?	30.8	20.8	14.3	33.9	0.2
F 自己负担很重?	58.6	17.4	7.3	14.9	1.8
G 和家人、亲友相处得不错?	76.5	15.4	4.8	2.7	0.5
H 对自己没有信心?	27.1	17.4	11.6	39.6	4.3
I 神经紧张,烦躁不安?	16.5	29.9	12.9	39.1	1.6
J 对未来充满希望?	64.2	15.1	10.2	6.1	4.5
K 担忧家人或亲友?	54.1	23.1	7.7	14.3	0.7
L 生活没有希望?	9.3	13.4	11.5	64.3	1.4

一期调研中（表 7－2），从“从未”这一选项来看，C 的比例是最高的，为 65.1%，接下来依次是 L、B、D，分别是 64.3%、63.6%、57.0%。“经常”这一选项中，位居第一的是 G，为 76.5%，接下来依次是 J、F、K，分别为 64.2%、58.6%、54.1%。总体而言，灾后初期，村民的健康状况是较为良好的，出现身体不适的比例较低，且对生活、对未来充满希望。

表 7－3　二期村民健康情况量表

单位：%

最近两周,请问您有没有以下感觉?	1. 经常	2. 有时	3. 偶尔	4. 从未	9. 不知道/没有回答
A 头痛或头部有被压迫?	18.8	20.4	14.4	46.3	0.0
B 心悸或心跳加快?	11.5	15.0	9.9	63.3	0.3
C 胸部不适或有被压迫?	8.3	18.8	12.8	59.7	0.3
D 手脚发抖或发麻?	20.4	16.0	12.8	50.5	0.3
E 睡不好觉?	37.1	25.6	10.9	26.5	0.0
F 自己负担很重?	46.0	17.6	13.7	22.4	0.3

续表

最近两周,请问您有没有以下感觉?	1. 经常	2. 有时	3. 偶尔	4. 从未	9. 不知道/没有回答
G 和家人,亲友相处得不错?	88.2	8.6	0.6	1.9	0.6
H 对自己没有信心?	23.0	16.6	14.4	44.4	1.6
I 神经紧张,烦躁不安?	12.8	32.3	17.3	37.1	0.6
J 对未来充满希望?	68.1	17.3	6.1	6.1	2.6
K 担忧家人或亲友?	40.6	24.9	10.5	23.6	0.3
L 生活没有希望?	11.2	6.1	13.7	67.4	1.6

二期调研中（表7－3），从“从未”这一选项来看，L的比例是最高的，为67.4%，接下来依次是B、C、D、A，分别是63.3%、59.7%、50.5%、46.3%。“经常”这一选项中，位居第一的与一期数据一样，都是G，且由一期的76.5%上升至88.2%，其次是J，为68.1%。总体而言，相较于灾后初期，2010年时，村民的健康状况有了一定的好转，从来没有相应健康问题的人越来越多，和家人、亲友相处得不错的人则越来越多，可见，健康状况较好。

表7－4　三期村民健康情况量表

单位：%

最近两周,请问您有没有以下感觉?	1. 经常	2. 有时	3. 偶尔	4. 从未	9. 不知道/没有回答
A 头痛或头部有被压迫?	20.1	18.8	10.3	50.2	0.6
B 心悸或心跳加快?	11.0	16.9	9.1	62.0	1.1
C 胸部不适或有被压迫?	8.0	13.9	13.8	63.2	1.0
D 手脚发抖或发麻?	12.6	12.2	16.8	57.4	0.9
E 睡不好觉?	23.1	23.1	15.3	37.9	0.6
F 自己负担很重?	31.4	22.3	16.8	28.3	1.1
G 和家人、亲友相处得不错?	67.2	15.2	7.0	9.7	0.9
H 对自己没有信心?	19.7	18.0	16.8	43.2	2.3
I 神经紧张,烦躁不安?	10.5	28.2	19.6	40.6	1.0
J 对未来充满希望?	49.4	21.4	13.0	13.4	1.8
K 担忧家人或亲友?	33.6	30.8	15.1	19.3	1.2
L 生活没有希望?	7.5	10.5	17.8	61.7	2.4

三期调研中（表7-4），从“从未”这一选项来看，C的比例是最高的，为63.2%，接下来依次是B、L、D，分别是62.0%、61.7%、57.4%。“经常”这一选项中，位居第一的是G，为67.2%，位居第二的是J，占比49.4%。

（二）健康情况因子分析结果

为了方便分析，我们运用主成分分析法对关于健康的12道题目进行因子分析，分析发现三期的健康类题目均可提取出三个因子，共10道题目，从表7-5（以2012年为例）可知，其中第一个因子是前4道题，第二个因子为之后的4道题，最后一个因子是最后2道题。三个因子可分别归类为“身体健康因子”“心理健康因子”和“未来信心因子”。我们将“心理健康因子”作为代表村民心理健康的变量来进行后面的分析。让我们先来看看这三个因子的变化趋势。

表7-5 村民健康的因子分析（2012年）

	Component		
	1	2	3
最近有没有感觉头痛或头部有被压迫	.765	.045	.150
心悸或心跳加快	.816	-.018	.107
胸部不适或有被压迫	.796	.115	.028
手脚发抖或发麻	.661	.077	.110
睡不好觉	.505	.530	-.132
自己负担很重	.023	.809	.037
神经紧张，烦躁不安	.296	.638	.241
担忧家人或亲友	-.111	.664	.252
对自己没有信心	.039	.207	.820
生活没有希望	.224	.095	.801

（三）身体健康恢复情况

被访者身体健康情况的数据可见（图7－3），第一期调研中占比最高的是3.1～4.0区间，为58.1%，其次是2.1～3.0区间，为28.1%。第二期数据占比最高的是3.1～4.0区间，为55.3%，其次是2.1～3.0区间，为31.3%。第三期数据占比最高的是3.1～4.0区间，比例为60.3%，其次是2.1～3.0区间，为23.6%。3.1～4.0区间在三期调研中自始至终是占比最高的。虽然第二期较低，但总体保持在六成左右。

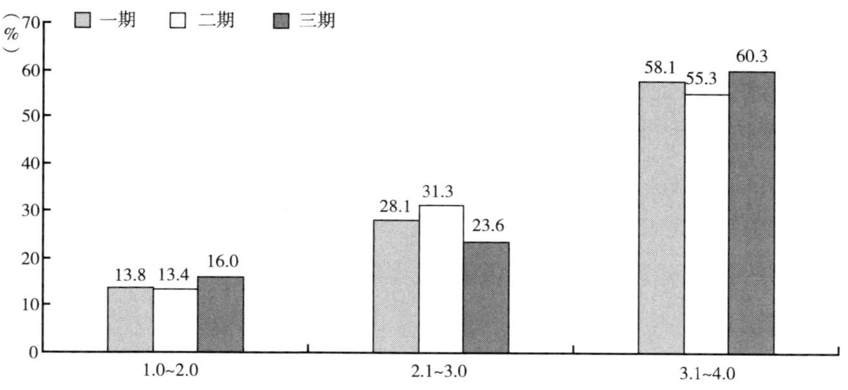

图7－3 所有被访者身体健康比例分布

追踪三期都有的资料显示（图7－4），感觉身体好的（得分在3.1～4.0之间者），也和自评总体健康的情况一致，都是先降后升，从55.2%到53.3%再升至65.0%，第三期高于第一期接近十个百分点，显示重建完成后，身体健康状况大幅度改善。感觉身体不好的（得分在1.0～2.0之间者），则和上面的趋势完全不同，而是一路向下，先是17.8%至后来的13.7%，最后降至12.3%，都是改善幅度显著。看趋势自然要看相同样本间的比较，所以从十二个村子的情况可以推断，重建过程中，灾民的身体健康状况在一路改善，先是小幅改善，后来大幅改善。但身体感觉不好的人也一直保持在10%以上。

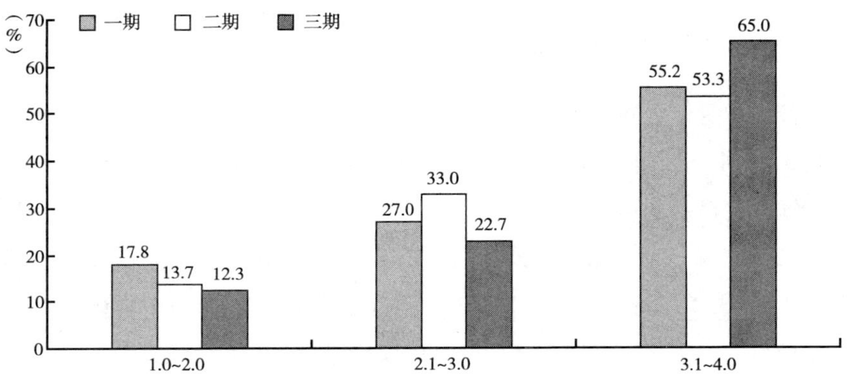

图 7－4　三期追踪被访户身体健康比例分布

（四）灾后未来信心恢复情况

被访者信心指数方面（图 7－5），三期调研中占比最高的始终是 2.1～3.0 区间，分别是61.0%、66.5%、55.2%，其次是1.0～2.0 区间，三期的比例分别是 32.6%、24.9%、25.2%。占比最小的是 3.1～4.0 区间，三期比例分别是6.5%、8.6%、19.6%。可以看到，在表达对未来生活是否有信心、有希望上，表现比较观情绪的总保持在四分之一的人，而表达乐观的基本上都只有一成，但在重建完成后，变为两成。

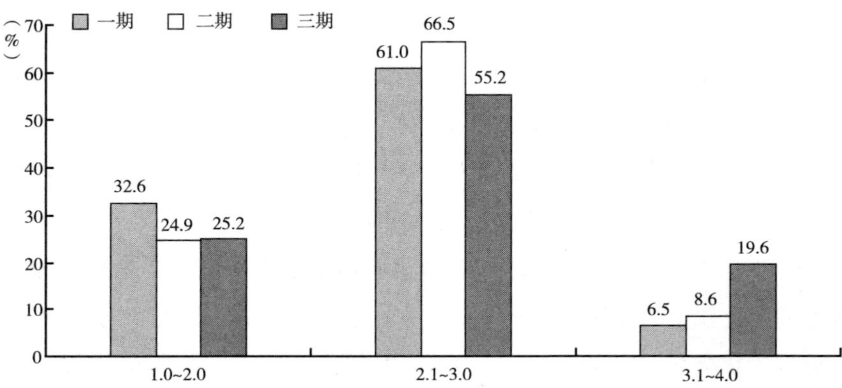

图 7－5　所有被访者信心指数比例分布

追踪被访者信心指数的变化情况可作趋势分析。表7－6显示，悲观者一路略微下滑，从28.0%降到25.6%，最后降到25.8%。而乐观者则有明显的增长，从微不足道的5.2%升至8.9%，第三期重建完成时已有13.8%，成长幅度明显。基本上，对未来的信心随着重建的展开与完成，受访者变得越来越乐观。

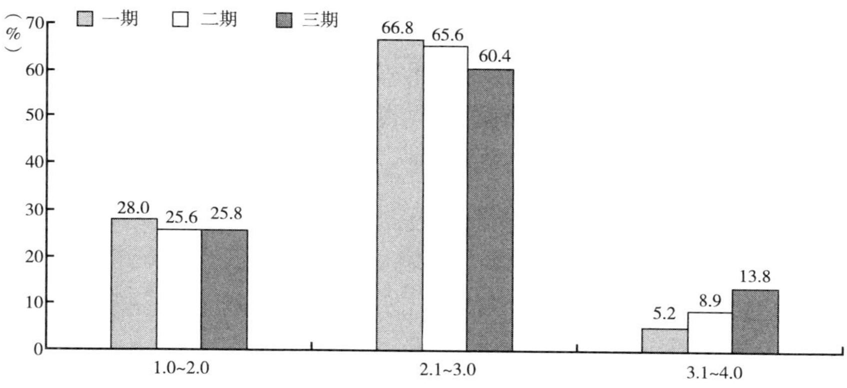

图7－6　三期追踪被访户信心指数比例分布

这章我们将重点放在心理健康的恢复上，所以下一节，我们先对心理健康的一般状况进行描述，继之对造成心理健康的原因以及带动恢复心理健康的原因进行分析。

二　心理健康恢复

（一）灾后心理健康恢复情况

心理健康情况方面（图7－7），三期调研中，占比最高的均为1.0～2.0区间，分别为50.5%、43.5%、36.8%。而占比居第二位的是2.1～3.0区间，比例分别为33.5%、33.9%、32.0%。我们可以看到，在心理健康上，和身体健康的统计刚好相反，身体健康者经常保持五成到六成，不健康者只有一成多，但属于心理不健康的人比例在灾后一年高达五成，而健康者只有16.0%，但随着灾后房屋及生活重建的展开，这个数字一路改善，最后不健康者达到36.8%，而心理健康者则占到31.2%。基本上，不健康者、普通者以及健康者几乎占比持平。

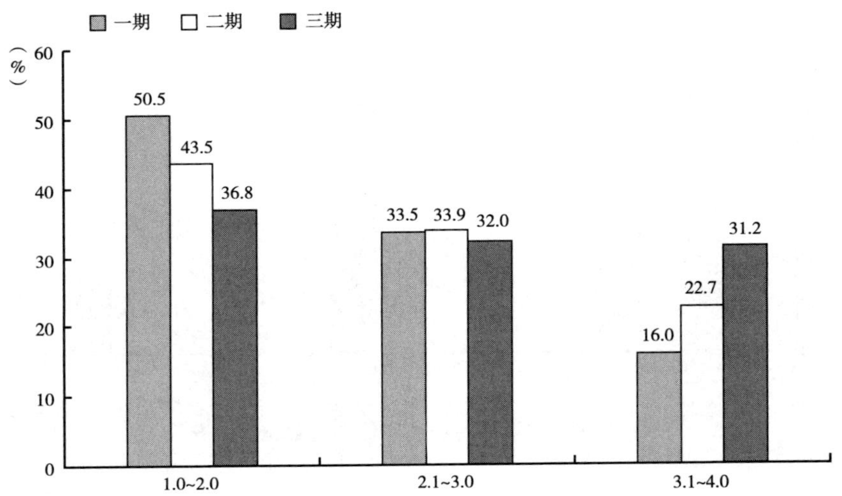

图7-7　所有被访者心理健康比例分布

要观察趋势变化，我们还需分析被长期追踪的样本（图7-8）。不健康者的改善还是明显的，从51.9%到44.4%最后到45.4%，前期改善很多，但后期几乎停滞。心理健康者则从15.6%成长到21.5，最后改善至22.3%，也是前期改善较快，后期则略有改善。这和对未来信心的改善略有不同，虽然都是一路向上的在改善，但心理健康前期改善较多，而对未来的信心后期改善较多。这似乎意味着随着重建展开，灾区的受访者就心理转向有安慰，但随着重建完成，对未来才变得更乐观。下面我们就对心理健康恢复的因素进行因果分析。

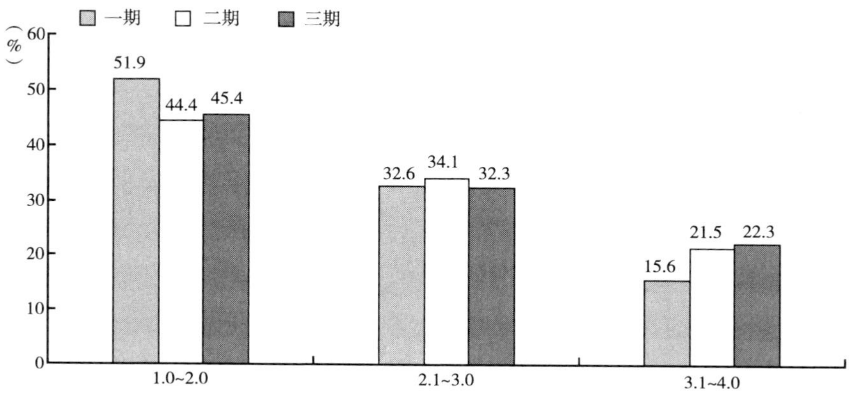

图7-8 三期追踪被访户心理健康比例分布

（二）社会支持与心理健康的关系

社会学对心理健康问题的关注可追溯到涂尔干，他在其享誉世界的《自杀论》中探讨了自杀率与社会整合的关系，而自杀正是心理健康问题的重要后果。但对心理健康问题给予更多关注和研究的是心理学和医学。最早对个体所处社群与其心理健康之间关系的研究是心理学。20世纪60年代的美国，政治上的动荡让人们承受的压力与日俱增，于是学者们开始从社会支持的角度来研究社群对个体心理健康的影响。在此后的大量研究结果表明，社会支持被视为可以减少不良精神健康状态出现的可能性（Smith，2006；Lin& Ensel，1989；Lin et al.，1985；Ensel & Lin，1991），在一定的压力下，个体收到的社会支持（包括物质上和精神上的支持）越多，其心理越健康（宫宇轩，1994）。也有一些学者强调，应考虑不同地域社会支持对心理健康影响的不同。比如对于中国城市人口，社会支持对心理健康有正向作用，而对于乡村人口来说二者间却无显著关系。

社会支持作为专业术语于20世纪70年代在精神病学领域出现（周林刚、冯建华，2005）。范德普尔认为广义的社会支持包括物质帮助、行为支持、亲密的互动、指导、反馈、正面的社会互动等六种形式（范德普尔，1994）；李强认为社会支持应该被界定为一个人通过社会联系所获得的能减轻心理应激反应、缓解精神紧张状态、提高社会适应能力的影响（李强，1998）；张文宏、阮丹青将社会支持定义为人们从社会中所得到的、来自他人的各种帮助（张文宏、阮丹青，1999）。学者们对社会支持的理解虽有分歧，但大体上可分为两类：其一是客观存在着的社会关系，包括情感网络、工具网络等；其二是主观的，个体所能认知到的社会支持（肖水源、杨德森，1987；肖水源，1994；李强，1998）。

大部分研究都证实社会支持对心理健康有影响，但对社会关系对心理健康的作用机制存有争议。缓冲器模型假设则认为社会关系对个体的支持仅在高压力下方能发挥显著的作用，减少压力事件对个体的影响，即社会支持作为社会心理刺激（或更广义的有害刺激）的缓冲因素或中介因索，对健康产生间接的保护作用（肖水源、杨德森，1987；宫宇轩，1994；李强，1998）；也有研究者认为社会支持、压力与身心健康的关系存在着复杂的交互作用，且这种影响会随着时间的改变而变化，并不是简单的直线关系，有时可能是曲线关系，有时可能是阶段性变化或有一个阈值只在其间有效的关系，提出了社会支持的动态效应模型（王雁飞，2004）。

虽然测量方法各异，但学者们普遍认为社会支持网络的规模、密度和异质性程度，社会支持力量的强度以及被支持者的个性特点均会影响社会支持对心理健康的作用（李强，1998）。社会关系包括了家庭、婚姻、朋友、非正式团体等多重社会网络。

（三）社群社会资本与心理健康的关系假设

这章将检视本书关注的主题——社会资本如何影响心理健康的恢复，包括以下三个方面。

1. 社会资本会提供社会支持，主要是其中的情感性关系。

2. 个体社会资本能提供个人较好的社经地位因此间接影响心理健康。

3. 社群社会资本能提供一个群体的归属感、认同感，因此个人有归属、心安定。

本章无意统一社会支持的测量指标，但既有研究均未对研究对象所属社区的边界进行细腻的分析，探讨的是普遍性的和一般性的问题，较少针对社群影响的分析。本章试图将研究对象限定为灾后社区居民，以自然村为边界，研究在震后这一处于特殊时期且大家彼此认识、知根知底、较为封闭的社会网络中，个体的社会支持对其心理健康的影响。

认知型社群社会资本描述了除客观存在的关系网外村民对所在社群的主观感知。

社会关系所能提供的支持可以对心理健康产生积极正面的影响，既有研究对社会支持与心理健康的作用机制给予了极大关注，但学者们对于社会支持的测量方法和指标并未达成一致。如第三章中所述，关系型社群社会资本代表了个体所处关系网的规模与每条关系的强度，相对于缓冲器模型或动态效应模型，强调主效果模型假设的研究者认为，社会关系对个体的支持具有普遍的增益效果，无论个体是否面临着压力情境，即社会支持具有独立的作用，维持个体良好的情绪体验，从而有益于健康；由于关系网的规模与强度直接决定了在社群中得到社会支持的多寡与力度，我们不难得到如下假设。

假设1：村民既有的关系网络规模对于村民的心理健康状况具有显著正向影响。

在认知维度中，我们选取了“社群归属感”这一变量来描述个体对于所处社群中关系的感知。归属感越高意味着村民越认同该社群与其内部的关系结构，反过来也说明了社群给予了村民更多的社会支持。要支持这一观点，我们需把这中间的因果推论过程说得更清楚。

因此我们得到如下假设。

假设2－1：村民对本村人的信任对村民的心理健康状况具有显著正向影响。

假设2－2：社群归属感对于村民的心理健康具有显著正向影响。

人际交往情况与心理健康紧密相关，因此个体社会资本的作用不能被忽视。事实上，一个人如果拥有较多的个体社会资本，会有较多、较好的社会支持，从而有利于心理健康。因为拥有良好个体社会资本的人，一般具有较多的强连带，他们具有较强的社交能力，能够较好地处理人际关系，合作的机会多，有利于职业生涯（Lin，1990；Bian，2002）的成功，因此比较容易保持自信和乐观，从而有利于心理健康。同样的，在中国社会中政治权力一直是一个重要的资源，村民拥有较多的政治权力的社会资本同样能带来较多资源、较好的生涯发展，因而心理较健康。因此，我们得到如下假设。

假设3：个体社会资本对心理健康有正向显著影响。

假设3－1：拜年网规模对心理健康有正向显著影响。

假设3－2：乡及乡以上干部网亲友数个体社会资本对心理健康有正向显著影响。

在社群中，村民所处网络的密度越大意味着该关系网中个体相互之间有着越紧密的联系。也就是说，更大的密度代表了与个体有直接关系的其他人亦有更大的可能属于同一个团体。但是，个体将自己封闭在某一个小圈子里的行为本身并不能决定其心理是更健康或是更不健康。有研究指出，情感性关系特征的“密网”（dense network）具有将情感性信息传播、濡染、放大的作用（Krackhardt，D. and Hanson J. R.，1993），但由于难以确定被密网放大的生活态度或情绪信息是正面的还是负面的，因此仅提出如下假设。

假设4：村民既有关系网亲友比例对于村民的心理健康具有显著影响。

下面，本章将利用“汶川地震三年期追踪调查数据”对假设进行分析，以探究在此特殊条件下社群社会资本对村民心理健康的影响。

三 分析方法与结果

在得到相关变量之后，其统计性描述如表7－6所示（以2012年数据为例）。

表7－6 变量的描述性统计（2012年）

变量名	变量类别	变量说明	均值	标准差
心理健康	定距变量	心理健康相关四道题目的均值	2.85	0.77

本章主要采取了基于最小二乘法的线性回归分析，在研究过程中我们建立了四个模型来详细探讨社会资本与心理健康之间的关系：模型一中仅含控制变量；模型二中含控制变量与个体社会资本；模型三中含控制变量与社群社会资本；模型四为全模型，含控制变量、个体社会资本与社群社会资本。在对2009年与2012年数据进行回归后，得到如表7－7与表7－8的结果。

2009年社群社会资本对心理健康的线性回归结果表明，震后初期，普遍心理健康情况较差，控制变量的年龄及认知型社群社会资本中的“社群归属感”对心理健康又有显著正向影响，即年龄越大，心理越健康，社群归属感越强，心理越健康，故假设3得到验证。

关系网亲友比例有负向效果，再次说明了在乡村社区中深深嵌入在密网中的人反而心理状况并不健康，可能与这类人是相对弱势团体有关，假设4成立。另外，拜年网规模也显著，只是与理论预期相反，是负向的。这两个效果在控制社群归属感后都消失了。

表 7－7　社群社会资本对心理健康的影响（2009 年）

	模型一	模型二	模型三	模型四
控制变量				
性别	－.045	－.048	－.029	－.036
受教育年数	.053	.065	.069	.076
婚姻	－.018	.004	－.052	－.031
党员	－.062	－.066	－.049	－.066
年龄	.128**	.119**	.092*	.079
社群社会资本				
关系网本村人总数			.018	.018
本村人信任			.035	.044
社群归属感			.163***	.169***
个体社会资本				
关系网亲友比例		－.085*		－.078
拜年网规模		－.02*		－.067
乡以上干部网亲友数		.004		.048
Adj－R2	.005	.010	.024	.029
F 值	1.464	1.598	2.382	2.187
N	464	462	444	442

表 7－8　社群社会资本对心理健康的影响（2012 年）

	模型一	模型二	模型三	模型四
控制变量				
性别	－.004	－.019	－.009	－.022
受教育年数	.180***	.156***	.192***	.163***
婚姻	－.039	－.029	－.046	－.033
党员	.072*	.060	.066	.055
年龄	－.045	－.003	－.049	－.015
社群社会资本				
关系网本村人总数			－.017	－.033
本村人信任			.059	.049
社群归属感			.050	.038
个体社会资本				
关系网亲友比例		－.092**		－.091**
拜年网规模		.116***		.117***
乡以上干部网亲友数		.071*		.063
Adj－R2	.047	.070	.049	.029
F 值	6.436	6.180	4.547	2.187
N	555	555	552	442

由上面的结果我们可以看出，在震后的2012年，控制变量中的受教育年数以及个体社会资本中的“拜年网规模”对村民的心理健康产生了显著的正影响，假设3－1被肯证，“关系网亲友比例”则对心理健康产生了显著负向影响。也就是说，受教育程度越高、拜年网规模越大的村民，心理越健康，关系网亲友比例越高，则心理健康状况越差，假设4再次成立，进而再度证明了深深嵌入在密网中的多是弱势之人。乡与乡以上干部网亲友数在模型二中正向显著，假设3－2成立，但此一效果在全模型中被控制住了。

四　结论与讨论

汶川地震刚刚结束的2009年，在强大外力的作用下，原有的社会关系结构受到重大的冲击，个体在此冲击下的心理健康普遍不佳，除了地震本身影响之外，也仅与年龄及认知型社群社会资本的社群归属感有关，个体社会资本的变量没有显著影响。到了2012年，回归结果发生了明显的变化：社群社会资本变得不显著，而个体社会资本中的拜年网规模、关系网亲友比例开始变得显著起来，乡与乡以上干部网亲友数在部分模型中也正向显著，受教育程度也对心理健康产生显著性影响。通过比较2009年和2012年的回归结果可以发现，在震后初期，仅社群社会资本对心理健康有显著影响，而到了灾后恢复完成，社群社会资本的影响不再显著，个体社会资本对心理健康的作用变得重要，在社会上有强势地位的人，即人脉广，教育水平高，拥有政治权力关系多的人心理较健康。但是，关系网亲友比例对心理健康却有负向的显著作用，这是为什么呢？

我们在震后灾区的调研中发现，被调研的村子中有很明显的社会分层现象：村中社会地位较高的人进行抱团，形成独立于其他村民的小团体；作为村子中的大多数，普通村民内部也只好广泛建立关系，组成“失败者联盟”。与前一种精英团体相比，后一种小圈子在村子内有着更多的人数，更紧密的连带，更低的社经地位。若单从社会网络关系与网络结构上看，后一种小圈子里的人当然有着更高的关系网密度，但是由于内部成员地位较低，生活条件更差，压力更大，权益更难得到保障，心理健康程度自然就更低了。

村内精英的抱团纵然对低社会地位者的小团体起到了重要的催化作用，然而后者的产生更多的是村内低社会地位者我选择的结果。选择与自己社会地位相似的村民进行交往一方面可以在情感上找到与自己立场一致的支持者，但另一方面也减少了自己与其他高收入者交流、建立关系的机会；小团体的建立更是让村民把自己封闭起来，与外界改变自我的机会隔绝。而这种封闭而紧密的小圈子进一步加速了悲观、压力等对心理健康产生负面影响的情绪。这也解释了为什么结构型社群社会资本较高的人心理健康状况较差。在这里，我们可以看到个体社会资本中强连带优势假设与弱连带优势假设的争论中，在中国四川灾区的乡村社区中，在社区中明显可见嵌入强关系多的密网中对个人似乎不带来什么优势。

另外，针对板房区时期，社群社会资本还是重要的影响心理健康的因素，但到了生活恢复正常后，为什么效果就不见了？我们知道在重建完成后，影响个人获取资源的因素最能影响心理健康，所以针对2012年村民的社群社会资本与社会地位的重要指标之一的受教育程度做了相关性分析，结果如下表7－9所示。

表7－9　社群社会资本与受教育程度的相关性（2012年）

	教　育
关系网本村人总数	－.019
本村人信任	－.102**
社群归属感	－.119***

***：在0.01水平（双侧）上显著相关，**：在0.05水平（双侧）上显著相关。
*：在0.1水平（双侧）上显著相关。

从分析中可知，受教育程度与本村人信任、社群归属感等社群社会资本变量均呈显著的负相关。也就是说，在村子里越是生活条件相对较好，受过更多教育的人越不喜欢与其他村民在一起抱团，故猜想得到验证。因此，虽然回归的结果似乎未显现出社群社会资本不利于心理健康这一结论，然而本来依照理论在社区中得到较多支持的人应该心理较健康，回归结果却显出不相关，这现象背后真正的原因却可能是由低社会地位者抱团既提高了自身的社群社会资本，却不利于自身生活及社经发展的提升，造成的负面效果抵消了正面效果。这样的诠释值得我们进一步研究。

类似的情况也反应在个体社会资本上，在乡村中嵌入在亲友密网中的人的心理健康状况反而明显地越差。造成这一现象可能的原因之一，可能与乡村中普遍存在着的弱势群体抱团现象有关。在震后乡村中社会地位较低的群体会自发地形成高度紧密的小团体，个体在小团体内有着较强的连带强度，不是亲戚就是好友，但是由于自身的地位较低，生活压力依然造成团体内的成员拥有较低的心理健康水平。

我们在研究仍存在着许多缺陷：在数据收集方面，被调查乡村的选取由于许多其他因素不是按照随机抽样来得到；在调查问卷中，关于心理健康的问题比较少，并不能准确而全面的评价村民的心理健康状况。由于本章侧重于探究村民在本村内的关系网络与其心理健康的关系，对高心理健康人群的村外关系网络并没有进行深入探讨，仅用了“乡及乡以上干部网亲友数”这一变量进行描述，因此得出的猜想与已有的“社会支持有助于心理健康”这一经典结论并不直接矛盾——也许高心理健康人群在村外有着更多的关系连带与更强的关系强度。但仅从社群社会资本的角度出发，单纯的乡村内部社群社会资本并不直接带来更健康的心理状态，反而是能帮自己获得更多社会资源这一因素在重建完成后更为重要。

第三编

对政府态度变化情况的分析

第八章

村民对政府满意度的变化分析

一　对政府信任的变化

（一）对基层政府的信任

被访者对基层政府的信任（图8－1），第一期数据中，占比最高的是4.1～5.0区间，比例为41.5%，其次为3.1～4.0区间，占38.8%，两区间之和为80.3%。第二期数据中，占比最高的区间为3.1～4.0，为36.0%，其次为2.1～3.0区间，为33.4%，3.1～5.0占比为57.4%。第三期数据占比最高的区间为3.1～4.0，为33.1%，其次为2.1～3.0区

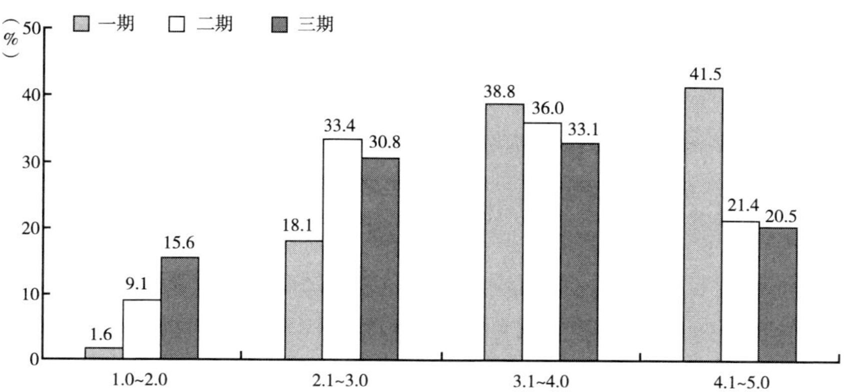

图8－1　所有被访者基层政府信任比例分布

间，为30.8%，3.1～5.0占比为53.6%。

被访户基层政府信任的三期追踪数据可作趋势分析（图8－2）。三期追踪数据显示，总体呈上升态势的区间是1.0～3.0，总体呈下降态势的区间是3.1～5.0，这意味着，2009～2012年，对基层政府信任度较低的比例稳步攀升，而信任度高的比例则在不断下降。因此，总体趋势是基础政府信任度不断走低。而其中最为值得关注的是4.1～5.0区间的高信任度分值变化情况，从2009年的42%发展到2012年的9.3%，这种下降速度可谓一日千里，降幅如此之大，值得深入分析及世人警醒。

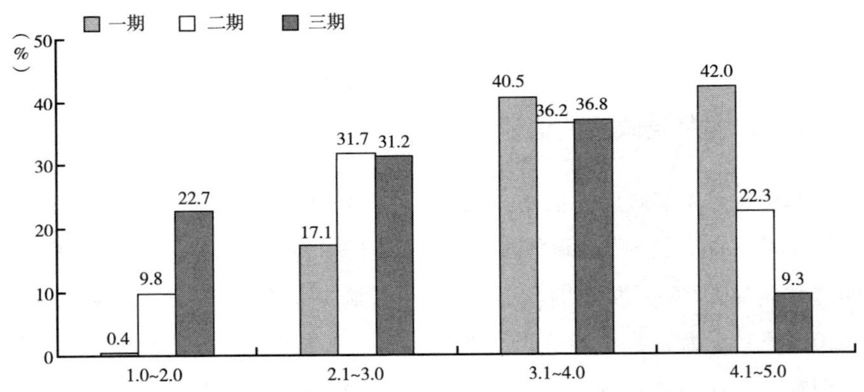

图8－2　追踪被访户基层政府信任比例分布

基层政府直接面对村民，需要处理许多具体问题和矛盾，因而灾民容易对其留下负面印象，进而产生不满意和不信任感。如何防止基层政府信任一降再降，并使其不危及高层政府信任，是健全和完善我国治理体系的关键议题。

（二）对高层政府的信任

高层政府信任方面（图8－3），一期数据占比最高的为4.1～5.0区间，达93.9%，其次为3.1～4.0区间，为5.2%。二期和三期数据占比最高的也均是4.1～5.0区间，比例分别为89%、66.6%。可以看到，村民对高层政府一直具有相当高的信任度，比基层政府信任度高出很多。

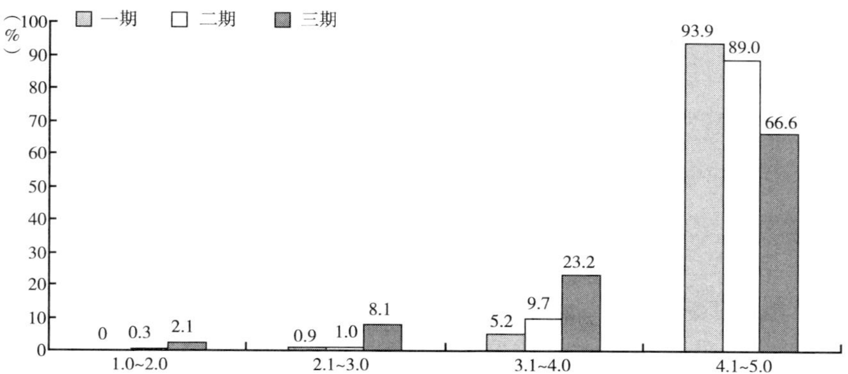

图8-3　所有被访者高层政府信任比例分布

追踪数据显示（图8-4），从2009～2012年，对高层政府信任度较低的比例，即1.0～4.0区间稳步攀升，而信任度高的比例，即4.1～5.0区间则在不断下降。因此，总体趋势是高层政府信任度不断走低。而其中最为值得关注的是4.1～5.0区间的高信任度分值变化情况，综合数据和追踪数据的跌幅均非常的大，二者从2009年的93%左右发展到2012年的60%上下。

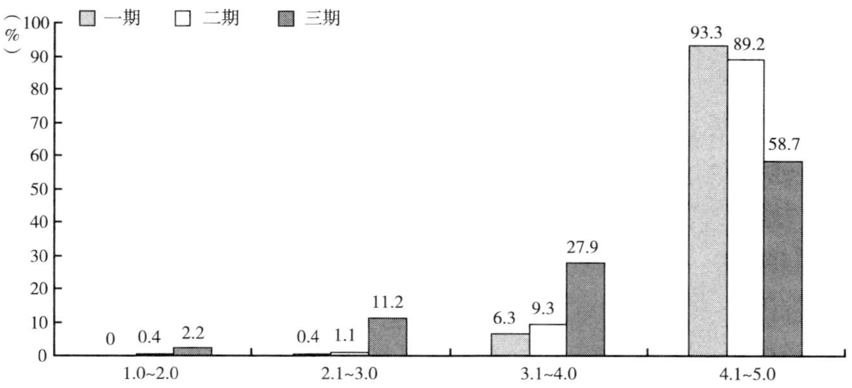

图8-4　追踪被访户高层政府信任比例分布

一场大灾难通常会导致社会结构和秩序的改变，从而也会带来人们社会心理的改变。高层政府信任的急剧下降是一个危险是信号，应该引起执政党和政府的警惕。

二 社会资本对政府满意度的影响

（一）引言

在汶川地震之后，各级政府都投入了大量的人力物力进行灾后的抢救、重建，但是从已有的研究发现，对于政府的满意度却出现了下降（张欢等，2008）。为什么政府投入了如此多心力的灾后工作却难以得到持续而高位的满意度呢？要探究这个问题，需要回到最根本的问题——哪些因素影响政府满意度？

在关于政府满意度的已有研究中，大量的研究由心理学、政治学和信息科学的学者所完成，关注点多是放在测评政府满意度，大量的工作投入到如何修正、完善政府满意度评价量表。

其中，政府绩效以及公众期望是最常见的分析政府满意度的因素。关注政府绩效影响政府满意度的研究仅仅是从政府因素来解释政府因素，忽视了作为政府重要的互动方的公众所具有的因素才是影响其对政府满意度的最重要因素。将公众期望作为政府满意度最重要影响因素的理论流派“期望差异理论”（Expectancy-Disconfirmation Model，简称 EDM）则是将公众对政府过高期望的未实现作为政府满意度的重要解释变量。其他的研究也加入了个人属性来解释政府满意度。

这些研究集中在个人认知层面的因素，较少人际间的关系层面因素，正如 Granovettor（1985）所言，社会网络是连接宏观与微观的重要理论与方法视角。基于社会网络结构因素以及关系因素所形成的社会资本对于个体认知有着重要影响。但是现有研究却少有关注社会资本对于政府满意度的影响，更为遗憾的是很少研究解释受到灾害冲击的非常规社会系统中社会资本如何影响政府满意度的变迁。

基于此，本章探究汶川地震后不同时间段社群社会资本和个体社会资本对于不同层级政府满意度的影响，将首先回顾有关政府满意度与社会资本的相关研究，以此为基础提出研究假设，再分析多元线性回归结果，最后提出社会资本对政府满意度的理论及实践启示。

（二）政府满意度的描述性统计

从表8－1“社会信任和对政府工作观感”问卷内容的分析数据中可以看到，从高层到基层，政府满意度逐渐下降。比较2009年与2012年，重建后的2012年满意度也明显低于重建开始前居民主要住在板房区的时候。为了更好地利用数据，本研究将所有因变量和自变量的缺失值都使用均值替换法进行替换修正。分析结果可以看出以下两点：一方面，对各级政府的满意度，村民的总体趋势是“央强地弱”，即对高层政府的满意度相对更高，而对基层政府的满意度则相对更低，呈现出从基层到高层的倒金字塔结构（见表8－2、表8－3和表8－4）。

表8－1 问卷中社会信任和对政府工作观感的问项

PR04	目前为止，你对中央政府的满意程度	1 很满意
B1	你对省政府的满意程度	2 比较满意
C1	你对市/县政府的满意程度	3 不太满意
D1	你对乡/镇/街道政府的满意程度	4 很不满意
E1	你对村/居委会等基层组织的满意程度	9 不知道/没有回答

表8－2 一期被访者对政府工作满意度比例分布表

单位：%

	很满意	比较满意	不太满意	很不满意	不知道/没有回答
A 中央政府	93.7	5.4	0.9	—	—
B 省政府	83.2	14.0	1.4	—	1.4
C 市/县政府	45.9	33.2	14.0	2.0	5.0
D 乡/镇政府	19.9	36.6	24.9	12.5	6.1

表 8－3　二期被访者对政府工作满意度比例分布表

单位：%

	很满意	比较满意	不太满意	很不满意	不知道/没有回答
A 中央政府	67.4	8.9	0.6	—	23.0
B 省政府	49.8	22.4	2.9	0.6	24.2
C 市/县政府	22.7	25.9	18.5	6.7	26.2
D 乡/镇政府	8.9	25.2	25.2	16.9	23.6
E 村/居委会	8.6	25.2	21.7	19.2	25.3

表 8－4　三期被访者对政府工作满意度比例分布表

单位：%

	很满意	比较满意	不太满意	很不满意	不知道/没有回答
A 中央政府	63.1	33.5	2.2	0.3	0.9
B 省政府	37.6	53.0	5.8	2.0	1.7
C 市/县政府	22.6	40.4	28.9	6.6	1.6
D 乡/镇政府	13.6	32.5	33.5	18.5	1.9
E 村/居委会	13.5	29.7	33.6	21.2	2.0

另一方面，村民对各级政府“很满意”的比例在第三期比第一期明显低了很多。在下降幅度方面，因为中央政府和省政府的起点较高，这两期相比，下降的幅度特别的大，而市/县政府与乡/镇政府，虽然也在逐渐下降，但因起点本就已经很低，所以下降的绝对幅度比高层政府小很多。

我们知道，政府工作满意度与政府信任密切相关，当政府满意度滑坡严重时，政府信任度也会日益流失。综合以上两点，可以发现，当政府满意度呈现央强地弱且各级政府满意度大幅下降之际，整个社会是面临很大的信任危机风险的。

（三）理论探究与研究假设

1. 政府满意度

学术界有大量关于满意度的研究，不过更多是关注经济和社会层面，比如说工作满意度（Locke，1976；Davis，1977）、生活满意度（Requena，2003；Haller et al.，2006）、社区生活满意度（Auh et al.，2009）等。20世纪80年代西方国家兴起“新公共管理”运动，西方各国政府从“以政府为中心”向“以满足人民需求为中心”转变（蒋冬青、姜原成，2009），公众对政府的满意度才被格外强调，以期使得公众对政府的满意度成为评估政府绩效的主要依据（蔡立辉，2003）。

政府满意度研究的焦点更多是其测量方法，其中最为重要的是1999年由美国密歇根大学和美国质量协会发起的美国用户满意度指数（American Customer Satisfaction Index Model，简称ACSI）。该模型认为影响公众对政府的满意度的两个主要因素是公众对政府工作的感知质量以及公众对政府工作质量的预期。有大量的研究将ACSI及其他测评满意度模型应用于测评公众对政府服务的满意度，比如对亚太六国国民政府满意度的研究（王正绪，2011）、应用ACSI调查纽约公众对当地政府服务满意度评价（Van Ryzin，2004），以及应用ACSI测评汶川地震后灾区群众对政府的满意度（张欢等，2008）。这些测评更多的工作在于不断找出最影响政府满意度的政府服务方面，比如认为地铁服务等公共服务的满意度会对政府整体工作满意度产生重要影响（Van Ryzin，2004）。对政府满意度的测评更多是聚焦于对正常状态中的政府的满意度，比如对广州21个地级市政府整体绩效进行评价（郑方辉、王绯，2008）等，但少有对灾后政府满意度的测评，受到灾害严重干扰的社会系统中公众对政府的满意度有哪些变化，受哪些因素影响等却很少被探究。

相比较于测评，对政府满意度更为重要的研究在于考察影响政府满意度的因素。概括而言，在已有的研究中，学者们主要考察三个方面的因素：第一个方面是公众对政府工作质量或者政府绩效的感知；第二个方面是公众对政府工作的期望；第三个方面是公众的个人属性。

就第一个方面而言，所谓对政府工作质量或者政府绩效的感知，有别于政府实际的工作质量或者绩效，前者是后者经过公众的认知加工而形成的。通常政府实施管理策略，得到实际的绩效，经过公众的认知加工成为被感知的绩效，从而影响公众对政府工作的满意度（Van Ryzin，2007）。有不少的文章考察政府绩效对公众满意度的影响：北师大研究团队考察汶川地震灾后的应急处置阶段和重建阶段当地基层政府的绩效对于受灾群众对政府的满意度的影响，认为无论是哪一阶段，基层政府的工作能力都是影响群众对其满意度的关键影响因素，但工作效率对其满意度的影响并不显著，得出政府办事不应该操之过急而应稳扎稳打的建议（陆奇斌等，2010）；美国学者考察纽约市政府在各项服务中的绩效对于民众对纽约地方政府服务满意度的影响，认为政府在一些关键性民生保障方面的绩效极大地影响公众对政府的满意度，从而得出政府应该提高关键领域的工作绩效以提升政府满意度（Van Ryzin et al.，2004）；还有学者对德国政府满意度进行研究，分析得出政府在推动经济增长方面的绩效极大地影响了公众对其的满意度，并分析了东德和西德政府绩效的不同带来政府满意度的差异（Cusack，1999）；更有学者通过实验的方式考察有关当地政府绩效的信息是如何影响公众对政府的满意度，认为在实验室模拟环境中政府绩效对于公众形成满意度有重要影响（James，2010）。

对政府满意度影响因素研究的第二个方面是关注民众的认知落差是如何影响其对政府的满意度。满意度往往来自于期望与实际的没有落差，工作场域如此（Porter et al.，1968），消费者满意亦然（Oliver，1980）。作为ASCI模型的第二个重要解释变量，认知落差的含义是公众对于政府工作有着预设性的期望，这种期望与政府实际工作的成效之间的差异对政府满意度有着重要影响（张欢等，2008）。“期望差异理论”正是研究公众期望与政府满意度关系的主要流派，研究者认为公众期望是解释政府满意度最主要的因素，当公众期望高于政府实际工作成效时，会对政府产生一定的不满意，形成对政府工作的抱怨，从而降低其对政府的满意度（Van Ryzin，2004）。心理学的学者们对政府满意度的研究大多强调认知落差对其的影响。研究纽约公众对于当地政府的满意度发现，公众对当地政府期望与政府实际工作效果的差异成为影响对纽约都市服务质量的满意度评价，从而建议当地管理者应该将着眼点从聚焦提供高质量服务转向对促进公众形成对政府工作的合理期望（Van Ryzin，2004）。除了在都市的研究，学者也关注乡村中公众期望与政府满意度的关系，比如在对勒文森（Lavasan）村庄的当地政府研究中，研究者使用了多个模型，分析不同的测评满意度的模型对满意度的影响，但是无论是哪一种模型，都更多是关注公众对政府工作实效的期望对政府满意度的影响（Salehi et al.，2012）。除了前面两个研究都将着眼点放于考察民众认知落差与地方政府的满意度关系，还有研究关注更高层面的政府，比如将 EDM 应用于研究认知落差对美国联邦政府满意度的研究（Morgeson Ⅲ，2012）。在研究方法上，对认知落差的研究从访谈法（Van Ryzin，2005）逐渐发展到大规模的量化研究，并依托互联网使用实验法来考察认知落差与政府满意度关系，不断验证“期望差异理论”（Van Ryzin，2013）。在国内研究中，北师大研究团队对汶川地震后灾区民众的政府满意度研究中发现，民众对于政府灾后的工作的满意度随着时间的推移呈现下降趋势，造成这种下降的最主要因素是灾区的民众对政府工作有着“不恰当”的过高的期望，从而高于政府实际工作成效，形成心理落差和不满感，因此从政策上建议政府不仅要做好灾后的重建管理工作，更重要的是对灾区民众对其工作成效的期望进行有效管理（张欢等，2008）。

另外，公众社会性因素也被纳入到针对政府满意度的学术研究的范畴之中。传统的社会学研究主要考察个人属性对政府满意度的影响，例如国外的研究中，种族被纳入对政府满意度影响因素的考量（Forgette et al.，2008）。但是总体来看，国外的研究更多是将个人属性作为控制变量而不是重要的影响因素。在国内的研究中，在探究中国中产阶层的政治态度研究中，研究者考察年龄、收入、党员身份对政府满意度的影响，发现人们的收入越高，表明其在现有的制度中获得收益越多，从而形成对现有制度的支持和拥护，形成越高的政府满意度（张翼，2008）；对中国农民工对政府工作满意度的研究则更多将解释因素归结于农民工对自身境遇的归因、农民工的权利意识和生活期望、农民工的比较参照群体（李培林、李炜，2007）。还有研究将教育、城乡差异等因素纳入到对政府满意度的考量之中（Saich，2006）。但是这些社会性因素的考虑更多停留在个人层面，而忽视了人际关系及社会网结构因素对政府满意度的影响。

Granovettor（1973）提出对关系形态因素的考量可以很好地联结个体微观层面和宏观层面。作为关系与结构属性的重要方面——社会资本，可以很好地被用于探讨不同人际关系形态如何影响公众对政府的满意度，所以本章将通过社会资本来透视其对政府满意度的影响可以帮助扩大过去已有关于政府满意度理论探讨的分析框架

2. 社会资本

（1）社群社会资本的影响

在关注社群社会资本影响的研究中，已经有大量研究表明社群社会资本对增强社区凝聚力、活力、促进社区自组织、灾后恢复、促进居民对政府信任等有着积极作用。托克维尔在研究美国民主政治发现社区之中依据平等、信仰和合作形成的社会支持促进了公民精神的发育和美国民主政治的发展（Tocqueville，2004）。普特南在对美国和意大利民主政治的研究中发展了这一论断，认为依据于社会组织之中的信任、规范和网络所形成的社会资本可以推动社会集体行动的协调性和效率性，从而使得一个社会更加有活力（Putnam，1993）。普特南通过美国公民在参加志愿性组织和对政治信任的表达等指标分析美国社会资本的状况，得出 1960～1990 年美国社会资本状况下降影响美国社会的良性发展结论（Putnam，1995a；

1995b)。奥斯特罗姆（Ostrom）对自治理（self-governance）的研究发现，在社区中依赖于良好社会资本形成的监督、声誉、信任、互惠机制对于自治理的成功有着至关重要的作用，良好的社会资本是社区能够建立自治理机制最为重要的前提条件（Ostrom，1990，2008；Ostrom et al.，1994）。在国内居民对政府信任的研究中，胡荣等（2011）基于对厦门市居民的问卷调查，分析社会资本和政府绩效对于居民的政府信任的影响，发现社团参与、社会信任和公共事务参与这三个方面所构成的社会资本对于居民的政府信任有着积极影响。但是社群社会资本并不总是起着积极的作用。

针对社群社会资本的灾后重建研究，赵延东（2007）基于西部 11 个省、市、自治区的大规模入户问卷调查的研究也得到相似的结论，宏观的社群社会资本对于灾后经济恢复有着直接的积极影响，并且对于灾民获得灾后支持有着积极作用，因为更加积极地参与社会活动有助于居民获得更多的外部资源，从而有利于获得灾后恢复。

Granovettor 在研究求职过程中的关系区分出强关系和弱关系，认为弱关系能够带来更多信息，而强关系可以带来更多信任（Granovettor，1973)。费孝通在《乡土中国》描述了依靠血缘、地缘形成的关系为连接纽带，中国传统农村构建起强关系主导下的熟人社会（费孝通，1985)。在一个强连带很多的社区中，信任感强，容易组织出集体行动以创造社区集体利益（Coleman，1966，1990)。在汶川地震后的乡村社区中，由于灾害的破坏性作用，人与人之间原本强连接的关系更容易因为灾害而变得更为紧密，关系的加强带来个体对社区更多的信任。从板房区的灾后安置开始到重建完成，政府落实了一系列的救灾、接济、重建、贷款的政策，落实的过程都是经由社区自治干部组织居民进行的，所以一个社区内关系紧密，对社区成员信任的人，可以促进和更多当地人互动，从而获得更多信息，进而得到更多的外部资源，因此人际关系的加强可以促进对政府工作的接触，得到更多的信息分享与物质资源供给，从而对政府有更多的满意度。由此可以得出第一个假设。

H1：关系型社群社会资本越多，灾后居民的政府满意度越高。

如前所述，在灾后的环境中大量的政府资源会与社区对接，在社区集体努力下，居民之间合作行为越多，对接资源、从事重建的效果也会较好，而一个人如果深深嵌入在这张密网中，当灾后政府重建工作进行时，就更容易获得重建工作的信息与资源，参与重建的集体行动，从而带来对政府满意度的提升。以往的研究发现对社区有较强的认同感更能获得社会支持、形成更高的凝聚力，从而实现灾后更好的重建。比如派特森等（Patterson et al.，2010）对美国卡崔娜飓风灾害的研究发现，南路易斯安那地区的犹太人社区成员有很强的社区认同感，形成较高的凝聚力，在飓风灾害发生后能快速进行自组织的重建。有更高社区认同感的行动者，往往凝聚力极强，在灾难发生后能够迅速自组织起来，通过集体性的志愿者活动迅速实现灾后社区的重建恢复。学者将这种对社区的认同和归属感归为认知型社会资本，认为其有利于形成共同受益的集体行动（Nahapiet et al.，1998），从而能够迅速将灾后政府的重建工作内化为有益于社区发展的行动，真正使得社区整体以及每个个体获得益处，从而使得政府重建工作的效益得到提升，促进对政府工作的满意度。因此可以得出第二组假设。

H2：认知型社群社会资本越高，灾后居民的政府满意度越高。

H2a：本村人信任越高，灾后居民的政府满意度越高。

H2b：社群归属感越高，灾后居民的政府满意度越高。

（2）个体社会资本的影响

林南的研究发现，行动者通过个体社会资本获得其嵌入在社会网络中的资源，从而取得工具性以及情感性的收益（Lin，2001）。根据张文宏的总结，对个体社会资本研究的焦点在于个人如何通过在社会关系中的投资从而获得个体社会资本，以及个人如何通过社会资本获得资源以及其所产生的回报（张文宏，2003）。已有的研究发现，个体社会资本有利于工作机会的获取（Granovetter，1973；Bian，1997），也有利于企业主经济利益的增长（边燕杰、丘海雄，2000）。

个体社会资本对于居民对政府的满意度有着重要影响。在政府介入力量强大的中国乡村，测量个体社会资本还有一个重要的因素，即所认识的干部人数，往往认识干部越多、特别是干部中自己的亲友越多，越容易形成强大的个体社会资本（罗家德、方震平，2013）。干部网越好，则表明个人的社会资本越高，而在政府中亲友或者认识官员越多，则越容易得到在救灾或重建过程中政府提供的资源，并形成对政府的认可，从而对政府的满意度也得以提升。

同样的，拜年网越好，则表明个体社会资本越高，拥有与其他人较多、较为紧密的工具性或者情感性关系，易于获取更多的信息与资源，从而越容易有能力获取政府灾后重建的各项好处，因此对政府形成较高的满意度。

如前几章所述，网络密度是重要的因素。Granovettor（1985）提出嵌入性的概念，认为如果每一个人高度嵌入的社会网络中，则该社会网络会形成密度较大且较为封闭的网络（Granovetter，1973），而如果每一个人低度嵌入的社会网络中，则该社会网络会形成更多断裂性结构的网络，较为开放，这就是所谓的密网与疏网（Granovetter，2002）。密网的特点是密度高、封闭性强，内部的个人行动者互相认识，从而形成成员之间的相互监督，构成较为强大的社会舆论监督场域，形成更多的有承诺的关系（committed relations）（Yamagishi and Yamagishi，1994），有更强的信任。同时，密网中的关系一般而言非常紧密，因此这种信任更多是以情感关系为基础的信任即使是长期工具性交换的关系，久而久之，也会发展出情感性的内涵（Granovetter，forthcoming）。这种情况在中国社会尤其如此，罗家德比较中国人与西方人的信任发现，西方人的关系型信任更多是基于工具性或者互惠性的信任，而嵌入于传统差序格局之中的中国人的信任则更多是基于带有情感性因素的人情交换关系（Luo，2005），也就是情感性与工具性混合的混合性关系（Hwang，1987）。一个人的社会网如果封闭性较强，人数较有限，利益涉及范围较清楚，可以在较长时期中产生合作行为（Ostrom，1990；Ostrom，et. al.，1994），这类合作行为可以更好地对接政府在重建过程中提供的资料，增加重建的效果从而增强对政府的满意。

但另一方面，关系网密度高又存在一个悖论，在第四与第六章的分析中，关系网亲友比例高都是负向影响参与政府组织的救灾或重建活动以及心理健康，我们的诠释是身陷密网的人在今日的乡村社会中也是一个社经地位相对弱势的团体，因此此一团体应该对接政府资源的能力较弱，从此一角度看，密网该是负向影响政府满意度。下面的假设我们将此并陈，所以先不评估其正向、负向效果。

综合以往的研究，本章将个人拜年网、关系网和干部网作为构成个体社会资本的重要三个构面，将在后文变量操作化中进一步细化，在此形成第三组假设。

H3：个体社会资本越高，灾后居民的政府满意度越高。

H3a：乡与乡以上干部网亲友数多则灾后居民的政府满意度越高。

H3b：拜年网规模大则灾后居民的政府满意度越高。

H3c：关系网亲友比例会影响灾后居民的政府满意度。

政府层级的不同也会产生不一样的效果。学术界对政府的研究发现，在评估政府表现时，居民对不同级别的政府态度截然不同，政府层级越低，民众对政府的满意度越低，对中央政府的满意度很高，而随着政府级别的降低，对政府的满意度逐渐下降，民众对最底层政府最为不满（Saich，2006）。因此在考量社会资本对政府信任的影响时，本章也将对不同层级政府进行有区别性的分析。

3. 控制变量

已有的研究同时已经将年龄、收入、党员身份、教育等个人属性纳入到对政府满意度的考量，本章也将延续已有的研究，将年龄、收入、党员身份、教育以及婚姻状况与生活满意度、政府公平性评价一起作为控制变量来考察社群社会资本、个体社会资本对于灾后居民政府满意度的影响。以下将说明具体的研究方法和操作化过程。

（三）研究方法与操作化过程

本章探讨的是个体社会资本与社群社会资本对于政府满意度的影响，因此将政府满意度设为因变量。关于政府满意度，调查问卷中所使用的问项包含“很满意”“满意”“不太满意”“很不满意”这些4分变量，依次赋值为1、2、3、4，但为了使用更符合常识的思路来进行阐述研究结果，将其赋值在数据处理中重新赋值为4、3、2、1，另外还有一项为“不知道/没有回答”，赋值为9，排除在我们的分析之外。所涉及的具体对象包括中央政府、省政府、市/县政府、乡/镇/街道、村/居委会等基层组织。

为了方便对政府满意度进行量化分析，本研究运用主成分分析法对5层政府满意度题目进行因子分析，由表8－5分析可知，2009年数据和2012年数据都提取出两个因子，一个因子是基层政府满意度，一个因子是高层政府满意度。因此本章将使用这两个因子内部的平均值作为因变量，即第一个因变量是基层政府满意度，其等于市/县政府满意度、乡/镇/街道满意度、村/居委会等基层组织满意度的均值，第二个因变量是高层政府满意度，其等于中央政府满意度和省政府满意度的均值。

表8－5　2009年和2012年灾后居民政府满意度的因子分析

	2009		2012	
	因子1	因子2	因子1	因子2
项目说明	基层政府满意度	高层政府满意度	基层政府满意度	高层政府满意度
你对目前各级政府的满意程度	旋转成分矩阵		旋转成分矩阵	
中央政府	－0.067	0.857	－0.043	0.913
省政府	0.193	0.856	0.368	0.806
市/县政府	0.682	0.396	0.812	0.336
乡/镇/街道	0.915	0.021	0.951	0.077
村/居委会等基层组织	0.849	－0.049	0.918	0.035

从表8－6可以看到，2009年和2012年，基层政府满意度和高层政府满意度的得分均值都在减少，也就意味着随着时间的推移，对基层政府满意度和高层政府满意度都在降低。对于这一现象，很可能是因为在灾后第一年，各级政府都投入了大量的人力物力对灾区进行扶持，从而容易形成较高的政府满意度。随着时间的推移，一方面政府的投入在减少，另一方面受灾民众也容易“习惯”政府的帮助，从而对政府的满意度有一定的下降。

表8－6　2009年和2012年基层政府满意度和高层政府满意度基本情况

	年份	N	极小值	极大值	均值	标准差
基层政府满意度	2009	466	1.00	4.00	2.869	0.734
	2012	556	1.00	4.00	2.535	0.818
高层政府满意度	2009	466	2.00	4.00	3.896	0.286
	2012	556	1.00	4.00	3.457	0.524

（四）分析结果

1. 社群社会资本与政府满意度

观察2009年社群社会资本和个体社会资本对政府满意度的回归结果（见表8－7和表8－8），可以看出，关系型社群社会资本中“关系网本村人总数”无论是对基层政府还是高层政府都没有显著性影响，假设H1未得到验证。“本村人信任”对基层和高层政府满意均有正向显著影响，“社群归属感”对基层政府信任有显著性影响，因此假设H2得到验证。

表8－7　2009年社会资本及其他变量对基层政府满意度影响的回归模型

变量	模型1	模型2	模型3	模型4
控制变量				
性别	－.152***	－.142***	－.103**	－.102**
教育	.026	.021	.031	.017
婚姻	－.016	－.025	－.026	－.032

续表

变量	模型 1	模型 2	模型 3	模型 4
党员	.029	.047	.048	.047
年龄	.178 ***	.178 ***	.120 **	.123 **
社群社会资本				
关系网本村人总数			.065	.068
本村人信任			.127 ***	.128 ***
社群归属感			.245 ***	.247 ***
个体社会资本				
拜年网规模		.033		.049
关系网亲友比例		.022		-.021
乡及乡以上干部网亲友数		-.060		-.010
Adj - R^2	.033	.032	.101	.097
△R^2	.044	.049	.117	.119
F	4.168 ***	2.895 ***	7.119 ***	5.240 ***

注：单尾检定，* 表示在 0.10 水平上显著相关；** 表示在 0.05 水平上显著相关；*** 表示在 0.01 水平上显著相关（若无特殊说明，本章以下各表皆与此同）。

表 8-8　2009 年社会资本及其他变量对高层政府满意度影响的回归模型

变量	模型 1	模型 2	模型 3	模型 4
控制变量				
性别	.017	.014	.055	.050
教育	-.004	.000	.008	.010
婚姻	-.019	-.019	-.011	-.007
党员	.020	.019	.030	.022
年龄	.188 ***	.182 ***	.180 ***	.173 ***
社群社会资本				
关系网本村人总数			.064	.060
本村人信任			.097 **	.099 **
社群归属感			.012	.017
个体社会资本				
拜年网规模		-.016		-.023
关系网亲友比例		.038		-.007
乡及乡以上干部网亲友数		.025		.033
Adj - R^2	.029	.024	.038	.032
△R^2	.039	.041	.055	.056
F	3.735 ***	2.396 **	3.181 ***	2.226 ***

2012年的回归结果（见表8－9和表8－10）呈现出与2009年不同的结果："关系网本村人总数"与高层政府满意度显著性相关，假设H1得到验证；"本村人信任"则对基层和高层政府满意度均有非常显著性的正相关影响力，且"社群归属感"对高层政府满意度正向显著，假设H2假设在2012年得到完全验证。2009年时居民对高层政府的满意度普遍极高，所以个人之间差异很小，多数因素不足以解释这么小的差距，因此都不显著，只有一个本村人信任还比较重要。但2012年时，高层政府满意度大量下降后，个人间的差异显现，解释变量才都显出其解释力。

表8－9　2012年社会资本及其他变量对基层政府满意度影响的回归模型

变量	模型1	模型2	模型3	模型4
控制变量				
性别	.031	.003	.007	－.014
教育	－.127**	－.113**	－.062	－.056
婚姻	－.071	－.073*	－.108**	－.107***
党员	.135***	.114***	.124***	.107***
年龄	－.007	.044	.044	.074
社群社会资本				
关系网本村人总数			.069*	.042
本村人信任			.328***	.313***
社群归属感			.073*	.056
个体社会资本				
拜年网规模		.171***		.138*
关系网亲友比例		.098**		.091**
乡及乡以上干部网亲友数		.114***		.087**
Adj－R^2	.023	.071	.142	.172
△R^2	.032	.085	.155	.189
F	3.567***	6.283***	12.414***	11.414***

表 8－10　2012 年社会资本及其他变量对高层政府满意度影响的回归模型

变量	模型 1	模型 2	模型 3	模型 4
控制变量				
性别	.031	.025	.018	.017
教育	-.130*	-.119**	-.080	-.071
婚姻	-.025	-.029	-.053	-.057
党员	.113**	.110**	.109**	.110**
年龄	.023	.035	.064	.060
社群社会资本				
关系网本村人总数			.085**	.067
本村人信任			.191***	.192***
社群归属感			.114***	.108**
个体社会资本				
拜年网规模		.100**		.060
关系网亲友比例		.099**		.091**
乡及乡以上干部网亲友数		-.019		-.034
Adj－R^2	.020	.032	.081	.086
△R^2	.029	.046	.094	.104
F	3.266***	3.258***	7.051***	5.706***

2009 年和 2012 年，认知型社群社会资本对政府满意度均具有显著性影响，但关系型社群社会资本仅在 2012 年对政府满意度有显著性影响。这种差异的可能解释是，在灾后初期基层政府投入大量人力物力与灾民共同重建家园，本村人信任高的行动者很可能越容易与政府一起进行重建工作，更容易得到政府帮助社区的信息，以及从政府扶持中获得更多的资源与帮助，从而在情感上和物质上都对基层政府更为认可、信任，因此对基层和高层政府更满意，关系型社群社会资本的作用则未凸显。而到了灾后的第四年 2012 年，认知型社群社会资本对基层和高层政府满意的影响继续存在，但随着社会系统慢慢恢复，关系型社群社会资本的作用开始恢复

作用。

2. 个体社会资本与政府满意度

个体社会资本是通过拜年网规模、关系网亲友比例、乡及乡以上干部网亲友数来衡量。观察2009年的数据，可以发现个体社会资本对基层政府和高层政府都没有显著性的影响，假设H1、H2和H3在2009年都未得到验证。到2012年，这三个变量对基层政府满意度都有显著影响，三个假设都成立，对高层政府满意，除“乡及乡以上干部网亲友数”未产生影响外，其余的两个研究假设均得到验证。

控制变量方面，2009年和2012年对政府满意度有显著性影响的因素很不同。在2009年，只有年龄和性别显著，年长者和女性对政府更满意，其中相较于年轻人，年老者对各级政府都更满意，而相较于男性，女性则对基层政府更满意。到了2012年，党员、教育、婚姻变得显著。2009年和2012年的这些差异有可能是因为在灾后第一时间，老年人和女性作为弱势群体的代表能够获得政府扶持性资源更多，从而对政府更满意。随着灾后工作的进展，社会系统得以恢复，在政治系统中容易得到资源和信息的党员、受教育程度更高、已婚的人，更容易对政府感到满意。

总体来说，在2009年假设H3没得到验证，不过在2012年假设H3得到验证，即这意味着个体社会资本越高，对基层政府越为满意。这可能是因为在灾后第一时间，社会系统受到强烈冲击，个体社会资本也随之受到损害，而随着时间的推移，社会系统得以恢复，社会重建使得社会各项事宜慢慢步入正轨，个体社会资本也得到恢复，开始对政府满意度产生影响，尤其是对基层政府满意度影响显著。在乡土中国的情景下，个体社会资本越高的灾后居民更容易获得来自政治系统、社会系统的信息，更容易将这种信息转化成实际的资源，并对这些资源最开始的、在实际生活中接触到的源头——基层政府——的工作产生感恩、认可，从而对基层政府呈现出更高的满意度。

（五）总结与讨论

关于政府满意度以及社会资本的研究，在学术界已经有不少的积累。但是测评的对象更多是正常状态下的政府，而较少关注受到灾害破坏的非常规状态下的政府。而关于政府满意度影响因素的研究，目前学术界较为常见的是使用 ASCI 以及期望差异模型进行解释，政府绩效和认知偏差成为检证政府满意度最重要的因素。但是对政府绩效的考量更多是陷入用政府因素及个人认知来考察政府满意度，而忽视了形成政府满意度另一重要的方面——社会结构因素。随着社会网络研究视角与方法日渐成熟，学术界越来越重视连接微观和宏观之间的社会网络因素。基于网络因素的社会资本研究也已经收获大量学者的重视。本研究的贡献之一就在于以此视角研究了政府满意度，分析了在汶川地震灾后非常态下及四年重建完成后常态下的政府满意度，并对其影响的因素进行了比较。

研究结果发现，从时间上看，2009 年至 2012 年，灾后居民对于基层政府满意度和高层政府满意度都出现下降。这符合常识，可以被解释为灾后第一年政府投入大量的人力和物力进行重建工作，短时间大量资源的涌入容易形成对于各级政府满意度的增强，随着灾后工作有条不紊地开展，社会系统逐渐恢复，政府投入的资源增幅不大，并且居民越来越习惯政府的扶持，从而对各级政府满意度出现一定下滑。

研究结果表明，社群社会资本对于政府满意度存在影响。在 2009 年，关系型社群社会资本对政府满意度没有显著性影响，假设 H1 并未得到验证，认知型社群社会资本则与此相反，假设 H2 部分得到验证。而到了 2012 年，在认知型社群社会资本继续发挥作用时，关系型社会资本越高，则灾后居民对高层政府越满意，假设 H1 与 H2 均得到检证。

个体社会资本方面，2009 年，个体社会资本的三个变量均不显著，假设 H3 未通过验证；2012 年，三个变量均得到验证，假设 H3 得到全部验证。说明了个体社会资本在重建完成后生活恢复正常时发挥了重要的影响。

和已有研究关注于政府绩效、认知偏差以及个人属性所不同的是，本研究比较了汶川地震后2009年和2012年社群社会资本、个体社会资本以及其他因素对于基层政府满意度、高层政府满意度的影响。综合重建时期前后的比较，在2009年，即汶川地震后第一年，由于地震对于当地物质条件以及社会系统的极大冲击，只能调查住在板房区的受灾居民。到了2012年，随着时间的推移，社会系统得到恢复，逐渐从非正常状态恢复到正常状态。比较2009年和2012年，可以发现，认知型社群社会资本在两个时期均具有显著性影响，而关系型社群社会资本以及个体社会资本仅在2012年时有显著性影响。

那么，为什么关系型社群社会资本、个体社会资本对政府满意的影响力在2009年和2012年有所不同？在灾后初期的2009年，可能因为身处特殊时期，身处板房区的灾民在党和政府及社会各界力量的帮助下进行灾后重建，此时灾民具有非常高的一般和普遍信任，对关系网络形成的特殊信任则退居次要位置，因此个体社会资本及关系型社群社会资本并不显著。一旦生活恢复常态，这些关系网络则变得至关重要。个体社会资本在恢复常态后变得重要了，此时“能人”可以得到较多资源，对负责分配资源的基层政府有好感；由于高层政府是发布政策的，在政策层次上对乡村社区居民是公平的，所以能人和普通居民对高层政府满意度差异不大。

第九章

社会资本对政府满意度的跨层分析

一 理论探讨与研究假设

(一) 村庄整体的社群社会资本、村委会活跃程度对政府满意度的直接影响

普特南（Putnam）等人在其经典之作中对意大利南方和北方不同社区进行了长达20年的比较研究，发现从11世纪开始南方和北方的民主政治历经非常不同的行程。他们对这种社区之间差异的解释是南北方历史传统导致社会资本不同，从而形成了南方和北方民主政治的差异化发展结果（Putnam，1993）。普特南等人的研究给本书的启示是，个体对政府的满意度也许并不完全受到个体层次因素的影响，同时会受到社区整体因素的影响。科曼的研究也发现，社区整体因素的不同也会造成社区内部个体行为的差异——较为封闭性的社区中，合作行为较多，而封闭性较差的社区中，合作行为较少（Coleman，1966、1990）。

关系更为紧密、对于社区更为认可、信任的社区中，往往资源、信息等都传递得更好，内部信息高度流通，使得政府的重建行动更为透明，从而使得村民对于重建效果更好、更为透明的政府的满意度就越高；而关系松散的村庄，凝聚力不强，信息的传递较差，容易减弱政府重建行动的透

明性，或者本来政府重建行动透明，但是关系松散的村庄中村民容易“认为”政府重建行动不透明，从而导致村民对政府的满意度较低。同时，在一个内部信任感越强的社区，更容易因为彼此间的信任被动员起来，参与社区重建，使得政府重建的成效越好，从而形成对政府较高的满意度，由于情绪容易传染，因此信任感越强的社区中，对政府较高的满意情绪容易传染给周围的村民。由此，可以得出村庄整体的社群社会资本与政府满意度的如下假设。

H1：村庄整体的社群社会资本越高，村民的政府满意度越高。

在乡村中，村委会一直扮演着重要的政治角色，是村庄生活中重要的行动者。在村委会越为活跃的村庄中，村委会举办越多的活动，可以使村民有更多互动的空间，通过村委会的活动得到更多信息，从而促进政府对接社区的救灾资源能够更好发挥功效，增强政府工作的实际效果。并且村委会越为活跃，举办越多的活动，也让灾后的村民形成村委会是灾后服务性组织的感觉，从而对以村委会为代表的政府组织有更高的满意度。由此，可以得出以下假设。

H2：村委会活跃程度越高，村民的政府满意度越高。

（二）村庄整体的社群社会资本对于个体因素对政府满意度的影响的调节效果

如第八章中所述，个体社会资本以及一些个人社经背景因素都对于个体层次的政府满意度会产生直接影响。这一章中，我们接续这个议题，分析村庄整体层次因素（村庄整体的社群社会资本）如何调节个体社会资本对政府满意度的影响。

从认知上考虑，社会心理学家海德（Heider）在1958年提出的认知平衡理论（theory of cognitive equilibrium），将人际关系引入认知的研究范畴。海德的认知平衡理论主张个体倾向使自己的认知系统处于平衡状态，个体的认知系统是随着自己与另一人以及第三方（可能是第三个人，也可能是环境等因素）的关系而不断调整的，如果自身的认知系统在与另一人或第三方的互动中出现不平衡，个体会努力调整自身，使得认知系统与其他人保持平衡状态（Heider，1958）。用认知平衡理论的视角来看待汶川地震后的乡村社区，可以分析出有意思的情况：周围人是个体自身认知系统的参照系，如果这些参照系和个体本身的价值观相同、对政府的评价一致，则个体在与周围人的互动中就更加容易做出和周围人一致的评价，使得自身的认知系统保持平衡，更有利于个体融入社区；如果评价和周围人不一样，则会出现认知失衡，会妨碍个体认知保持平衡，也会妨碍个体融入社区。因此，在个人因素一致的情况下，所在村庄的不同会对认知平衡机制产生不一样的效果：在关系更为紧密、社区内信任感越强、村委会越活跃的社区中，人们可能更容易和周围人互动，因而对政府的认知会更频繁地进行调节，调节到平衡的状态，更倾向于与周围人有对政府一致的满意度；在关系较为疏远、社区内信任感较低、村委会不活跃的社区中，人们可能相互之间互动也就较少，认知平衡机制起的作用较小。因而，可以得知，个体社会资本所带来的政府满意度的差异可能因为村庄整体因素的不同而被影响，在村庄整体社群社会资本多、村委会活跃的社区，因为认知平衡机制的存在，差异被减弱，而在村庄整体社群社会资本少、村委会不活跃的社区，因为认知平衡机制的存在，差异没有被减弱。由此可以得出以下假设。

H3：村庄整体的社群社会资本负向调节个体社会资本对政府满意度的影响。

H4：村委会活跃程度负向调节个体社会资本对村民政府满意度的影响。

此外，政府层级的不同也可能会产生不一样的效果。学术界对政府的研究发现，在评估政府表现时，居民对不同级别的政府态度截然不同，政府层级越低，民众对政府的满意度越低，对中央政府的满意度很高，而随着政府级别的降低，对政府的满意度逐渐下降，民众对最底层政府最为不满（Saich，2006）。已有研究已经开始区别民众对不同层级政府的满意度，有一部分研究关注于对地方政府的满意度（Van Ryzin，2004；张欢等，2008），另外一部分关注于对高层政府的满意度（Morgeson Ⅲ，2013）。因此在考量社群社会资本、个体社会资本对政府满意度的直接影响，以及村庄整体的社群社会资本对个体社会资本的调节效果时，本书也将对不同层级政府进行有区别性的对比分析。

二　研究方法与操作化过程

（一）数据：第二套数据——以村庄为研究单位收集的调查问卷

和前八章分析数据不同，本章中第一套数据是以个人为研究单位，第二套数据是以村庄为研究单位，问卷填答方为每个村庄的负责人。由村庄负责人回答，访谈员填写问卷。和以个人为研究单位的问卷收集于30个村子不同的是，由于有4个村庄的以村庄为研究单位的问卷缺失，所以一共收集到26份以村庄为研究单位的问卷（简称为“村主任问卷”）。村主任问卷收集了每个村子的基本情况（如人口、企业数量、土地面积等）以及村委会工作情况（如村委会举办的活动数量、种类等）等数据。

本研究将村主任问卷数据与第一套数据中的2012年数据进行对接，从而得到分层级的数据，第一层数据是以个人为研究单位的数据，来自于第一套数据。由于第一套数据2012年的556份个人问卷中有71份收集于没有村主任问卷的4个村庄中，因此为了研究的严谨性，整理出556份个人问卷中的485份作为HLM分析的第一层数据。由表9－1可见485份数据的基本情况。

表 9-1　HLM 第一层调查样本的基本情况

类　别	数　值
人　数	485
性　别	男:56.3% 女:43.7% 缺失值:0
年　龄	25 岁及 25 岁以下:4.7% 60 岁及 60 岁以上:31.3% 缺失值:0
教育程度	小学及以下:62.2% 初中:29.3% 高中及中专/技校/职业高中:6.6% 大学专科及以上:1.8% 缺失值:0.1%
党员身份	党员:8.7% 非党员:91.3% 缺失值:0

第二层数据是以村庄为研究单位的数据，即第二套数据，包含了 26 个村子的基本情况（如人口、企业数量、土地面积等）以及村委会工作情况（如村委会举办的活动数量、种类等）等数据。由图 9-1、图 9-2 可见这 26 个村庄的基本情况（包含 2012 年之前一年 2011 年全年人均纯收入和人均耕地面积）。由图 9-1 可知 2011 年全年人均纯收入（元）小于 4000 元且小于或等于 7000 元的村庄最多，占了 38.5%；其次是 2011 年全年人均纯收入（元）小于或等于 4000 元的村庄，占了 34.6%，而最少的是 2011 年全年人均纯收入（元）大于 7000 元的村庄，所占比例为 26.9%。从图 9-2 可知，大部分的村庄人均耕地面积小于或等于 2（占了 84.6%），人均耕地面积大于 2 亩/人的仅为 15.4%。

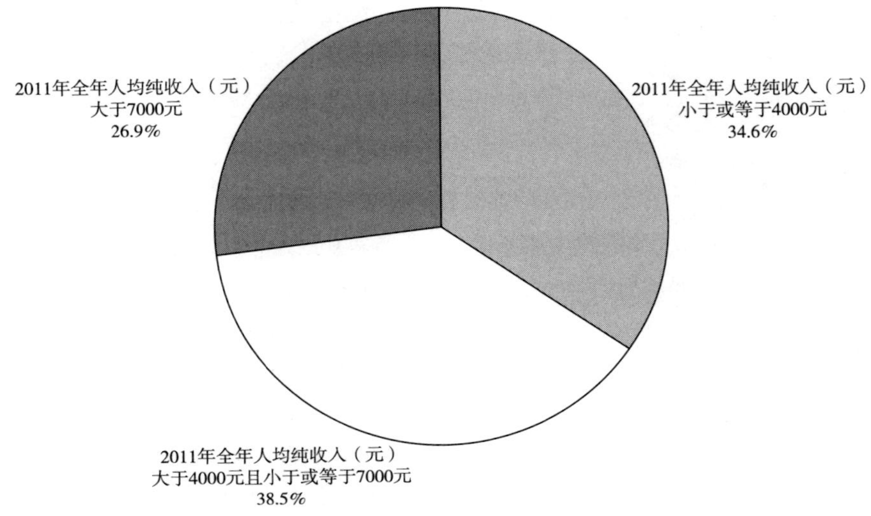

图 9－1　2011 年全年人均纯收入村庄分布情况

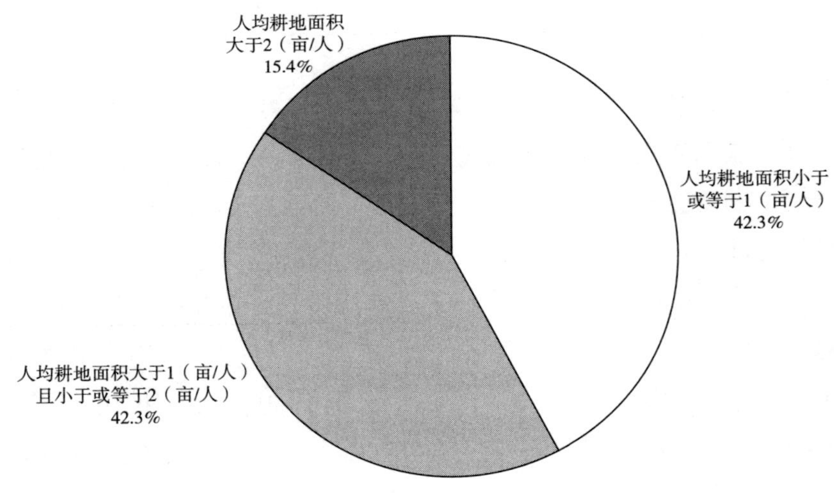

图 9－2　人均耕地面积村庄分布情况

（二）研究变量

1. 因变量

因为本研究第二个研究问题是村庄整体因素如何影响个体的政府满意度，以及如何调节个体因素对政府满意度的影响，所以和上一章多元回归分析一致，政府满意度也是 HLM 分析的因变量。操作化过程和上一章一致，所用的数据是第一套数据中被含在 26 个村庄中的 485 份个人问卷的政府满意度。由于原来 556 份数据中的 71 份数据被剔除，而缺失值是用均值进行替换，因而政府满意度的数据有一些变化，所以重新整理了表格如下。由表 9－2 可知五层次政府满意度的分布情况。

表 9－2　HLM 所用的五层次政府满意度的总体情况简介

	N	缺失值	极小值	极大值	均值	标准差
中央政府	485	4	1.00	4.00	3.699	0.513
省政府	485	10	1.00	4.00	3.320	0.673
市/县政府	485	9	1.00	4.00	2.851	0.849
乡/镇/街道	485	8	1.00	4.00	2.470	0.950
村/居委会等基层组织	485	9	1.00	4.00	2.403	0.992

对五层次政府满意度进行因子分析，由表 9－3 可知，也得到基层政府满意度和高层政府满意度两个因子。

表 9－3　HLM 所用的居民政府满意度的因子分析

	因子 1	因子 2
项目说明	基层政府满意度	高层政府满意度
你对目前各级政府的满意程度	旋转成分矩阵	
中央政府	－0.060	0.914
省政府	0.401	0.792
市/县政府	0.826	0.308
乡/镇/街道	0.949	0.067
村/居委会等基层组织	0.912	0.033

从表9-4可以知道基层政府满意度和高层政府满意度两个变量的基本情况。和上一节用于多元线性回归分析模型的自变量相比，这一节用于多层线性回归模型的自变量在数值上有轻微差异，具体表现为对于基层政府的满意度的均值与标准差都提高了，而对于高层政府满意度的均值提高，标准差却降低了。虽然这两套数据在数值上有轻微差异，但是数值背后的意义仍然一样，都是从对高层政府到对基层政府的满意度降低，并且对于高层政府的满意度差异较小（标准差为0.52），而对于基层政府的满意度差异较大（标准差为0.85）。

表9-4　HLM所用的基层政府满意度和高层政府满意度基本情况

	N	极小值	极大值	均值	标准差
基层政府满意度	485	1.00	4.00	2.57	0.85
高层政府满意度	485	1.00	4.00	3.51	0.52

2. 自变量

因为本研究第二个研究问题是村庄整体因素如何影响个体的政府满意度，以及如何调节个体因素对政府满意度的影响，所以不同于多元线性回归模型重点考察以个人为研究单位的社群社会资本、个体社会资本对政府满意度的影响，HLM重点研究的是第二层变量对政府满意度的影响以及第二层变量对第一层变量的调节作用。自变量分布于第一层与第二层之中。具体的自变量说明如下。

对于第一层的自变量，即以个人为研究单位的自变量，包含个体社会资本中的“拜年网规模”和“乡及乡以上干部网亲友数”，对这两个变量的具体定义和上一节相似，“拜年网规模”是指拜年的人数，“乡及乡以上干部网亲友数”是指在乡及乡以上政府机构中担任干部的亲友人数。剔除上一节提及的“关系网亲友比例”是为了减少变量，以防止模型过于复杂。总而言之，第一层中所含的自变量为个体社会资本，操作化为2个自变量——“拜年网规模”和“乡及乡及乡以上干部网亲友数”。

对于第二层的自变量，即以村庄整体为研究单位的自变量，从上文研究假设可知，村庄整体的社群社会资本、村委会活跃程度为解释因素。

本研究将村庄整体的社群社会资本操作化为“本村人信任村庄均值”，指的是每个村庄中“本村人信任”的村内平均值。至于“本村人信任”，也和多元线性回归模型操作化一样，指的是村民对“你对自己周围的人信任程度如何”这一问题进行打分，从“完全信任”到“完全不信任”依次递减，“完全信任”为5分，“完全不信任”为1分。

关于村委会活跃程度，本研究使用村主任问卷中的“村委会活动数量”作为操作化变量。在村主任问卷中有专门一部分询问从2011年至2012年村委会所举办的活动情况，统计村庄负责人们所填写的村委会活动，即得到“村委会活动数量”，指的是该村村委会从2011年至问卷填答时所举办的所有活动的数量。从表9－5可以得知所有自变量的详细说明。

3. 控制变量

和多元线性回归模型一样，HLM分析也从已有研究出发，将性别、年龄、教育程度、党员身份作为控制变量，和多元线性回归模型不同的是，HLM分析将对政府公平性的评价、生活满意度也作为控制变量，而非中介变量。因为个案数从556个变为485个，所以所有控制变量的数值都有一定的微调。从表9－5可以得知所有控制变量的详细说明。

4. 变量相关性

由本书附录的各变量相关表可以知道所有变量的相关情况。由于HLM模型比多元线性回归模型更为复杂，所以在下一节中会对模型进行具体说明。

表 9－5　HLM 所用变量的描述性统计量

变量分类	变量名	变量说明	个案数	均值	标准差	极小值	极大值
因变量	基层政府满意度	从 1 到 4 满意度递增	485	2.57	0.85	1.00	4.00
	高层政府满意度	从 1 到 4 满意度递增	485	3.51	0.52	1.00	4.00
自变量	第二层数据:村庄层级的变量						
	本村人信任村庄均值	每个村庄中“本村人信任”的平均值。“本村人信任”等于对自己周围人信任程度。	26	3.66	0.32	3.00	4.38
	村委会活动数量	村庄负责人填写的村委会活动的数量	26	2.22	1.06	1.00	5.00
	第一层数据:个人层级的变量						
	拜年网规模	拜年总人数	485	32.85	29.84	0.00	194.00
	乡及乡以上干部网亲友数	乡及乡以上政府机构中担任干部的亲友人数	485	0.16	0.64	0.00	5.00
控制变量	性别	0＝女,1＝男	485	0.56	0.50	0.00	1.00
	年龄	受访者年龄	485	50.19	15.11	15.00	83.00
	党员身份	0＝非党员,1＝党员	485	0.09	0.28	0.00	1.00
	教育程度	从 1 到 9 教育程度增加	485	3.01	1.37	1.00	8.00
	政府公平性评价	从 1 到 4 认为政府公平程度递增	485	2.53	0.80	1.00	4.00
	生活满意度	从 1 到 4 生活满意度递增	485	2.96	0.63	1.00	4.00

三　多层线性回归模型（HLM）及结果分析

（一）各村庄的政府满意度差距

首先计算本研究所涉及的 26 个村庄的基层政府满意度和高层政府满意度情况。从表 9－6 可以看出，26 个村庄内村民对基层政府的满意度从1.87到3.40，差距明显，而26个村庄内村民对高层政府的满意度从3.14到3.86，有一定差距。但是这一差距相比较于基层政府满意度较为不明显。

表9-6　各村庄的基层政府满意度和高层政府满意度

村庄	基层政府满意度	高层政府满意度	村庄	基层政府满意度	高层政府满意度
1	3.40	3.86	14	2.45	3.61
2	3.14	3.50	15	2.42	3.47
3	3.07	3.60	16	2.39	3.56
4	3.04	3.58	17	2.35	3.50
5	2.96	3.46	18	2.33	3.55
6	2.89	3.60	19	2.26	3.55
7	2.84	3.71	20	2.24	3.14
8	2.83	3.64	21	2.18	3.50
9	2.81	3.33	22	2.16	3.38
10	2.80	3.55	23	2.14	3.26
11	2.65	3.60	24	2.07	3.41
12	2.65	3.47	25	2.06	3.47
13	2.51	3.45	26	1.87	3.47
总体平均	2.56	3.51			

（二）各村庄的政府满意度差距的分解

多层线性回归模型（HLM）相比较于多元线性回归的优势在于，HLM可以将政府满意度的整体差异分散到各个层级去，并用指标反映组间差异占总差异的比重，具体而言就是由于村庄的不同所导致的基层政府满意度和高层政府满意度的差异（组间差异）在总差异中所占的比重。

使用HLM的零模型（null model）可以将组间差异和组内差异从总差

异中分解出来。零模型（模型1）如下。

第一层：$Y=\beta_0+r$

第二层：$\beta_0=\gamma_{00}+\mu_0$

总模型：$Y=\gamma_{00}+\mu_0+r$

在上式中，Y是因变量，分别表示基层政府满意度和高层政府满意度。β_0是第一层的截距，r是随机效应，γ_{00}是第一层的截距在第二层的固定效应，μ_0是第二层的随机效应。由于零模型没有加入任何自变量、控制变量，因此可以用之检验总方差的分布情况。

表9－7是基层政府满意度作为因变量时不同层级分解政府满意度差异的情况。

表9－7　HLM中分层级分解基层政府满意度差异

固定效应	系数	标准误			
基层政府满意度	2.561	0.076			
随机效应	方差成分	占总方差的比例	自由度	χ^2	p值
层级－2效应(村庄间)	0.353	12.4%	25	130.244	0.000
层级－1效应(村庄内)	0.768	59.0%			

表9－8是高层政府满意度作为因变量时不同层级分解政府满意度差异的情况。

表9－8　HLM中分层级分解高层政府满意度差异

固定效应	系数	标准误			
高层政府满意度	3.508	0.030			
随机效应	方差成分	占总方差的比例	自由度	χ^2	p值
层级－2效应(村庄间)	0.097	0.93%	25	40.469	0.026
层级－1效应(村庄内)	0.510	26.0%			

对基层政府满意度和高层政府满意度分别进行讨论。首先看基层政府满意度的情况，从表9－7可知第一层的截距在第二层的固定效应为

2.561。在方差成分中可知，组内方差是0.768，组间方差为0.353，χ^2 值是130.244，在25个自由度下p值远远接近于0，由此可知村庄间的基层政府满意度差异十分显著。根据表9－7中HLM给出的方差成分在第一层和第二层的分布，可以算出村庄间的效应占总方差的比例为12.4%，村庄内的效应占总方差的比例为59.0%，也就是说因为个人所在村庄的不同所造成个人对于基层政府的满意度的差异，是个人对基层政府满意度总差异的12.4%。

其次，看高层政府满意度的情况，从表9－8可知第一层的截距在第二层的固定效应为3.508。在方差成分中可知，组内方差是0.510，组间方差为0.097，$\chi2$ 值是40.469，在25个自由度下p值为0.026，由此可知村庄间的高层政府满意度差异显著。根据表9－8中HLM给出的方差成分在第一层和第二层的分布，可以算出村庄间的效应占总方差的比例为0.93%，村庄内的效应占总方差的比例为26.0%，也就是说因为个人所在村庄的不同所造成个人对于高层政府的满意度的差异，是个人对高层政府满意度总差异的0.93%。

（三）村庄特征的影响机制

由于本研究需要探讨的是村庄整体因素对于村民政府满意度的直接影响，以及村庄整体因素如何调节个人因素对政府满意度的影响，而涉及的多层线性回归模型较为复杂，因此下文将分几步来具体讨论HLM模型细节。

1. HLM模型

（1）第一层个体社会资本对政府满意度的影响（随机系数的回归模型，即random coefficient regression model）

模型2："拜年网规模"对政府满意度的影响。

第一层模型：

$$Y = \beta_0 + \beta_1 \text{edu} + \beta_2 \text{gender} + \beta_3 \text{age} + \beta_4 \text{party} + \beta_5 \text{fairness} + \beta_6 \text{lifeSatisfaction} + \beta_7 Z + r$$

第二层模型：

$$\beta_0 = \gamma_{00} + \mu_0$$
$$\beta_1 = \gamma_{10} + \mu_1$$
$$\beta_2 = \gamma_{20} + \mu_2$$
$$\beta_3 = \gamma_{30} + \mu_3$$
$$\beta_4 = \gamma_{40} + \mu_4$$
$$\beta_5 = \gamma_{50} + \mu_5$$
$$\beta_6 = \gamma_{60} + \mu_6$$
$$\beta_7 = \gamma_{70} + \mu_7$$

在上式中，Y 分别表示高层政府满意度和基层政府满意度。Z 表示“拜年网规模”，edu 表示教育程度，gender 表示性别，age 表示年龄，party 表示党员身份，fairness 表示政府公平性评价，life satisfaction 表示生活满意度。β_0 是第一层的截距，r 是随机效应，γ_{00}是第一层的截距在第二层的固定效应，μ_0 是第二层的随机效应。β_1 到 β_7 分别是各变量的系数，γ_{10}到 γ_{70}分别是第一层各变量的系数在第二层的固定效应，μ_1 到 μ_7 分别是第一层各变量的系数在第二层的随机效应。

模型 3：乡及乡以上干部网亲友数对政府满意度的影响。

和上文模型 2 的公式一致，唯一差别在于 Z 代表的不是“拜年网规模”，而是“乡及乡以上干部网亲友数”。

（2）第二层村庄整体因素对政府满意度的直接影响（以第一层公式的各组平均数作为第二层公式的结果变量的回归，即 means-as-outcomes regression）

模型 4：“本村人信任村庄均值”对政府满意度的影响。

第一层模型：

$$Y = \beta_0 + \beta_1 \text{edu} + \beta_2 \text{gender} + \beta_3 \text{age} + \beta_4 \text{party} + \beta_5 \text{fairness} + \beta_6 \text{lifeSatisfaction} + r$$

第二层模型：

$$\beta_0 = \gamma_{00} + \gamma_{01} \times W + \mu_0$$
$$\beta_1 = \gamma_{10} + \mu_1$$
$$\beta_2 = \gamma_{20} + \mu_2$$
$$\beta_3 = \gamma_{30} + \mu_3$$
$$\beta_4 = \gamma_{40} + \mu_4$$
$$\beta_5 = \gamma_{50} + \mu_5$$
$$\beta_6 = \gamma_{60} + \mu_6$$

在上式中，Y 分别表示高层政府满意度和基层政府满意度。edu 表示教育程度，gender 表示性别，age 表示年龄，party 表示党员身份，fairness 表示政府公平性评价，life satisfaction 表示生活满意度。第二层中的 W 表示“本村人信任村庄均值”。β_0 是第一层的截距，r 是随机效应，γ_{00}是第一层的截距在第二层的固定效应，γ_{01} 表示 W 对于第一层截距的影响系数，μ_0 是第二层的随机效应。β_1 到 β_6 分别是第一层各变量（即控制变量）对于 Y 的影响系数，γ_{10}到 γ_{60}分别是第一层各变量的系数在第二层的固定效应，μ_1 到 μ_6 分别是第一层各变量的系数在第二层的随机效应。

模型 5：“村委会活动数量”对政府满意度的影响。

和上文模型 4 的公式一致，唯一的差别是 W 表示的不是“本村人信任村庄均值”，而是“村委会活动数量”。

（3）第二层村庄整体因素对于第一层个体社会资本对政府满意度影响的调节作用（整体模型，即 mixed model）

模型 6：“本村人信任村庄均值”对“拜年网规模”影响政府满意度的调节作用。

第一层模型：

$$\begin{aligned} Y = \beta_0 &+ \beta_1 \text{edu} + \beta_2 \text{gender} + \beta_3 \text{age} + \\ &\beta_4 \text{party} + \beta_5 \text{fairness} + \\ &\beta_6 \text{lifeSatisfaction} + \beta_7 Z + r \end{aligned}$$

第二层模型：

$$\beta_0 = \gamma_{00} + \mu_0$$
$$\beta_1 = \gamma_{10} + \mu_1$$
$$\beta_2 = \gamma_{20} + \mu_2$$
$$\beta_3 = \gamma_{30} + \mu_3$$
$$\beta_4 = \gamma_{40} + \mu_4$$
$$\beta_5 = \gamma_{50} + \mu_5$$
$$\beta_6 = \gamma_{60} + \mu_6$$
$$\beta_7 = \gamma_{70} + \gamma_{71} \times W + \mu_7$$

在上式中，Y 分别表示高层政府满意度和基层政府满意度。edu 表示教育程度，gender 表示性别，age 表示年龄，party 表示党员身份，fairness 表示政府公平性评价，life satisfaction 表示生活满意度，Z 表示“拜年网规模”。第二层中的 W 表示“本村人信任村庄均值”。β_0 是第一层的截距，r 是随机效应，γ_{00}是第一层的截距在第二层的固定效应，μ_0 是第二层的随机效应。β_1 到 β_7 分别是第一层各变量对于 Y 的影响系数。γ_{10}到 γ_{70}分别是第一层各变量的系数在第二层的固定效应。μ_1 到 μ_7 分别是第一层各变量的系数在第二层的随机效应。γ_{71}表示 W 对于 Z 的系数 β_7 的影响系数（即反映的是“本村人信任村庄均值”对于“拜年网规模”的调节作用）。

模型 7：“本村人信任村庄均值”对“乡及乡以上干部网亲友数”影响政府满意度的调节作用。

和上文模型 6 的公式一致，差别在于：①第一层模型中的 Z 表示的是“乡及乡以上干部网亲友数”；②γ_{71}表示的依然是 W 对于 Z 的系数 β_7 的影响系数，但反映的是“本村人信任村庄均值”对于“乡及乡以上干部网亲友数”的调节作用。

模型 8：“村委会活动数量”对“拜年网规模”影响政府满意度的调节作用。

和上文模型 6 的公式一致，差别在于：①第二层模型中的 W 表示的是“村委会活动数量”；②γ_{71}表示的依然是 W 对于 Z 的系数 β_7 的影响系数，但反映的是“村委会活动数量”对于“拜年网规模”的调节作用。

模型9：“村委会活动数量”对“乡及乡以上干部网亲友数”影响政府满意度的调节作用。

和上文模型6的公式一致，差别在于：①第一层模型中的 Z 表示的是“乡及乡以上干部网亲友数”；②第二层模型中的 W 表示的是“村委会活动数量”；③γ_{71}表示的依然是 W 对于 Z 的系数 β_7 的影响系数，但反映的是“村委会活动数量”对于“乡及乡及乡以上干部网亲友数”的影响。

（4）模型示意图

为了更加清晰了解所有模型的含义，本书绘制了图 9－3 来表达。

2. HLM 模型

根据 HLM 的四个模型，使用 HLM 6.02 软件运算，所得到的结果展示于表 9－9（以基层政府满意度为因变量）和表 9－10（以高层政府满意度为因变量）。

3. HLM 结果分析

由于 HLM 结果较为复杂，下文将对基层政府满意度和高层政府满意度两个部分进行分别阐释，并且每一部分将分为三个方面来分别阐释：第一方面是阐释个人层次的个体社会资本对基层/高层政府满意度的影响；第二方面是说明社区整体因素（村庄整体的社群社会资本、村委会活跃情况）对基层/高层政府满意度的直接影响；第三方面是阐释社区整体因素对于个体社会资本影响基层/高层政府满意度的调节效果。

为了更加直观，本文在图 9－3 基础上列出图 9－4（基层政府满意度为因变量）和图 9－5（高层政府满意度为因变量），可以直接看出来各个模型的结果。

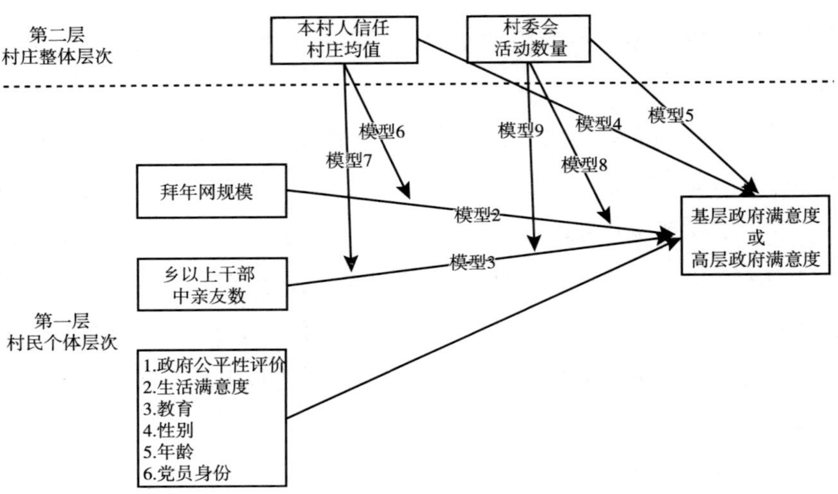

图 9-3　HLM 所有模型示意图

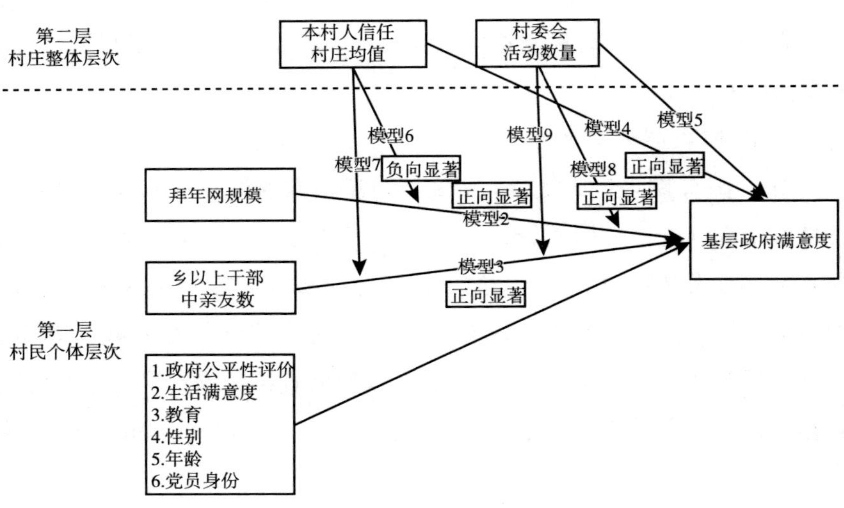

图 9-4　HLM 模型结果示意图（基层政府满意度）

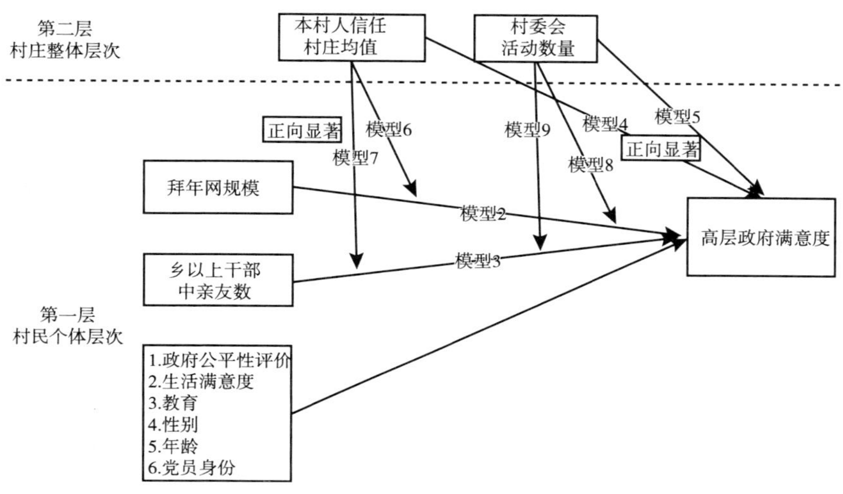

图 9－5 HLM 模型结果示意图（高层政府满意度）

（1）基层政府满意度

a）个人层次的个体社会资本对基层政府满意度的影响。

在 HLM 模型中个人层次的个体社会资本被操作化为“拜年网规模”和“干部网中的亲友数”两个变量。表 9－9 的模型 2 和模型 3 分别展示了这两个变量对基层政府满意度的影响情况。

从“拜年网规模”来看，在模型 2 中，“拜年网规模”的回归系数（γ_{70}）正向显著，这表明“拜年网规模”对基层政府满意度有显著正向影响。

就“乡及乡以上干部网亲友数”而言，在模型 3 中其回归系数（γ_{70}）也正向显著，这表明“乡及乡以上干部网亲友数”对基层政府满意度也有显著正向影响。

因此，针对基层政府满意度，假设 H7 在 HLM 中也得到验证，即个体社会资本越高，村民对基层政府的满意度越高。

表9－9　村庄整体因素影响基层政府满意度的多层线性回归模型

变　量	基层政府满意度								
	模型1	模型2	模型3	模型4	模型5	模型6	模型7	模型8	模型9
固定效应									
第一层:个体层次									
截距(γ_{00})	2.56*** (0.08)	2.55*** (0.04)	2.55*** (0.05)	2.55*** (0.04)	2.55*** (0.05)	2.54*** (0.04)	2.55*** (0.05)	2.55*** (0.04)	2.56*** (0.05)
教育(γ_{10})		-0.02 (0.03)	-0.01 (0.03)	-0.00 (0.03)	-0.01 (0.03)	-0.02 (0.03)	-0.01 (0.03)	-0.02 (0.03)	-0.01 (0.03)
性别(γ_{20})		0.08 (0.06)	0.07 (0.06)	0.09 (0.06)	0.09 (0.06)	0.08 (0.06)	0.08 (0.06)	0.06 (0.06)	0.07 (0.06)
年龄(γ_{30})		0.00* (0.00)	0.01* (0.00)	0.00* (0.00)	0.00* (0.00)	0.00* (0.00)	0.01* (0.00)	0.00* (0.00)	0.01* (0.00)
党员身份(γ_{40})		0.10 (0.09)	0.10 (0.10)	0.13 (0.09)	0.12 (0.09)	0.10 (0.09)	0.09 (0.10)	0.11 (0.09)	0.11 (0.10)
政府公平性评价(γ_{50})		0.48*** (0.05)	0.47*** (0.05)	0.46*** (0.05)	0.48*** (0.05)	0.48*** (0.05)	0.47*** (0.05)	0.48*** (0.05)	0.47*** (0.05)
生活满意度(γ_{60})		0.15** (0.06)	0.16** (0.06)	0.16** (0.06)	0.16** (0.06)	0.14** (0.06)	0.16** (0.06)	0.15** (0.06)	0.16** (0.06)
拜年网规模(γ_{70})		0.00** (0.00)				0.00** (0.00)		0.00** (0.00)	

续表

变　量	基层政府满意度								
	模型 1	模型 2	模型 3	模型 4	模型 5	模型 6	模型 7	模型 8	模型 9
乡及乡以上干部网亲友数(γ_{70})			0.10** (0.03)				0.08 (0.05)		0.11** (0.04)
第二层:村庄整体层次									
本村人信任村庄均值(γ_{01})				0.34** (0.16)					
村委会活动数量(γ_{01})					-0.01 (0.03)				
拜年网规模:截距作为因变量									
本村人信任村庄均值(γ_{71})						-0.01*** (0.00)			
村委会活动数量(γ_{71})								0.00** (0.00)	
乡及乡以上干部网亲友数:截距作为因变量									
本村人信任村庄均值(γ_{71})							0.15 (0.11)		
村委会活动数量(γ_{71})									-0.02 (0.03)

续表

变　量	基层政府满意度								
	模型 1	模型 2	模型 3	模型 4	模型 5	模型 6	模型 7	模型 8	模型 9
随机效应(方差成分)									
整体平均(μ_0)	0. 12 ***	0. 03 **	0. 03 **	0. 03 **	0. 04 **	0. 03 **	0. 03 **	0. 03 **	0. 03 **
教育斜率(μ_1)		0. 01	0. 01	0. 01	0. 01	0. 01	0. 01	0. 01	0. 01
性别斜率(μ_2)		0. 01	0. 01 **	0. 02	0. 02	0. 02	0. 01 **	0. 02	0. 01 **
年龄斜率(μ_3)		0. 00	0. 00 **	0. 00	0. 00	0. 00	0. 00 **	0. 00	0. 00 **
党员身份斜率(μ_4)		0. 07	0. 07 *	0. 07	0. 08	0. 07	0. 07 *	0. 06	0. 08 *
政府公平性评价斜率(μ_5)		0. 02	0. 02 **	0. 02	0. 02 *	0. 02	0. 02 **	0. 02	0. 03 **
生活满意度斜率(μ_6)		0. 04 **	0. 04 **	0. 04 **	0. 04 **	0. 04 **	0. 04 **	0. 04 **	0. 04 **
拜年网规模斜率(μ_7)		0. 00				0. 00		0. 00	
乡及乡以上干部网亲友数斜率(μ_7)			0. 01 **				0. 01 **		0. 01 **
第一层效应(r)	0. 59	0. 40	0. 40	0. 40	0. 40	0. 39	0. 40	0. 40	0. 40
模型偏差	1163. 40	1022. 38	1016. 38	1016. 27	1023. 39	1027. 94	1019. 34	1030. 31	1022. 11

* 注：单尾检定，* 表示在 0. 10 水平上显著相关；** 表示在 0. 05 水平上显著相关；*** 表示在 0. 001 水平上显著相关。

表 9-10　村庄整体因素影响高层政府满意度的多层线性回归模型

变　量	高层政府满意度								
	模型 1	模型 2	模型 3	模型 4	模型 5	模型 6	模型 7	模型 8	模型 9
固定效应									
第一层:个体层次									
截距(γ_{00})	3.51*** (0.03)	3.50*** (0.02)	3.50*** (0.03)	3.50*** (0.02)	3.50*** (0.03)	3.50*** (0.02)	3.49*** (0.03)	3.50*** (0.02)	3.49*** (0.03)
教育(γ_{10})		-0.01 (0.02)	-0.01 (0.02)	0.00 (0.02)	-0.00 (0.02)	-0.01 (0.02)	-0.01 (0.02)	-0.01 (0.02)	-0.01 (0.02)
性别(γ_{20})		0.05 (0.05)	0.05 (0.05)	0.03 (0.05)	0.04 (0.05)	0.04 (0.05)	0.05 (0.05)	0.04 (0.05)	0.05 (0.05)
年龄(γ_{30})		0.00** (0.00)	0.00** (0.00)	0.00** (0.00)	0.00** (0.00)	0.00** (0.00)	0.00** (0.00)	0.00** (0.00)	0.00** (0.00)
党员身份(γ_{40})		0.15** (0.05)	0.13** (0.05)	0.15** (0.05)	0.16** (0.05)	0.16** (0.05)	0.13** (0.05)	0.16** (0.05)	0.13** (0.05)
政府公平性评价(γ_{50})		0.10** (0.03)	0.09** (0.03)	0.08** (0.03)	0.10** (0.03)	0.10** (0.03)	0.10** (0.03)	0.10** (0.03)	0.09** (0.03)
生活满意度(γ_{60})		0.11** (0.04)	0.10** (0.04)	0.10** (0.04)	0.10** (0.04)	0.11** (0.04)	0.10** (0.04)	0.11** (0.04)	0.10** (0.04)
拜年网规模(γ_{70})		-0.00 (0.00)				-0.00 (0.00)		-0.00 (0.00)	

续表

变　量	高层政府满意度								
	模型 1	模型 2	模型 3	模型 4	模型 5	模型 6	模型 7	模型 8	模型 9
乡及乡以上干部网亲友数(γ_{70})			-0.13 (0.08)				-0.15* (0.08)		-0.13 (0.08)
第二层:村庄整体层次									
本村人信任村庄均值(γ_{01})				0.17* (0.09)					
村委会活动数量(γ_{01})					-0.01 (0.02)				
拜年网规模:截距作为因变量									
本村人信任村庄均值(γ_{71})						0.00 (0.00)			
村委会活动数量(γ_{71})								0.00 (0.00)	
乡及乡以上干部网亲友数:截距作为因变量									
本村人信任村庄均值(γ_{71})							0.30* (0.16)		

续表

变　量	高层政府满意度								
	模型 1	模型 2	模型 3	模型 4	模型 5	模型 6	模型 7	模型 8	模型 9
村委会活动数量(γ_{71})									0.04 (0.07)
随机效应(方差成分)									
整体平均(μ_0)	0.01 **	0.01	0.01	0.00	0.01	0.00	0.01	0.00	0.01
教育斜率(μ_1)		0.00	0.00	0.00	0.00	0.00	0.00	0.00	0.00
性别斜率(μ_2)		0.01	0.01	0.01	0.01	0.01	0.01	0.01	0.01
年龄斜率(μ_3)		0.00	0.00	0.00	0.00	0.00	0.00	0.00	0.00
党员身份斜率(μ_4)		0.00	0.01	0.00	0.00	0.00	0.01	0.00	0.01
政府公平性评价斜率(μ_5)		0.00	0.01	0.00	0.00	0.00	0.01	0.00	0.01
生活满意度斜率(μ_6)		0.01	0.01 *	0.01 *	0.01 *	0.01	0.01 *	0.01	0.01 *
拜年网规模斜率(μ_7)		0.00				0.00		0.00	
乡及乡以上干部网亲友数斜率(μ_7)			0.07 **				0.04		0.07 **
第一层效应(r)	0.26	0.23	0.218	0.23	0.23	0.23	0.22	0.23	0.22
模型偏差	741.31	737.02	718.67	725.16	730.81	748.40	720.52	750.65	723.69

*注：单尾检定，*表示在 0.10 水平上显著相关；**表示在 0.05 水平上显著相关；***表示在 0.001 水平上显著相关

b）社区整体因素对基层政府满意度的直接影响。

由表9－9的模型4和模型5可得知村庄整体因素（村庄整体的社群社会资本、村委会活跃情况）对于基层政府满意度的直接影响效果。在HLM模型中村庄整体的社群社会资本被操作化为“本村人信任村庄均值”，而村委会活跃情况则被操作化为“村委会活动数量”。

对于“本村人信任村庄均值”，其回归系数（γ_{01}）在模型4中显著，且均为正值，这说明“本村人信任村庄均值越高”的村庄，其中的村民对于基层政府的满意度越高。这表明针对基层政府满意度，假设H10得到验证。而“村委会活动数量”的回归系数（γ_{01}）在模型5中没有显著，这说明针对基层政府满意度，假设H11没有得到验证。

c）社区整体因素对于个体社会资本影响基层政府满意度的调节效果。

社区整体因素对于个体社会资本对基层政府满意度的影响可能会产生调节效果。HLM的好处就在于可以描述第一层个人因素对于基层政府满意度的影响是如何随着村庄整体因素的不同而发生变化的。在本书中，社区整体因素被操作化为“本村人信任村庄均值”和“村委会活动数量”，个体社会资本被操作化为“拜年网规模”和“乡及乡以上干部网亲友数”。

为了防止常见的多重共线性问题，本研究没有使用全模型来展示调节效应，而是将每个调节效应使用单独的模型进行分别检验。模型6、7、8、9分别反映了“本村人信任村庄均值”对“拜年网规模”影响基层政府满意度的调节效应、“本村人信任村庄均值”对“乡及乡以上干部网亲友数”影响基层政府满意度的调节效应、“村委会活动数量”对“拜年网规模”影响基层政府满意度的调节效应、“村委会活动数量”对“乡及乡以上干部网亲友数”影响基层政府满意度的调节效应。

首先，分析“本村人信任村庄均值”对“拜年网规模”影响基层政府满意度的调节效应，从模型6可知，“本村人信任村庄均值”对“拜年网规模”截距的回归系数（γ_{71}）负向显著，这假设一致，“本村人信任村庄均值”对“拜年网规模”影响基层政府满意度存在显著负向调节作用。

其次，考察“本村人信任村庄均值”对“乡及乡以上干部网亲友数”影响基层政府满意度的调节效应，由模型 7 可知，“本村人信任村庄均值”对“乡及乡以上干部网亲友数”截距的回归系数（γ_{71}）不显著，这说明“本村人信任村庄均值”并不显著调节“乡及乡以上干部网亲友数”对基层政府满意度的影响。

再次，就“村委会活动数量”对“拜年网规模”影响基层政府满意度的调节效应而言，从模型 8 可知，“村委会活动数量”对“拜年网规模”截距的回归系数（γ_{71}）显著，且为正数。这说明“村委会活动数量”对“拜年网规模”影响基层政府满意度存在正向调节效应，这和假设相反，将在总结中重点阐述。

最后，看“村委会活动数量”对“乡及乡以上干部网亲友数”影响基层政府满意度的调节效应，由模型 9 可得知，“村委会活动数量”对“乡及乡以上干部网亲友数”截距的回归系数（γ_{71}）不显著，因此“村委会活动数量”对“乡及乡以上干部网亲友数”影响基层政府满意度不存在显著调节效应。

总体来说，针对基层政府满意度，假设 H12 得到验证，村庄整体的社群社会资本负向调节个体社会资本（“拜年网规模”）对基层政府满意度的影响。假设 H13 没有得到验证，和假设相反，村委会活跃程度正向调节个体社会资本（“拜年网规模”）对基层政府满意度的影响。

（2）高层政府满意度

a）个人层次的个体社会资本对高层政府满意度的影响。

由表 9－10 可见，和基层政府满意度不同的是，“拜年网规模”和“乡及乡以上干部网亲友数”在模型 2 和模型 3 都不显著，这说明针对高层政府满意度，假设 H7 没有得到证实。

b）社区整体因素对高层政府满意度的直接影响。

和基层政府满意度情况相同，“本村人信任村庄均值”的回归系数

（γ_{01}）在模型4中显著，且均为正值，这说明“本村人信任村庄均值越高”的村庄，其中的村民对于高层政府的满意度也越高。这表明针对高层政府满意度，假设H10也得到验证。

“村委会活动数量”的回归系数（γ_{01}）在模型5中也没有显著，这说明针对高层政府满意度，假设H11也没有得到验证。

c）社区整体因素对于个体社会资本影响高层政府满意度的调节效果。

和基层政府满意度情况一样，使用模型6、7、8、9来看“本村人信任村庄均值”对“拜年网规模”影响高层政府满意度的调节效应、“本村人信任村庄均值”对“乡及乡以上干部网亲友数”影响高层政府满意度的调节效应、“村委会活动数量”对“拜年网规模”影响高层政府满意度的调节效应、“村委会活动数量”对“乡及乡以上干部网亲友数”影响高层政府满意度的调节效应。

首先，看“本村人信任村庄均值”对“拜年网规模”影响高层政府满意度的调节效应，从模型6可知“本村人信任村庄均值”对“拜年网规模”截距的回归系数（γ_{71}）不显著，这说明“本村人信任村庄均值”不显著调节“拜年网规模”对高层政府满意度的影响。这和基层政府满意度情况不一致。

其次，考察“本村人信任村庄均值”对“乡及乡以上干部网亲友数”影响高层政府满意度的调节效应。由模型7可知，“本村人信任村庄均值”对“乡及乡以上干部网亲友数”截距的回归系数（γ_{71}）显著，且为正数，这和假设相反。而且更有意思的是，“乡及乡以上干部网亲友数”对高层政府满意度的回归系数从原先模型3中的不显著变为负向显著（-0.15）。这说明“本村人信任村庄均值”对“乡及乡以上干部网亲友数”影响高层政府满意度存在正向调节效应，且因为此调节效应的存在而使得“乡及乡以上干部网亲友数”对高层政府满意度产生了显著负向影响。和基层政府满意度情况很不一样。和假设也很不一样，将在总结中具体阐释。

再次，就“村委会活动数量”对“拜年网规模”影响高层政府满意度的调节效应而言，和基层政府满意度情况也不一样，从模型 8 可知，“村委会活动数量”对“拜年网规模”截距的回归系数（γ_{71}）不显著，因此“村委会活动数量”对“拜年网规模”影响高层政府满意度不存在显著调节效应。

最后，看“村委会活动数量”对“乡及乡以上干部网亲友数”影响高层政府满意度的调节效应，和基层政府满意度情况一致。由模型 9 可得知，“村委会活动数量”对“乡及乡以上干部网亲友数”截距的回归系数（γ_{71}）不显著，因此“村委会活动数量”对“乡及乡以上干部网亲友数”影响基层政府满意度不存在显著调节效应。

总体来说，针对高层政府满意度，假设 H12 没有得到验证，得到的结论和假设相反，村庄整体的社群社会资本正向调节个体社会资本（“乡及乡以上干部网亲友数”）对高层政府满意度的影响，假设 H13 也没有得到验证。

四　总结与讨论

灾害对正常社会功能产生严重干扰和破坏作用（Moore，1958）。社会科学工作者对灾害的研究聚焦于灾害前后发生作用的社会因素，通过比较正常的社会系统与受到灾害干扰之后的社会系统，研究社会性因素对个体和群体行为、认知等改变的影响。灾害给社会科学工作者提供了比较非常规和常规社会系统的研究土壤。学术界对政府满意度的研究较少关注人际关系因素的影响力，在灾害社会学研究基础上，本书引入社群社会资本、个体社会资本来研究汶川地震后村民对基层政府和高层政府的满意度。

本书使用多层线性回归模型（HLM）来分析村庄整体因素如何影响村民个体对基层政府和高层政府的满意度，以及村庄整体因素如何调节村民个体社会资本对基层政府和高层政府满意度的影响。本研究将村庄整体因素操作化为村庄整体的社群社会资本和村委会活动数量。将基层政府满意度和高层政府满意度影响因素对比分析可以得到有意思的结论。

首先，比较村庄整体因素对基层政府和高层政府满意度的直接效果，结果相似，相同点是有两点：第一，“本村人信任村庄均值”对于基层和高层政府满意度都有着显著性的正向影响，这说明在“本村人信任村庄均值”越高的村庄，对于基层和高层政府的满意度都越高。这很可能是因为在内部信任感越强的社区，更容易因为彼此间的信任而被动员起来，参与社区重建，使得政府重建的成效越好，从而形成对政府较高的满意度，而且由于情绪容易传染，因此信任感越强的社区中，对政府较高的满意情绪容易传染给周围的村民。第二，“村委会活动数量”对于基层和高层政府满意度都没有显著影响，这似乎暗示着和假设不一致，在村委会更为活跃、组织活动更多的村庄，并没有反映出比村委会不够活跃的村庄对于政府更高的满意度。但是“村委会活动数量”会对“拜年网规模”影响基层政府满意度产生重要调节作用，下文将分析。

另外，比较村庄整体因素对于个体社会资本影响基层和高层政府满意度的调节作用，结果大为不同。不同之处在于三点。

第一，产生调节效应的村庄整体因素不同，对于基层政府满意度而言，“本村人信任村庄均值”和“村委会活动数量”都产生了显著调节效应；而对于高层政府满意度，则只有“本村人信任村庄均值”产生了显著调节效应。

第二，调节效应所对应的个体社会资本不同，对于基层政府满意度而言，“本村人信任村庄均值”和“村委会活动数量”显著调节“拜年网规模”对基层政府满意度的影响；而对于高层政府满意度，“本村人信任村庄均值”显著调节“乡及乡以上干部网亲友数”对于高层政府满意度的影响。

第三，调节效应所导致的影响很不同！对于基层政府满意度而言，“本村人信任村庄均值”显著负向调节“拜年网规模”对基层政府满意度的影响，这意味着由“拜年网规模”所带来的对基层政府满意度的差异被“本村人信任村庄均值”所削弱，和假设一致，即村庄整体社群社会资本越高，“本村人信任村庄均值”越高的村庄，由于互动更多，从而使得认知平衡机制可以很好地发挥作用，从而缩小村民之间因为个体社会资本的不同（“拜年网规模”的不同）而导致的对基层政府满意度的差异。

但是有趣的是，“村委会活动数量”显著正向调节“拜年网规模”对基层政府满意度的影响，这和假设相反。“村委会活动数量”与“本村人信任村庄均值”的差异，以及“村委会活动数量”对基层政府满意度的直接影响也不显著，都可能正好说明了在灾后的乡村社区中，来自于政府力量组织的村委会活动可能对于促进灾后村民互动意义不大，反而是村民之间的人际关系、信任能够更好地发挥促进互动的作用。

同时，这一和假设相反的正向调节效应可能是因为“拜年网规模”高的村民，反而在村委会活动中扮演更积极的角色，所以她/他的重要性更加凸显，因此“村委会活动数量”没有缩小“拜年网规模”高的村民与大家的差异，村民之间的差异反而被放大，这是典型的“精英吸纳”，即村委会活动可能吸纳了更多的个体社会资本高的精英，而不是吸纳普通的村民。

而针对高层政府满意度，“本村人信任村庄均值”显著正向调节“乡及乡以上干部网亲友数”对高层政府满意度的影响，这和假设相反。而且由于这一调节效应的存在，“乡及乡以上干部网亲友数”对高层政府满意度的影响从原先的不显著变为负向显著。这非常有意思。这说明相比较于“人际淡漠”的村庄，在“人际和谐”的村庄，干部网资源（也可理解为权力资源）所导致的对高层政府满意度的差异更大了，而且干部网资源越多的人，反而对高层政府的满意度更低。这可能可以用“结构洞”的视角来理解，即在“人际和谐”的村庄，人们互动更多，打破了信息传递中间的“结构洞”，从而使得掌握更多干部网资源的人，反而没办法通过其突出的和干部的关系而获得更多资源，政府资源被大家以平分的方式处理，因此掌握更多干部网资源的人反而对资源的最初来源方（高层政府）出现较低的满意度，而普通村民则因为互动增多而获取很多信息，从而对高层政府出现较高的满意度，并且掌握更多干部网资源的人可能因为对获取信息不足的不满而使得对高层政府满意度进一步降低，从而使得其与普通村民之间对高层政府满意度的差异被扩大。而在“人际淡漠”的村庄中，由于人们之间互动有限，形成很多的信息传递结构洞，使得拥有更多干部网资源的人“如鱼得水”，获得更多信息与资源，从而对高层政府本来较低的满意度因为得利而上升，从而和普通村民之间的差异被缩小。另外，对于这一现象可能的解释在于，拥有更多干部网资源的人，由于和基层干部走得比较近，所以会得到很多关于高层政府的负面信息，从而可能会导致对高层政府较低的满意度；同时，在“人际和谐”的村庄，人与人之间较多的互动可能带来负面情绪的濡染加强，即干部网资源较多的人可能会对一般人倾诉对高层政府的负面情绪，而一般人又将这种负面情绪倾诉回来，从而使得干部网资源较多的人对高层政府的负面情绪加强，从而可能加大干部网资源所带来的政府满意度的差异。

本研究在收集到汶川震后三年期数据的基础上，建构了社群社会资本概念及其指标，并在此基础上得到一些有意思的结论，并对乡村社会的发展状况做出了相应的思考和诊断。与此同时，也存在一些不足。

一方面，从数据上来说，因为前期工作的遗憾，部分问卷的网络资料没有收集齐全，导致数据分析时的资料量有所损失。同时，由于未能收集到完整村子的村主任问卷，由此导致政府满意度的 HLM 分析只能使用 485 笔资料，而不能和多元回归分析一样，使用“三网”俱全的 556 笔资料。数据上的不一致导致无法比较多元线性回归和多层线性回归结果，这是非常大的遗憾。

另一方面，从变量上来看，一是在多元线性回归模型中，由于问卷中没有关于“政府感知绩效”和“公众期望差异”的最直接的问题，所以对于已有研究的操作化（政府公平性评价和生活满意度）是否能够准确反映“政府感知绩效”和“公众期望差异”这两个概念，还有待斟酌。

希望未来研究能够找到更有代表性的问题，从而和已有研究做出更好的比较。二是政府公平性评价只有一道题目，无法测度这道题的效度。三是没有变量测量结构型社群社会资本，作者所在研究团队仍然以保持高质量数据量为前提，正在努力寻找能够反映结构型社群社会资本的合理变量。四是个体社会资本中删除了已有研究中的拜年者中最有权力者的社会经济地位变量，这是因为本研究的研究情境是四川乡村社区，村民之间所认识的最有权力者社会经济地位差异不大。五是多层线性回归模型的变量问题，由于 HLM 的各个模型过于复杂，所以本着精简模型的角度，选取了一些变量，和多元线性回归所使用的操作化变量并不一致，导致在模型比较上无法实现，模型还有待进一步完善。

在接下来的研究中，本团队将继续推进既有研究，对社群性和公共性的区别和联系进行研究，同时将社群社会资本纳入更多议题的研究中，如政府信任、身体健康、成功归因等。

第十章

乡村社区的双重断裂

本书主旨在于在中国乡村社区的环境中以自组织的视角分析灾后重建恢复的情况，提出了一个自组织过程中内聚能力的衡量方法，建构了社群社会资本的主要构成维度，包括关系、结构与认知三个维度，并讨论了各维度之间的关系。通过对汶川震后乡村社区调查数据的分析，本书发现关系型社群社会资本、结构型社区社会资本、认知型社群社会资本两两相互影响。建构出社群社会资本及其指标后，本书将其作为自变量，分析其构面对救灾或重建活动、特殊信任、心理健康和政府满意度的影响。社群社会资本概念及其三构面的内部关系均具有良好的稳健性，它作为一个较少被研究的自变量，在救灾或重建活动、特殊信任、心理健康和政府满意度的实证分析中，均被证实有一定的影响力。

社群社会资本概念的提出及其测量指标的确定，无论是在理论上还是实践上，都具有很重要的意义。从理论上而言，自组织过程是一个中观层次的过程分析，社群社会资本则是这个过程中衡量任一时期社群内聚力的一个静态的定量指标，可以桥接微观的个体社会资本与普特南意义上的宏观集体社会资本，对于宏观理论落实到中层理论，再扎根于实证分析，贡献了一份学术力量。实践意义上，社群社会资本的测量对转型时期的社区建设、社会管理创新、社会建设都有极大的借鉴意义。社群社会资本可以测量出不同社群内部的社会资本存量及不同类型社会资本的结构形态，这对于政府部门制定区域决策、社会团体进行相应的社区辅导等均有指导意义。

社会建设的应有内涵之一是社群及社区建设，通过社区内部形成活跃的自发组织、繁密的横向社会纽带等，以由下而上的自组织力量参与社会上各类的公共事务，从小集体的经济发展、社区内社会福利供给、专业及产业社群专业伦理建设，到组织众多民间组织以完善社会治理，社群社会资本得以区分出小集体的内聚与合作能力，并能够区隔以陌生人为主的大集体的认同与集体意识。这对研究上述社会建设议题极有助益，并可以作为“桥”进一步探讨大集体公共领域的形成和公民社会的建设。

本书重点在探讨社群/社区的力量如何发挥作用，以汶川大地震为切入口，探讨社群内自下而上自组织的力量如何发挥作用，因此收集了从受灾初期到重建完成的资料，包括定性的社会干预和深度访谈，也包括了定量的四年三期问卷调查数据。我们的定性研究分析了灾后重建中自组织的形成过程以及自治理机制的建立过程，并写成《云村重建纪事——一次社区自组织实验的田野记录》一书；定量研究的初步成果呈现在本书中，即是以社群社会资本分析重建恢复的情况。

一　各章内容结论

（一）重建恢复的趋势分析

本书第一个统计分析是以三期每期追踪到相同的 270 户乡村居民的数据进行的趋势分析，这三个时期分别是大多数灾民还住在板房区内的 2009 年 5 月，重建开始的中期即 2010 年 10 月，以及重建完成后大多数灾民已搬入新居的 2012 年 4 月。因为研究采用的是立意抽样，非随机抽样，所以这个分析不宜过急推论整个灾区恢复的情况，所有样本来自接近成都市的川西平原地区，所以可视其为典型样本，足以推论到川西平原的受灾地区。

1. 个体社会资本

（1）村民拜年网规模随灾后恢复而内部差距拉大，两极分化明显。

（2）村民的拜年网网顶，呈现高低两个阶层，重建中更多村民认识了相对有较高社会经济地位的人，也呈两极分化。

（3）代表个人认识权力位阶较高者的乡与乡以上干部网亲友数存在总体下降的趋势，以及代表个人深深镶嵌在密网中的关系网亲友比例也呈下降之势。

2. 社群社会资本

对关系维度社群社会资本的情感网本村人总数、工具网网本村人总数，以及认知维度的本村人信任、社群归属感、邻里构面等五个指标进行了变化情况分析，分析结果显示：被访者情感网本村人人数三期呈平稳发展态势，呈上升趋势的包括工具网本村人总数、被访者社群归属感、被访者邻里亲密程度，呈下降态势的是被访者本村人信任情况。

3. 经济生产恢复情况

资料显示，随着时间的推移，灾后社区的总体情况在朝着积极的方向发展。

（1）低保户数量从震前到重建中期急剧上升，但在重建完成后又有所下降。

（2）领取贫困救济物资者基本上三期保持稳定。

（3）从事农业生产活动者震前达九成，但重建中这一比例一路下降。

（4）从事非农业生产活动者则基本持稳，二、三期数据都显示有10%上下的人未从事农业也未从事非农业，第三期数据又高于第二期。

（5）生活满意度上，受访者回答比较满意的占有六成五以上，而且保持稳定，很满意的先升后又急降，不满意的则在重建完成后急升，可以看出重建结果与灾民期望的落差。

（6）对村庄有较高认同感/归属感的村民参与社区自组织灾后重建活

动的发生比更高，村民在村庄内既有的社会网络对村民参与社区自组织灾后重建活动并没有明显的支持作用。

（7）“干部网规模”对村民参与政府组织的灾后恢复活动却具有正面作用，村民的干部网络对于村民参与志愿性社区活动（自组织）具有非常明显的负面作用，即政府的强力作用反而会抑制自组织的积极性。

（8）基层政府的确在灾后恢复中扮演了极为重要的角色，但基层政府与村民自组织的动员网络有较大的区隔，前者甚至会对后者产生负面影响。

4. 社会信任

通过对包括家人、外地人、各级政府及其各类职业和机构的信任程度问项来收集信息。我们将家人、好友与周围的人（或邻居）的信任得分加总平均得到的特殊信任状况，将市场上一般商人/买卖人以及外地人的信任得分加总平均得到了一般信任的状况。从 2009 年灾后初期到 2012 的灾后恢复期间，村民一般信任的总体趋势是下降的，特殊信任度虽然一直非常高，但追踪数据显示其也显示了与一般信任相似的逻辑，呈现为下降的态势。

5. 健康信息

本研究将关于健康的 12 道题进行因子分析，提取出“身体健康因子”、“心理健康因子”和“未来信心因子”，三个方面的数据显示，身体健康和未来信心均随重建完成而变得愈加积极，而心理健康的变化则更为复杂，不健康者的改善是明显的，但前期改善很多，但后期几乎停滞，心理健康者也是前期改善较快，后期则略有改善。虽然未来信心和心理健康都是一路向上的在改善，但心理健康前期改善较多，而对未来的信心后期改善较多。

6. 政府信任和满意情况

政府信任和满意分为基层政府和高层政府两个信任对象，二者呈现出不同的信任逻辑。

(1) 受访者的基层政府信任度是一路走低的，因为对基层政府信任度较低的比例稳步攀升，而信任度高的比例则在不断下降，使得总体趋势不断下降。尤其值得关注的是 4.1 ~ 5.0 区间的高信任度分值变化情况，从 2009 年的 41.9% 下降到 2012 年的 9.3%，降幅明显。

(2) 高层政府信任虽然居高不下，但也存在一个下行的趋势，其中高信任度分值的 4.1 ~ 5.0 区间的跌幅明显，从 2009 年的 93.3% 下降到 2012 年的 58.5%。

(3) 民众对政府满意度的总体趋势是“央强地弱”，即对高层政府的满意度相对更高，而对基层政府的满意度则相对更低，呈现出从基层到高层的倒金字塔结构。

(4) 民众对政府的满意度呈现为下降态势，村民对各级政府“很满意”的比例均是大幅下降的，只有村/居委会相较于第二期，第三期有一定程度的增长。降幅方面，因为中央政府和省政府的起点较高，因此下降的幅度特别的大，而市/县政府与乡/镇政府，虽然也在逐渐下降，但因起点本就已经很低，所以下降的绝对幅度比高层政府小很多。

(二) 社会资本对重建恢复的影响分析

2009 年与 2012 年各项显著指标请见表 10 - 1。

表 10 - 1　2009 年与 2012 年各项显著指标一览

变　量	特殊信任		心理健康		基层政府满意		高层政府满意	
	2009	2012	2009	2012	2009	2012	2009	2012
社群社会资本								
关系网本村人总人数	+	+				+*		+*
社群归属感		+	+		+	+*		+
本村人信任	×	×			+	+	+	+
个体社会资本								
拜年网规模		+	-*	+		+		+*

续表

变　量	特殊信任		心理健康		基层政府满意		高层政府满意	
	2009	2012	2009	2012	2009	2012	2009	2012
乡及乡以上干部网亲友数				+ *		+		
关系网亲友比例			– *	–		+		+
控制变量								
年龄			+ *		+		+	
党员						+		+
教育程度	+	–		+		–		– *
性别	+ *	+			– *			
婚姻	f					f		

注：＊表示在部分模型中显著，但在全模型中被社群社会资本或个体社会资本把效果控制住了。

F 表示该变量与被解释变量在相关表中不相关，但在全模型中因共线性变为显著，我们在此将之视为虚假相关。

×表示该变量未纳入该模型中。

我们用第一期与第三期资料分别分析三个变量的因果模型，其一是一个村民对社会的态度，本研究选取特殊信任为代表，其二为个人健康恢复状况，本书选取心理健康为代表，其三是对政府的态度，本书选取政府满意度为代表。因为我们是立意抽样，而非随机抽样，不好推论及于整个灾区的因果分析，第一期与第三期资料涵盖的家户也不完全一样，但其资料组合中第一期有 13.7% 的样本来自于北川羌族自治县的山区，第三期样本有 16.8% 来自于茂县（原羌族自治县）山区，其他都来自于川西平原汉人聚居的村落，观察这两期受访者的各类社经背景统计，户口、年龄、性别、婚姻以及教育程度，两期数据的社经背景分布也相当一致，所以其因果分析结果的比较还是具有一定的意义。

特殊信任指一个人对一群有直接关系的人的信任，是灾后受灾社区居民对其周遭直接互助的一群人的信任。本研究从社会资本的视角出发，探讨灾后乡村社区居民特殊信任的恢复情况，主要解释变量是社群社会资本与个体社会资本。提出社区以及个体社会资本对特殊信任有正向显著影响假设后，将汶川震后2009年的466笔与2012年的556笔数据纳入回归模型，结果显示：在重建初期，只有关系网本村人总数会正向影响特殊信任，控制变量中教育程度与性别也有正向影响；重建三年后，正向显著影响的指标为关系网本村人总数、社群归属感、拜年网规模。教育程度与性别仍有影响，教育重度转为负向。我们认为，重建初期只社群社会资本重要，是因为灾后初期，居住在板房中的村民因处特殊情境，因高度聚居带来对社群的特别需求，而在生活恢复常态后，个体及社区间的利益博弈使社区和个体社会资本对特殊信任都变得重要。

汶川大地震在生理、心理、财产等多个方面对灾区人民均产生了重大的影响，在震后人们的心理健康状况是如何恢复的成了很多学者关注的话题。本研究从社会网的角度尝试对此问题进行讨论，探讨了社会资本对心理健康重建起到的作用，证据再次显示个体社会资本从初期的不重要变成了后期的十分重要，而有趣的是社群社会资本在初期重要，到了重建完成时反而不重要了，我们尝试用乡村里村民的分层现象对“社群社会资本越高心理健康值反而越低”这一结果做出了解释。

学界对政府满意度和社会资本都有大量的研究，但是将二者联系在一起考量的研究则较为稀缺。本研究分别运用多元线性回归和多层线性回归方法探究汶川地震后不同时间段社群社会资本和个体社会资本对于基层政府和高层政府满意度的影响。2009年和2012年基层政府和高层政府满意度的线性回归模型结果表明：震后初期的2009年以及重建完成的2012年这两个时期，认知型社群社会资本对基层和高层政府满意度均有显著影响，到重建完成时，原本影响不重要的个体社会资本及关系型社群社会资本也变得显著。

多层线性回归模型（HLM）分析以村庄整体为研究单位的社群社会资本对基层和高层政府满意度的直接影响以及如何调节个体社会资本对

不同层级政府满意度的影响力，研究结果发现：对于基层和高层政府满意度，直接效果较为类似，村委会活跃程度都无显著影响，村庄整体的社群社会资本对基层和高层政府满意度都有显著正向影响；调节作用有较大不同，和假设相反，村委会活跃程度显著正向调节“拜年网规模”对基层政府满意度的影响，村庄整体的社群社会资本显著正向调节“乡及乡以上干部网亲友数”对高层政府满意度的影响。总体来说，本研究发现随着灾后恢复的完成，个体社会资本变得非常重要，有利于形成对政府较高的满意度，同时个体社会资本的影响会受到社群社会资本的调节作用。

二　讨论——重建自组织社会?

（一）趋向原子化的乡村社区

从2009年和2012年的显著指标对比中可以发现，2009年时特殊信任、心理健康、基层政府信任和高层政府信任这四个变量中，在板房区时个体社会资本均不显著，往往只有部分社群社会资本变量显著。而到了2012年，社群社会资本在保持2009年显著性的同时，曾经不显著的个体社会资本开始变得显著，尤其是拜年网规模，在每个变量中都变得显著。因此，在灾后初期，社群社会资本的作用非常明显，而随着灾后恢复的完成，个体社会资本的重要性与日俱增。由此可见，社会资本的作用在灾难发生初期和灾难恢复后的作用效果是不同的，不同阶段有不同的影响机制。其中尤其特别的是社群归属感在重建初期时对心理健康很重要，但到了生活恢复正常时，反而变得不重要了。

这说明了大灾是一个非常时期，让大家感觉到了合作的重要性，所以社群社会资本在2009年的各个解释模型中都变得很显著，而此时个人的努力在大灾过后聚居板房时期则显得不太重要。但随着重建展开，所有模型完全一致地，个体社会资本越来越重要，其中最特别的是心理健康，社群归属感的在重建完成后重要性消失了，反而影响因素是，教育程度高、人脉广博、政治权力关系多以及不身陷在密网而有较广连带的人心理较健康，都是能获取资源的个体社会资本与人力资本对心理健康有帮助。重大事件往往是一个契机，让人们觉得互助合作的重要，但是随着重建的展开，今日四川灾区乡村的现实却是个体社会资本在恢复过程日渐重要，背后是否意味着中国乡村趋向原子化，重建依靠个人的各类资本的重要性在增加？

但是吊诡之处在于，重建期间个体社会资本对社会信任、心理健康、政府满意的影响力在上升，社群社会资本的影响力在下降，但个体社会资本却基本上呈现两极分化的趋势，使乡土社区中阶层分化更加明显。相反的，社群社会资本却基本上一路上升。可能的解释是落入下层的居民更加抱团于社区之中，有更多的人有更强的社区依附，使平均的社群社会资本反而上升。鉴于普遍观察的结果就可以看到今日四川乡村因为外出打工而产生空心化、老龄化现象，乡村社区活力下降，集体行动的组织者缺乏，虽然留下来的人抱团倾向明显，但缺少社会能人的组织，所以乡村集体行动很少，这可以用来解释重建过程中的个体社会资本逐渐重要的现象。

另一个证据是第五章所展示的，即使在2009年的数据中，当社群需求最强烈的时期，仍有57.1%的人不参加任何集体救灾或重建的活动。本书第五章中村民的救灾方式和参与重建方式均可按是村民自发自组织的抑或基层政府等主体他组织的分成四类，一是自组织和他组织都参与的，二是只参加自组织的，三是只参加他组织的，四是都不参与的。综合考虑村民的救灾和重建，对这四类人进行描述性统计分析，结果见表10－2。都不参加者的特质是拜年网规模偏小，年龄较大，教育程度又低，再次印证了村中较弱势的人不能或不愿参加社群集体活动，使原子化倾向增强。

表 10－2　重建与救灾参与中自/他组织维度区分的四类人

自/他组织参与类型的人群划分		拜年网规模	乡及乡以上干部网亲友数	受访者年龄	是否党员	受访者教育程度	受访者性别	受访者婚姻状况
两类活动都参加者	均值	32.5714	.7500	45.7857	.2143	3.3214	.7857	.8214
	N	28	28	28	28	28	28	28
	标准差	24.90639	1.20570	8.59094	.41786	1.49204	.41786	.39002
只参加自组织者	均值	29.4955	.1441	45.7477	.0360	3.1261	.5225	.9189
	N	111	111	111	111	111	111	1111
	标准差	20.08657	.60071	11.62792	.18723	1.24402	.50176	.27420
只参加政府组织者	均值	22.4769	.2769	47.0615	.0923	2.9385	.7344	.9077
	N	65	65	65	65	65	64	65
	标准差	14.82197	.83867	10.98988	.29171	1.27325	.44516	.29171
都　不参加者	均值	22.6308	.2214	52.9924	.0573	2.4809	.5057	.8282
	N	260	262	262	262	262	261	262
	标准差	18.20630	.70347	14.19190	.23277	1.20250	.50093	.37789
总　计	均值	24.8513	.2425	50.0064	.0665	2.7489	.5582	.8605
	N	464	466	466	466	466	464	466
	标准差	18.97781	.75005	13.32594	.24946	1.27644	.49714	.34682

（二）断裂的乡土社会

相比于自组织、政府组织的集体活动都不参加的人，两类都参加的居民，人数虽少只占受访者5.2%，但却是乡村社区中的精英，拜年网规模明显较大，乡与乡以上干部网亲友数高三倍，年龄偏轻，更多比例是党员，教育程度高不少，男性比例也较高，相对都是强势地位团体的特征。

只参加自组织者相比之下也是强势团体，他们明显拥有较大的拜年网规模，年轻程度与受教育年限都几乎不输给上述两者都参加的精英，但在与政治权力有关的干部网上，党员地位上，以及性别上则相比两者都不参加的人没有明显优势。

只参加政府组织的集体活动者相此两者都不参加者也是强势团体，在年龄、受教育程度、性别上仍有优势，只是没有前两者的优势明显，但最值得注意的是，他们拥有更多的乡与乡以上干部网亲友数以及更高的党员比例。

不参加任何救灾或重建的乡村居民平均起来拥有较弱势的地位，正是有大量的弱势团体无能或不愿参与到社群集体活动中来，使不参与者的社经地位平均较低，而这个族群人数占比在最需要社群互助的大灾之后，仍高达57.1%。社会学家孙立平在其转型社会三部曲之一的《断裂》中，对中国社会做出了“断裂”的判断，他认为断裂社会的实质是多个时代的成分并存，内部缺乏有机的整合机制（2003）。这种结构性断裂发生在多个层面，如城市下岗失业人员激增、城乡二元结构等，城乡之间、上下层之间、贫富之间形成了主要的社会断裂带，分裂为截然不同的两个世界。我们发觉断裂不止发生在城乡之间，城市之内，其实也发生在乡村社区中。

另一个相似的证据就发生在第四章的网顶分析之中，网顶分布在三期资料中都呈现双峰结构，约50%到55%的人网顶值低于60，其中大多数集中在25～40，也就是只认识工人与农民，另有45%到50%间的人网顶值高于60，大多数集中在60～70，也就是能有专业人士向其拜年。双峰结构也说明了四川灾区的乡村社区中存在着“精英”与“底层”的区隔。

另一个有趣的发现是今日四川灾区农村中，深陷亲友密网的人往往是相对弱势的人，从附录一的相关表就可以看出，与其呈负相关的有拜年网规模、教育程度；与其正相关的则是年龄，所以这是一群人脉较少，学历较低以及年龄偏大的人。在青壮劳力纷纷离村出外打工后，反而是有较多弱关系，尤其是村外关系，不嵌入在密网中的人在村中占优势，这似乎是可以推论及于大多数中国乡村的情况。村民如果深深嵌入在关系网（工具网、情感网）的小圈子中，对自组织的集体活动不会有促进作用，却对政府组织的救灾和重建活动有负面作用，可能是他们无力参与，也可能是政府并无兴趣动员他们。

所以嵌入亲友密网作为个体社会资本，是负面的，这也说明为什么其他的个体社会资本对心理健康正向显著影响时，关系网亲友比例却是一个负向因素。但这个因素在2012年分析中却正向影响了对基层政府及对高层政府的满意，我们原本的理论假设以为密网抱团可以更好地对接政府在灾后提供的资源，所以对政府满意，这对嵌入在社区网络中的人而言是真实的，但用此解释嵌入在亲友密网的弱势者而言，弱者抱团能不能对接政府资源？所以另一个解释反而是嵌入密网的人信息相对封闭，较易接受政府的宣传，即使在社经地位上身处弱势，还是较满意政府的所为。这个假设有待更多资料加以验证，且有针对此一议题的解释模型加以分析。

（三）基层政权介入——双重断裂

本研究的实证分析发现，在乡村社区内部也形成了“精英”与“底层”的断裂。进一步分析让我们察觉即使在乡村的精英中也有“断裂”，参与集体救灾或重建活动中的人也只有八分之一自组织与政府组织的都参与，其他的八分之七分成两类。比较只参加自组织者和只参加政府组织者，虽然两者都是乡村“精英”，前者拜年网规模明显高于后者，教育程度也略高一点，但后者有较多的乡与乡以上干部网亲友数，较高的男性比例，也较多地被吸纳成为党员。我们可以称前者是“社会关系多的精英”，后者是“政治关系多的精英”，而两者兼备的人，也就是可以作两方之间“桥”的人却人数不多。这两类“精英”似乎也有断裂之势。

政治关系好、男性、学历较高、年龄较轻的“精英”容易被政府吸纳去参加基层政府组织的活动。乡村精英作为基层社会的精英被体制所吸纳，成为一个特殊的利益群体，他们虽然身处乡村社区，但与之互动频繁、资源和信息交换密切的均是基层政府。而政治关系不那么好的另一群“精英”则倾向于参加自组织，大量的底层既不能被体制吸纳，也没有自组织的能力，一团散沙。可见，在乡村社会，被体制吸纳的“政治精英”、能自组织的“社会精英”和原子化状态的乡村底层，构成了基本的社会结构形态。乡村内部断裂带的形成及其内部有机联系和整合的缺乏，导致了乡村的衰败。

综合以上变量显著情况及村庄内部分化情况，本研究的另一大亮点逐渐浮现。在既有的社会网络测量中，拜年网、工具网（讨论网）、情感网等被作为常用的测量对象纳入研究和分析中，但干部网则未被纳入过研究，本研究的干部网测量是此次调研的一个独特亮点，亦可能成为社会网络研究的一个新的增长点。在建构个体社会资本指标时，本研究提出了“乡及乡以上干部网亲友数”这一新的变量，丰富和推进了个体社会资本测量的研究。

自韦伯开始，财富、权力和声望就成为衡量社会分层的标准。在中国，干部身份即是权力的象征。个体社会资本反映的是个体社会网络中可动用的潜在社会资源量，权力资本作为社会资本的子项目，在乡村社会中的重要性被凸显出来。2012 年的基层政府满意的回归分析结果显示，拥有较多的乡及乡以上干部网亲友数会显著正向影响基层政府满意度。村民参与自组织或他组织活动的分析结果更是显示了村庄的内部分化，那些和政府关系好的村庄精英倾向于参加基层政府组织的活动，且对自组织活动有一定的抑制作用。可见，干部网多的人倾向于参加政府的活动，且拥有较高的基层政府满意度。其更多的影响内容和作用机制及其逻辑，仍有待后续的进一步研究。

（四）自组织的困难性

总体而言，乡村中党政关系过硬，且人缘较好的精英更倾向两种组织方式均参与；有一定党政关系，但与村中其他人关系一般的人倾向只参与政府组织的救灾、重建；党政关系较少，不能直接得到政府帮助的人倾向参与自组织活动；年纪较大，受教育程度较低且深陷乡村亲友网的人更倾向于参与任何救灾、重建活动。换言之从四川灾区灾后恢复过程观之，乡村社区的双重断裂——“精英”与“底层”的断裂以及“政治关系多的精英”与“社会关系多的精英”的断裂——为社区自组织活动带来极大

的伤害，

如自治理理论所预料的，一群人有关系、有认同感或关系网结构较封闭都有助于自治理机制的建立（Ostrom，2008）。本研究也发现，对本村有较高认同感的村民参与自组织的社区志愿性活动的可能性更大。社群社会资本高是一个社群能否自组织，并建立自治理机制以促进合作并阻止搭便车者的关键。

然而，乡村“精英”的干部关系网对村民的社区志愿性活动呈现负面作用，只能促使村民参与政府组织的救灾和重建恢复活动，却不利于村庄自组织力量的发育。这与基层政府的精英吸纳方式有关。另外，一大群“底层”则不能或不愿参与自组织活动，也不利于乡村社区自组织的开展，这可能是乡村青壮劳力外出打工，农村空心化，留下一群活动力很低的“底层”有关。双重力量使今日的乡村社区自组织解决自身问题的能力大为受限。这些分析结果不仅有助于深化社会网因素对灾后恢复过程影响的认识，也有助于更全面地认识基层政府在灾后恢复和村庄发展中的作用与自身定位。

但是从本书的分析可以看到，社群社会资本的培育仍有其重要性，尤其是在大灾之后。在2009年的分析中发现，无论对社会的特殊信任，对自身的心理健康，对政府的满意度，它都有显著正向影响。更值得注意的是，社群社会资本可以促成自组织的救灾或重建活动，这在大灾之后的恢复阶段发挥着关键作用。所以有高的社群社会资本的社区，我们可以推论，在社会危机如大灾之后，有较强的抵御危机的自我保护机制。即使在恢复时期，我们甚至也可以推论到今日中国乡村的日常生活中，社群社会资本依然正面促进着个体对社会的特殊信任以及对政府的满意度，这对减少社会冲突，增加社会互信与政府信任有所帮助。

如何重建我们这个社会中的社群社会资本是社会发展的要义所在，也仍是横亘在我们面前的难题。

参考文献

奥尔森，曼瑟，2007，李增刚译，《国家的兴衰：经济增长、滞涨和社会僵化》，上海：上海人民出版社。

奥斯特罗姆，埃莉诺，2012，《公共事物的治理之道：集体行动制度的演进》，余逊达、陈旭东译，上海：上海译文出版社。

巴比，艾尔，2005，《社会研究方法》，邱泽奇译，北京：华夏出版社。

贝尔，丹尼尔，2002，《社群主义及其批评者》，李琨译，北京：生活·读书·新知三联书店。

边燕杰，2004，《城市居民社会资本的来源及作用：网络观点与调查发现》，《中国社会科学》第3期。

边燕杰、丘海雄，2000，《企业的社会资本及其功效》，《中国社会科学》第2期。

边燕杰、李煜，2000，《中国城市家庭的社会网络资本》，《清华社会学评论（第二辑）》，福建：鹭江出版社。

伯特，罗纳德，2011，《结构洞：竞争的社会结构》，任敏、李璐、林虹译，上海：世纪出版集团。

Burt, R. S. & Knez, M., 1996/2003，《信任与第三者闲言》，黄晓亮、李兆涛译，见克雷默、泰勒主编《组织中的信任》，北京：中国城市出版社。

蔡宏进，1985，《社区原理》，台北：三民书局。

蔡立辉，2003，《西方国家政府绩效评估的理念及其启示》，《清华大学学报（哲学社会科学版)》第18卷第1期。

陈盼，2005，《社会信任的建构：一种非营利组织的视角》，硕士学位论文，武汉大学社会学系。

陈向明，2000，《质的研究方法与社会科学研究》，北京：教育科学出版社。

迪尔凯姆，1996，《自杀论》，冯韵文译，北京：商务印书馆。

丁志铭，1996，《农村社区空间变迁研究》，《南京师大学报（社会科学版)》第4期。

冯仕政，2004，《我国当前的信任危机与社会安全》，《中国人民大学学报》第2期。

费孝通，1985，《乡土中国》，北京：生活·读书·新知三联书店。

——，1998，《乡土中国生育制度》，北京：北京大学出版社。

福山，弗朗西斯，2001，《信任：社会美德与创造经济繁荣》，彭志华译，海口：海南出版社。

格兰诺维特，马克，2007，《镶嵌：社会网与经济行动》，罗家德译，北京：社会科学文献出版社。

官宇轩，1994，《社会支持与健康的关系研究概述》，《心理学动态》第2期。

桂勇、黄荣贵，2008，《社区社会资本测量：一项基于经验数据的研究》，《社会学研究》第3期。

哈贝马斯，1999，《公共领域的结构转型》，曹卫东等译，上海：学林出版社。

胡鸿保、姜振华，2002，《从“社区”的语词历程看一个社会学概念内涵的演化》，《学术论坛》第5期。

胡荣、李静雅，2006，《城市居民的信任构成及影响因素》，《社会》第6期。

胡荣，2007，《农民上访与政治信任的流失》，《社会学研究》第3期。

胡荣、胡康、温莹莹，2011，《社会资本、政府绩效与城市居民对政府的信任》，《社会学研究》第1期。

黄源协、萧文高、刘素珍，2007，《社区意识及其影响因素之探索性研究》，《社会政策与社会工作学刊》第2期。

吉登斯，安东尼，2011，《现代性的后果》，田禾译、黄平校，南京：译林出版社。

蒋冬青、姜原成，2009，《政府公众满意度测评：基于层次分析法与模糊评价的综合评价》，《中南财经政法大学研究生学报》第1期。

Lewicki，Roy J. & Barbara B. Bunker，2003/1996，《工作中信任的发展与维持》，寿小丽、李贤涛译，见克雷默、泰勒主编《组织中的信任》，北京：中国城市出版社。

李惠斌、杨雪冬，2000，《社会资本与社会发展》，社会科学文献出版社。

李培林、李炜，2007，《农民工在中国转型中的经济地位和社会态度》，《社会学研究》第3期。

李强，1998，《社会支持与个体心理健康》，《天津社会科学》第1期。

李明伍，1997，《集体社会资本的一般类型及其若干传统模型》，《社会学研究》第4期。

李伟民、梁玉成，2002，《特殊信任与普遍信任：中国人信任的结构与特征》，《社会学研究》第3期。

梁克，2002，《社会关系多样化实现的创造性空间：对信任问题的社会学思考》，《社会学研究》第3期。

林南，2005，《社会资本：关于社会结构与行动的理论》，张磊译，上海：上海人民出版社。

林聚任，2007，《社会信任和社会资本重建：当前乡村社会关系研究》，济南：山东人民出版社。

林信廷，2009，《Making Community Work：社会资本与社区参与相关性之研究》，硕士学位论文，台湾暨南大学社会政策与社会工作学系。

刘丹，2008，《信任关系建构与利益群体间的冲突缓解——以当前的物业管理与业主关系为例》，硕士学位论文，南京航空航天大学人文社会科学学院。

刘军，2006，《法村社会支持网络：一个整体研究的视角》，北京：社会科学文献出版社。

陆奇斌等，2010，《基层政府绩效与受灾群众满意度的关系》，《北京师范大学学报（社会科学版)》第4期。

卢曼，尼克拉斯，2005，《信任：一个社会复杂性的简化机制》，瞿铁鹏、李强译，上海：上海人民出版社。

罗尔斯，约翰，2001，《正义论》，何怀宏等译，北京：中国社会科学出版社。

罗家德，2006，《华人的人脉：个人中心信任网络》，《关系管理研究》第3期。

——，2008a，《特殊信任与一般信任：中国组织的社会网分析》，吴倬、张成岗主编《清华名师讲坛》，合肥：安徽人民出版社。

——，2008b，《组织社会资本的分类和测量》，陈晓萍主编《组织与管理研究的实证方法（第二版)》，北京：北京大学出版社。

——，2010，《社会网分析讲义（第二版)》，北京：社会科学文献出版社。

——，2012，《关系与圈子：中国人工作场域中的圈子现象》，《管理学报》第2期。

罗家德、李智超，2012，《乡村社区自组织治理的信任机制初探：以一个村民经济合作组织为例》，《管理世界》第10期。

罗家德、叶勇助，2007，《中国人的信任游戏》，北京：社会科学文献出版社。

罗家德、孙瑜、和珊珊、谢朝霞，2013，《自组织运作过程中的能人现象》，《中国社会科学》第10期。

罗家德、方震平，2013，《社会资本与重建参与：灾后恢复过程中的基层政府与村民自组织》，《WASEDA RILAS JOURNAL》第1期。

罗家德、方震平，2014，《社区社会资本的衡量：一个引入社会网观点的衡量方法》，《江苏社会科学》第1期。

马特·GM·范德普尔，1994，《个人支持网概述》，《国外社会科学》第1期。

麦金尼斯，迈克尔、奥斯特罗姆，文森特，2003，《从追求民主到自主治理》，王焱编《宪政主义与现代国家》，北京：生活·读书·新知书店。

帕特南，罗伯特，2011，《独自打保龄：美国社区的衰落与复兴》，刘波等译，北京：北京大学出版社。

彭泗清，1999，《信任的建立机制：关系运作与法制手段》，《社会学研究》第2期。

——，2003，《关系与信任：中国人人际信任的一项本土研究》，郑也夫、彭泗清主编《中国社会中的信任》，北京：中国城市出版社。

彭宗超，2008，《四川汶川大地震后的政府初期响应》，《中国应急管理》第5期。

普特南，罗伯特，2001，《使民主运转起来》，南昌：江西人民出版社。

丘海雄，1989，《社区归属感：香港与广州的个案比较研究》，《中山大学学报（哲学社会科学版）》第2期。

Saich，T.，2006，《对政府绩效的满意度中国农村和城市的民意调查》，《公共管理评论》第5期。

沈刚，2011，《5·12 NGO救灾范本：NGO式救灾》，《经济》第6期。

帅满，2013，《安全食品的信任建构机制：以H市“菜团”为例》，《社会学研究》第3期。

孙立平，2001，《社区、社会资本与社区发育》，《学海》第4期。

——，2003，《断裂——90年代以来的中国社会》，北京：社会科学院文献出版社。

——，2005，《现代化与社会转型》，北京：北京大学出版社。

汤京平、黄诗涵、黄坤山，2009，《灾后重建政策与诱因排挤：以九二一地震后某社区营造集体行动为例》，《政治学报》第48期。

滕尼斯，1999，《共同体与社会》，北京：商务印书馆。

王飞雪、山岸俊男，1999，《信任的中、日、美比较研究》，《社会学研究》第2期。

王天夫、崔晓雄，2010，《行业是如何影响收入的：基于多层线性模型的分析》，《中国社会科学》第5期。

王卫东，2007，《中国城市居民的社会网络资本与个人资本》，《社会学研究》，第3期。

王相兰、陶炯、温盛霖等，2008，《汶川地震灾民的心理健康状况及影响因素》，《中山大学学报：医学科学版》第4期。

王雁飞，2005，《社会支持与身心健康关系研究述评》，《心理科学》第5期。

王毅杰、周现富，2009，《城市居民信任的差序格局》，《天府新论》第2期。

王颖、董垒，2010，《中国灾后地方政府对口支持模式初探：以各省市援建汶川地震灾区为例》，《当代世界与社会主义》第1期。

吴明隆，2009，《结构方程模型——AMOS的操作与应用》，重庆：重庆大学出版社。

王正绪，2011，《亚太六国国民对政府绩效的满意度》，苏世军译，《经济社会体制比较》第1期。

文传，2008，《民间力量在救灾中的三大亮点》，《中国减灾》第6期。

吴理财，2011，《农村社区认同与农民行为逻辑——对新农村建设的一些思考》，《经济社会体制比较》第3期。

吴文藻，1990，《现代社区宝地研究的意义和功用》，北京：民族出版社。

韦伯，马克斯，2010，《儒教与道教》，悦文译，西安：西安陕西师范大学出版社。

向长江、陈平，2003，《信任问题研究文献综述》，《广州大学学报（社会科学版)》第5期。

项军，2011，《城市"社区性"量表构建研究》，《社会》第31卷第1期。

肖水源，1994，《〈社会支持评定量表〉的理论基础与研究应用》，《临床精神医学杂志》第2期。

肖水源、杨德森，1987，《社会支持对身心健康的影响》，《中国心理卫生杂志》第4期。

徐文渊，陈沛杉，2009，《近代川西藏区地震与政府抗震救灾初探》，《西藏大学学报》第1期。

杨宜音，1995，《试析人际关系及其分类：兼与黄光国先生商榷》，《社会学研究》第5期。

——，1999，《自己人：信任建构过程的个案研究》，《社会学研究》第2期。

——，2008，《关系化与类别化：中国人我们概念形成的社会心理机制》，《中国社会科学》第4期。

杨宜音、张曙光，2012，《在“生人社会”中建立“熟人关系”：对大学“同乡会”的社会心理学分析》，《社会》第6期。

杨中芳、彭泗清，1999，《中国人人际信任的概念化：一个人际关系的观点》，《社会学研究》第2期。

尤斯拉纳，埃里克，2006，《信任的道德基础》，张敦敏译，北京：中国社会科学出版社。

曾鹏，2008，《社区网络与集体行为》，北京：社会科学文献出版社。

翟学伟，1993，《中国人际关系的特质：本土的概念及其模式》，《社会学研究》第4期。

——，2003，《社会流动与关系信任：也论关系强度与农民工的求职策略》，《社会学研究》第1期。

——，2004，《中国社会中的日常权威：关系与权力的理事社会学研究》，北京：社会科学文献出版社。

——，2011，《诚信、信任与信用：概念的澄清与历史的演进》，《江海学刊》第5期。

张静，1997，《信任问题》，《社会学研究》第3期。

张康之，2005，《在历史的坐标中看信任：论信任的三种历史类型》，《社会科学研究》第1期。

——，2008，《行政伦理的观念与视野》，北京：中国人民大学出版社。

张欢、张强、陆奇斌，2008，《政府满意度与民众期望管理初探——基于汶川地震灾区的案例研究》，《当代世界与社会主义（双月刊）》第6期。

张维迎，2003，《信息与信用》，郑也夫、彭泗清等《中国社会中的信任》，北京：中国城市出版社。

张文宏，2003，《社会资本：理论争辩与经验研究》，《社会学研究》

第4期。

张文宏、阮丹青，1999，《城乡居民的社会支持网》，《社会学研究》第3期。

张翼，2008，《当前中国中产阶层的政治态度》，《中国社会科学》第2期。

张云武，2009，《不同规模地区居民的人际信任与社会交往》，《社会学研究》第4期。

赵延东，2007，《社会资本与灾后恢复：一项自然灾害的社会学研究》，《社会学研究》第5期。

赵延东、罗家德，2005，《如何测量社会资本：一个经验研究综述》，《国外社会科学》第2期。

郑方辉、王绯，2008，《地方政府整体绩效评价中的公众满意度研究——以2007年广东21个地级以上市为例》，《广东社会科学》第1期。

郑也夫，1995，《代价论：一个社会学的新视角》，北京：生活·读书·新知三联书店。

——，2001，《信任论》，北京：中国广播电视出版社。

——，2003，《信任：合作关系的建立与破坏》，北京：中国城市出版社。

郑也夫、彭泗清，2003，《中国社会中的信任》，北京：中国城市出版社。

周林刚、冯建华，2005，《社会支持理论：一个文献的回顾》，《广西师范学院学报（哲学社会科学版）》第3期。

周怡，2013，《信任模式的社会建构》，《光明日报》8月31日，第11版。

朱妍，2010，《信任的不同类型及其影响因素：以上海城市居民为例》，上海市社会学学会2010年年会，上海。

Abbott, J. 1995. "Community Participation and its Relationship to

Community Development. " *Community Development Journal* 30 (2): pp. 158 - 168.

Adler, Paul S., Kwon, Seok - Woo. 2002. "Social Capital: Prospects for a New Concept." *The Academy of Management Review* 27 (1).

Almond, G. A. and Verba, S. 1963. *The Civic Culture: Political Attitudes and Democracy in Five Nations.* Princeton: Princeton University Press.

Anirudh Krishna & Elizabeth Shrader. 1999. "Social Capital Assessment Tool." Prepared for the Conference on Social Capital and Poverty Reduction. The World Bank. Washington, D. C. June 22 - 24. http://www.langleygroup.com.au/images/sciwp22.pdf

Auh, S. and Cook, C. C. 2009. "Quality of Community Life among Rural Residents: An Integrated Model." *Social Indicators Research*, 94 (3): pp. 388 - 389.

Axelrod, Robert. 1984. The Evolution of Cooperation. New York Basic.

Barber, B. 1983. *The Logic and Limits of Trust.* New Brunswick, NJ: Rutgers University Press.

Bian, Y. 1997. "Bringing Strong Ties Back in: Indirect Ties, Network Bridges, and Job Searches in China." *American Sociological Review*, 62 (3): pp. 366 - 385.

Bian, Yanjie. 2002. "Chinese Social Stratification and Social Mobility." *Annual Review of Sociology* 28: 91 - 116.

Blau, Peter. 1964. *Exchange and Power in Social Life.* New York: Wiley.

Bourdieu, P. 1986. "The Forms of Social Capital." in *Handbook of Theory and Research for the Sociology of Education*, (ed.) by Richardson, J. G., Westport, CT.: Greenwood Press.

Brown, Thomas Ford. 1997. "Theoretical Perspectives on Social

Capital." Working paper located in http: //hal. lamar. edu/ ~ BROWNTF/ SOCCAP. HTML.

Burt, R. S. 1982. *Toward a Structure Theory of Action: Network Models of Social Structure.* New York: Academic.

Burt, R. S. 1992. *Structural Holes: The Social Structure of Competition.* Cambridge: Harvard University Press.

Chipuer, Heather M. and Pretty, Grace M. H. 1999. "A Review of the Sense of Community Index: Current Uses, Factor Structure, Reliability, and Further Development." *Journal of Community Psychology* 27 (6): pp. 643 - 658.

Coleman, J. S. 1966. "Foundations for a Theory of Collective Decisions." *American Journal of Sociology*, 71 (6): pp. 615 - 627.

Coleman, James. 1990. *Foundations of Social Theory.* Cambridge: The Belknap Press.

Cusack, T. R. 1999. "The Shaping of Popular Satisfaction with Government and Regime Performance in Germany." *British Journal of Political Science*, 29 (4): pp. 641 - 672.

Davis, M. and Davis, E. E. 1977. "The Continuing Social Survey: A Nationwide Study of Subjective Social Indicators and Related Public Attitudes." *Administration* 25 (4): pp. 503 - 518.

Dombrowsky, Wolf. R. 1983. "Solidarity during Snow - Disasters." *International Journal of Mass Emergencies and Disasters* (1): pp. 189 - 205.

Drabek, T. and W. Key. 1984. *Conquering Disaster: Family Recovery and Long Term Consequences*. New York: Irvington.

Ensel W M, Lin N. 1991. "The Life Stress Paradigm and Psychological Distress." *Journal of Health and Social Behavior*32: pp. 321 - 341.

Forgette, R., King, M., and Dettrey, B. 2008. "Race, Hurricane

Katrina, and Government Satisfaction: Examining the Role of Race in Assessing Blame." *The Journal of Federalism*, 38 (4): pp. 671 -691.

Garrett Hardin . 1968. "The Tragedy of the Commons." *Science* 168: 1243 -1248.

Gilbert, C. 1998. "Studying Disaster: Changes in the Main Conceptual Tools." In *What Is a Disaster: Perspectives on the Question*, edited by Quarantelli, E. L. , London: Routledge.

Gittell, R. and A. Vidal. 1998. *Community Organizing: Building Social Capital as a Development Strategy.* California: Sage.

Glynn, Thomas J. 1981. "Psychological Sense of Community: Measurement and Application." *Human Relations* 34 (7): pp. 789 -818.

Granovetter, M. 1973. "The Strength of Weak Ties." *American Journal of Sociology* 78 (6): pp. 1360 -1380.

Granovetter, M. 1985. "Economic Action and Social Structure: The Problem of Embeddedness." *American Journal of Sociology* 91 (3): pp. 481 - 510.

Granovetter, M. 2002. "A Theoretical Agenda for Economic Sociology." in *The New Economic Sociology: Developments in an Emerging Field*, edited by Guillen, M. F. , Collins R. , England P. and Meyer M. , New York: Russell Sage Foundation, pp. 35 -59.

Granovetter, M. Forthcoming. *Society and Economy.* Undecided publisher.

Haller, M. and Hadler, M. 2006. "How Social Relations and Structures Can Produce Happiness and Unhappiness: An International Comparative Analysis." *Social Indicators Research*, 75 (2): pp. 169 -216.

Halpern, D. 2005. *Social Capital.* Cambridge: Policy Press.

Hardin, R. 2001. "Conceptions and Explanations of Trust." In K. S. Cook (Ed.), *Trust in Society*: 3 -39. New York: Russell Sage Foundation.

Heider F. 1958 . *The Psychology of Interpersonal Relations.* New York: Wiley.

Hurlbert, Jeanne S., Valerie A. Haines, and John J. Beggs. 2000. "Core Networks and Tie Activation: What Kinds of Routine Networks Allocate Resources in Nonroutine Situations?" *American Sociological Review* 65: 598 - 618.

Hwang, K. K. 1987. "Face and Favor: The Chinese Power Game." *American Journal of Sociology* 92 (4): pp. 944 - 974.

Inglehart, R. 1997. *Modernization and Post - modernization: Cultural, Economic, and Political Change in 43 Societies.* Princeton: Princeton University Press.

James, O. 2010. "Performance Measures and Democracy: Information Effects on Citizens in Field and Laboratory Experiments." *Journal of Public Administration Research and Theory*, 21: pp. 399 - 418.

Jenny Onyx & Paul Bullen. 2000. "Measuring Social Capital in Five Communities." *The Journal of Applied Behavioral Science* 36 (1): pp. 23 - 42.

Killian, L. M. 1954. "Some Accomplishments and Some Needs in Disaster Study." *Journal of Social Issues* 10 (3): pp. 66 - 72.

Kimberly Lochner, Ichiro Kawachi, Bruce P. Kennedy. 1999. "Social Capital: A Guide to Its Measurement." *Health & Place.* 5 (4): pp. 259 - 270.

Knack, Stephen, and Philip Keefer. 1997. "Does Social Capital Have an Economic Payoff? A Cross - Country Investigation." *Quarterly Journal of Economics* 112 (4): 1251 - 88.

Krackhardt, David and Jeffrey R. Hanson. 1993. "Informal Networks: The Company behind the Chart." *Harvard Business Review* 71 (4): pp. 104 - 111.

Krackhardt, David. 1992. "The Strength of Strong Ties: The Importance of Philosophy in Organizations." in Nitin Nohria and Robert G. Eccles (ed.), *Networks and Organizations.* Boston: Harvard Business School Press.

Leana Carrie, Harry J. Van Buren III. 1999. "Organizational Social Capital and Employment Practices." *The Academy of Management Review* 24 (3): pp. 538 – 555.

Leik, R., T. Carter and J. Clark. 1981. *Community Response to Natural Hazard Warnings.* Minneapolis: University of Minneapolis, Family Study Center.

Lin N, Ensel W M. 1989. "Life Stress and Health: Stressors and Resources." *American Sociological Review* 54: pp. 382 – 399.

Lin N, Woelfel M W, Light S C. 1985. "The Buffering Effect of Social Support Subsequent to an Important Life Event." *Journal of Health and Social Behavior*26: pp. 247 – 263.

Lin, N. 2001. *Social Capital: A Theory of Social Structure and Action.* New York: Cambridge University Press.

Lin, N. and Dumin, M., 1986. "Access to Occupations through Social Ties." *Social Networks*, 8: pp. 365 – 385.

Lin, Nan. 1990. "Social Resources and Social Mobility: A Structural Theory of Status Attainment." *In Social Mobility and Social Structure*, edited by Ronald Breiger. Cambridge University Press.

Locke, E. A. 1976. "The Nature and Causes of Job Satisfaction." In *Handbook of Industrial and Organizational Psychology*, (ed.) by Dunnette, D. NY: John Wiley & Sons, pp. 1297 – 1394.

Luhmann, N. 1979. *Trust and Power.* NewYork: John Wiley.

Luo J. D. 2005. "Particularistic Trust and General Trust: A Network Analysis in Chinese Organizations." *Management and Organizational Review* 1 (3): pp. 437 – 458.

Marsden Peter, Campbell, K. 1984. "Measuring Tie Strength". *Social Forces* 63 (2): pp. 482 – 501.

McCarthy, John D. and Mayer N. Zald. 1977. "Resource Mobilization and Social Movements: A Partial Theory." *American Journal of Sociology* 82 (6): 1212 – 1241.

Mishra, A. K. 1996. "Organizational Responses to Crises: The Centrality of Trust in Organizations." In R. M. Kramer & T. R. Tyler (Eds.), *Trust in Organizations.* London: Sage Publications, Inc.

Moore, H. E. 1958. *Tornadoes over Texas.* Austin: University of Texas Press.

Morgeson Ⅲ, F. V. 2012. "Expectations, Disconfirmation, and Citizen Satisfaction with the US Federal Government: Testing and Expanding the Model." *Journal of Public Administration Research and Theory*23: pp. 289 – 305.

Nahapiet J. and Ghoshal S. 1998. "Social Capital, Intellectual Capital and the Organizational Advantage." *The Academy of Management Review* 23 (2): pp. 242 – 266.

Nakagawa, Y. and R. Shaw. 2004. "Social Capital: A Missing Link to Disaster Recovery." *International Journal of Mass Emergencies and Disasters* 22 (1): pp. 5 – 34.

Nancy Fraser. 1990. "Rethinking the Public Sphere: A Contribution to the Critique of Actually Existing Democracy." *Social Text* 25/26: pp. 56 – 80.

Niklas Luhmann. 1996. "Quod Omnes Tangit: Remarks on Jurgen Habermas' Legal Theory." *17 Cardozo L.* Rev. 883.

Oliver, Pamela and Gerald Marwell, 1988. "The Paradox of Group Size in Collective Action: A Theory of the Critical Mass. II". *American Sociological Review*, 53: pp. 1 – 8.

Oliver, R. L., 1980, "A Cognitive Model of the Antecedents and Consequences of Satisfaction Decisions." *Journal of Marketing Research*, 17: pp. 460 - 469.

Olson, Mancur, 1966. *The Logic of Collective Action.* Cambridge (Mass.) and London, Harvard University Press.

Onyx, Jenny and Bullen, Paul. 2000. "Measuring Social Capital in Five Communities." *The Journal of Applied Behavioral Science* 36 (1): pp. 23 - 42.

Ostrom,, E., Gardner, R., and Walker, J. 1994. *Rules, Games, and Common - Pool Resources*, Ann Arbor: University of Michigan Press.

Ostrom, E. 1990. *Governing the Commons: The Evolution of Institutions for Collective Action.* New York: Cambridge University Press.

Ostrom, E. 1998. "A Behavioral Approach to the Rational Choice Theory of Collective Action: Presidential Address." *American Political Science Association* 92 (1): 1 - 22.

Ostrom, E. 2000. "Collective Action and the Evolution of Social Norms." *Journal of Economic Perspectives* 13: 137 - 58.

Ostrom, E. 2001. "Social Dilemmas and Human Behaviour." *In Economics in Nature: Social Dilemmas, Mate Choice and Biological Markets*, ed. Ronald Noë, Jan A. R. A. M. Van Hooff, and Peter Hammerstein. Cambridge: Cambridge University Press.

Ostrom, E. 2003. "How Types of Goods and Property Rights Jointly Affect Collective Action." *Journal of Theoretical Politics* 15 (3): 239 - 70.

Ostrom, E., 2008. "Building Trust to Solve Commons Dilemmas: Taking Small Steps to Test an Evolving Theory of Collective Action". in Simon Levin (Ed.), *Games, Groups, and the Global Goody.* NY: Springer.

Patterson, Olivia, Frederick Weil, and Kavita Patel. 2010. "The Role of Community in Disaster Response: Conceptual Models." *Population Research and*

Policy Review (29): 127 – 141.

Paul, S. 1987. *Community Participation in Development Project.* The World Bank.

Plummer, J. and J. G. Taylor. 2004b. "Key Factors and Processes Affecting Participation." In *Community Participation in China: Issues and Processes for Capacity Building*, edited by Plummer, J. and J. G. Taylor. London: Earthscan.

Plummer, J. and J. G. Taylor. 2004a. "The Characteristics of Community Participation in China." In *Community Participation in China: Issues and Processes for Capacity Building*, edited by Plummer, J. and J. G. Taylor. London: Earthscan.

Porter, L. W. and Lawler, E. E. 1968. *Managerial Attitudes and Performance.* Homewood, IL: Irwin.

Portes, A. 1998. "Social Capital: Its Origins and Applications in Modern Sociology." in *Annual Review of Sociology* 24, (eds.) by Hagan, J. and Cook, K. S., Palo Alto, CA: Annual Review Inc.

Putnam, R. D. 1993. "The Prosperous Community: Social Capital and Public Life." *The American Prospect* 4 (13): pp. 35 – 42.

Putnam, R. D. 1994. *Making Democracy Work: Civic Traditions in Modern Italy.* Princeton, N. J.: Princeton University Press.

Putnam, R. D. 1995a. "Turning In, Turning Out: The Strange Disappearance of Social Capital in America." *Political Science and Politics* 28 (4): pp. 664 – 683.

Putnam, R. D. 1995b. "Bowling Alone: America's Declining Social Capital." *Journal of Democracy*, 6 (1): pp. 65 – 78.

Quarantelli, E. L. 1960. "Images of Withdrawal Behavior in Disasters: Some Basic Misconceptions." *Social Problems* (8): pp. 68 – 69.

Quarantelli, E. L. 1989. "Conceptualizing Disaster From a Sociological Perspective." *International Journal of Mass Emergencies and Disasters* 7 (3): pp. 243 - 251.

Requena, F., 2003. "Social Capital, Satisfaction and Quality of Life in the Workplace." *Social Indicators Research*, 61 (3): pp. 331 - 360.

Salehi, K. H. and Heydari, A. 2012. "Measuring Villagers' Satisfaction about Performance of Village Government at Shemiranat in Large Lavasan: a Scope for the Use of Models." *International Journal of Bio - resource and Stress Management*, 3 (1): pp. 119 - 121.

Schafft, K. A, and D. L. Brown. 2000. "Social Capital and Grassroots Development: The Case of Roma Self - Governance in Hungary." *Social Problems* 47 (2): pp. 201 - 219.

Schuller, T., S. Baron and J. Field. 2000. "Social Capital: A Review and Critique." In *Social Capital: Critical Perspectives*, edited by Baron, S., J. Field, and T. Schuller. New York: Oxford University Press.

Shapiro, D., Sheppard, B. H. and Cheraskin, L. 1992. "Business on a Handshake." *Negotiation Journal* 8 (4): pp. 365 - 377.

Sheng, Y. K. 1989. *Community Participation in Low - Income Housing Projects: Problems.* Kenya: United Nations Centre for Human Settlements.

Smith E J. 2006. "The Strength - Based Counseling Model." *The Counseling Psychologist*34 (1): pp. 13 - 79.

Soloman, S. 1986. "Mobilizing Social Support Networks in Times of Disaster." In Trauma and its Wake: Vol. 2. *Traumatic Stress Theory, Research, and Intervention.* edited by Figley, C. New York: Brunner PMazel.

Tierney, K. J. 2007. "From the Margins to the Mainstream? Disaster Research at the Crossroads." *Annual Review of Sociology* (33): pp. 503 - 525.

Tocqueville, Alexis de. 2004. *Democracy in America.* New York: Library of America.

Tsai, W. and S. Ghoshal. 1998. "Social Capital and Value Creation: The Role of Intra – Firm Network." *Academy of Management Journal* (41): pp. 464 – 478.

Uphoff, Norman T. 1996. *Learning from Ga lOya: Possibilities for Participatory Development and Post – Newtonian Social Science.* London: Intermediate Technology Publications.

Van Ryzin, G. G. 2004. "Expectations, Performance, and Citizen Satisfaction with Urban Services." *Journal of Policy Analysis and Management*, 23 (3): pp. 433 – 448.

Van Ryzin, G. G. 2005. "Testing the Expectancy Disconfirmation Model of Citizen Satisfaction with Local Government." *Journal of Public Administration Research and Theory* 16: pp. 599 – 611.

Van Ryzin, G. G. 2007. "Pieces of a Puzzle: Linking Government Performance, Citizen Satisfaction, and Trust." *Public Performance & Management Review*, 30 (4): pp. 521 – 535.

Van Ryzin, G. G. 2013. "An Experimental Test of the Expectancy – Disconfirmation Theory of Citizen Satisfaction." *Journal of Policy Analysis and Management*, 32 (3): pp. 597 – 614.

Van Ryzin, G. G., Muzzio, D., Immerwahr, S., Gulick, L. and Martinez, E. 2004. "Drivers and Consequences of Citizen Satisfaction: An Application of the American Customer Satisfaction Index Model to New York City." *Public Administration Review*, 64 (3): pp. 331 – 341.

Wasserman, S. and Faust, K. 1994. *Social Network Analysis: Methods and Applications.* Cambridge: Cambridge University Press.

Wellman, Barry and Frank, Kenneth A. 2001. "Network Capital in a Multilevel World: Getting Support from Personal Communities." In Lin,

Nan, Cook, Karen and Burt, Ronald (Ed.), *Social Capital: Theory and Research*, *NY: Aldine De Gruyter.*

Wellman, Barry. 1992. "Which Types of Ties and Networks Give What Kinds of Social Support?" *Advances in Group Process* 9: pp. 207 - 235 .

Williams, Raymond. 1976. *Keywords: A Vocabulary of Culture and Society.* Oxford: Oxford University Press.

Yamagishi, T., and Yamagishi, M. 1994. "Trust and Commitment in the United States and Japan." *Motivation and Emotion* 18 (2): pp. 129 - 166.

Yamagishi, T., Cook, K. S. & Watabe, M. 1998. "Uncertainty, Trust and Commitment Formation in the United States and Japan." *American Journal of Sociology* 104: pp. 165 - 194.

Zhixing Xiao, Anne S. Tsui. 2007. "When Brokers May Not Work The Cultural Contingency of Social Capital in Chinese High - Tech Firms." Administrative Science Quarterly 52 (1).

Zucker, Lyne. 1986. "Production of Trust: Institutional Sources of Economic Structure." *Research in Organizational Behavior* 8: pp. 53 - 111.

附录

各研究变量相关表

研究变量相关表（2012）

	1	2	3	4	5	6	7	8	9	10	11	12	13	14
1. 心理健康														
2. 特殊信任	.011													
3. 高层政府满意度	-.009	.186***												
4. 基层政府满意度	.177***	.180***	.344***											
5. 关系网本村人总数	-.004	.157***	.092**	.079*										

续表

	1	2	3	4	5	6	7	8	9	10	11	12	13	14
6. 本村人信任	.036	.372***	.219***	.342***	.053									
7. 社区归属感	.024	.159***	.167***	.128***	.162***	.138***								
8. 拜年网规模	.172***	.099**	.060	.158***	.241***	.044	.111***							
9. 关系网亲友比例	-.145***	.049	.118***	.107**	.039	.038	.046	-.120***						
10. 乡及乡以上干部网亲友数	.105**	.056	.006	.153***	-.020	.105**	.019	.175***	.050					
11. 性别	.019	.064	.027	.025	-.072*	.031	.005	.054	-.009	.098**				
12. 教育	.220***	-.120***	-.114***	-.085**	-.021	-.101**	-.113***	.192***	-.240***	.067	.139***			
13. 婚姻	-.086**	.054	.001	-.054	-.013	.083*	.100**	-.104**	.127***	-.048	-.053	-.186***		
14. 党员	.092**	-.011	.099**	.117***	-.097**	.009	-.004	.037	-.018	.110**	.092**	.151***	-.026	
15. 年龄	-.131***	-.003	.093**	.045	-.230***	.017	.063	-.234***	.169***	-.132***	.135***	-.463***	.275***	.082*

***. 在 0.01 水平（双侧）上显著相关。

**. 在 0.05 水平（双侧）上显著相关。

*. 在 0.1 水平（双侧）上显著相关。

研究变量相关表（2009）

	1	2	3	4	5	6	7	8	9	10	11	12	13	14	15	16
1. 心理健康																
2. 特殊信任	.036															
3. 高层政府满意度	.088*	.062														
4. 基层政府满意度	.230***	.121**	.194***													
5. 参与自组织	.017	.001	.026	-.029												
6. 参与他组织	-.026	-.025	-.037	-.017	.006											
7. 关系网本村人总人数	.011	.049	.059	.048	-.028	.069										
8. 本村人信任	.060	.681***	.117**	.162***	-.024	-.069	.132***									

续表

	1	2	3	4	5	6	7	8	9	10	11	12	13	14	15	16
9. 社区归属感	.169***	.010	.033	.265***	−.119**	−.017	−.108**	.054								
10. 拜年网规模	−.084*	.057	−.062	−.008	.182***	.019	−.067	−.020	−.103**							
11. 关系网亲友比例	−.072	.032	−.003	.008	.004	−.083*	.074	.072	.057	−.025						
12. 乡及乡以上干部网亲友数	−.003	−.043	.055	−.065	.008	.118**	.110**	−.080*	−.241***	.068	−.174***					
13. 性别	−.032	−.017	.077	−.115**	.022	.179***	−.026	−.066	−.093*	−.006	−.035	.215***				
14. 教育	−.007	.096**	−.071	−.076	.204***	.118**	−.030	−.038	−.122**	.267***	−.093*	.100**	.138***			
15. 婚姻	−.023	.108**	−.019	−.011	.076	.016	−.101**	.020	.121**	.136***	.076	.019	.043	.120**		
16. 党员	−.051	−.079	.037	.018	.017	.137***	−.062	−.111**	−.036	.063	−.130***	.298***	.145***	.112**	.029	
17. 年龄	.081*	−.015	.191***	.147***	−.193***	−.130***	−.055	.107**	.166***	−.221***	.051	.055	.117**	−.466***	−.070	.077

***. 在0.01水平（双侧）上显著相关。

**. 在0.05水平（双侧）上显著相关。

*. 在0.1水平（双侧）上显著相关。

图书在版编目(CIP)数据

灾后重建纪事：社群社会资本对重建效果的分析/罗家德等著.
—北京：社会科学文献出版社，2014.10
（社区营造书系）
ISBN 978-7-5097-6646-0

Ⅰ.①灾… Ⅱ.①罗… Ⅲ.①地震灾害-灾区-重建-研究-汶川县 Ⅳ.①D632.5

中国版本图书馆CIP数据核字（2014）第237080号

·社区营造书系·
灾后重建纪事：社群社会资本对重建效果的分析

著　　者/罗家德　帅　满　方震平　刘济帆

出 版 人/谢寿光
项目统筹/童根兴
责任编辑/孙　瑜　刘德顺

出　　版/社会科学文献出版社·社会政法分社（010）59367156
地址：北京市北三环中路甲29号院华龙大厦　邮编：100029
网址：www.ssap.com.cn
发　　行/市场营销中心（010）59367081　59367090
读者服务中心（010）59367028
印　　装/北京季蜂印刷有限公司

规　　格/开　本：787mm×1092mm　1/16
印　张：16.25　字　数：229千字
版　　次/2014年10月第1版　2014年10月第1次印刷
书　　号/ISBN 978-7-5097-6646-0
定　　价/59.00元